书山有路勤为径，优质资源伴你行
注册世纪波学院会员，享精品图书增值服务

跨学科
项目式学习

36个科学教育案例

［美］琳达·弗洛绍尔（Linda Froschauer）编

陈一彬 李娟 译

陈尚宝 孙晓奎 审校

电子工业出版社·

Publishing House of Electronics Industry

北京·BEIJING

版权贸易合同登记号　图字：01-2018-6070

图书在版编目（CIP）数据

跨学科项目式学习：36 个科学教育案例 /（美）琳达·弗洛绍尔（Linda Froschauer）编；陈一彬，李娟译. —北京：电子工业出版社，2024.4

书名原文：Bringing STEM to the Elementary Classroom

ISBN 978-7-121-47235-0

Ⅰ. ①跨⋯　Ⅱ. ①琳⋯　②陈⋯　③李⋯　Ⅲ. ①学前教育－教学研究②小学－教学研究　Ⅳ. ①G612②G622.0

中国国家版本馆 CIP 数据核字（2024）第 037380 号

责任编辑：刘琳琳

印　　刷：天津嘉恒印务有限公司

装　　订：天津嘉恒印务有限公司

出版发行：电子工业出版社

　　　　　北京市海淀区万寿路 173 信箱　邮编：100036

开　　本：787×1092　1/16　印张：19　字数：410 千字

版　　次：2020 年 1 月第 1 版

　　　　　2024 年 4 月第 2 版

印　　次：2024 年 4 月第 1 次印刷

定　　价：85.00 元

凡所购买电子工业出版社图书有缺损问题，请向购书店调换。若书店售缺，请与本社发行部联系，联系及邮购电话：（010）88254888，88258888。

质量投诉请发邮件至 zlts@phei.com.cn，盗版侵权举报请发邮件至 dbqq@phei.com.cn。

本书咨询联系方式：（010）88254199，sjb@phei.com.cn。

推荐序一

2020 年 1 月，世界经济论坛发布了《未来学校：定义第四次工业革命时代的新教育模式》(*Schools of the Future Defining New Models of Education for the Fourth Industrial Revolution*) 白皮书，在第四次工业革命的背景下，提出了《教育 4.0 全球框架》，从学习空间、教学内容、授课方法等多个维度预示着"教育 4.0 时代"已经到来。

向教育 4.0 过渡，需要从四个方面进行学习经验的转变：（1）个性化和自定进度的学习；（2）可及性和包容性学习；（3）基于问题和协作的学习；（4）终身学习和学生自驱动的学习。这些关键特征定义了高质量学习，为学习者适应未来社会提供了指导原则。

教育 4.0 代表了教育领域的新阶段，提出在人工智能、量子技术、空间探索、全球变暖、能源危机等时代背景下，教育应如何适应并推动社会的快速发展的议题。它倡导深度学习、解决复杂问题以及应对快速革新的科技，这都需要教育方式和手段的创新。

跨学科项目式学习正是这种创新的具体实践之一。传统的分科式教育存在学科间的壁垒，不利于学生对知识体系从部分到整体的把握和理解。而跨学科项目式学习则通过整合不同学科的知识，让学生在解决实际问题的过程中进行深度学习，提升综合能力和解决问题的能力。

美国历来重视科学教育，对科学教育的探索随着时代的变迁而不断深化。2011 年，由美国国家科学研究委员会（NRC, United States National Research Council）主持，全美科学教育协会和科学促进协会共同编写并发布了美国基础教育《K-12 科学教育框架：实践、跨学科概念和学科核心思想》(*A Framework for K-12 Science Education: Practice, Crosscutting Concepts, and Core Ideas*，以下简称《K-12 科学教育框架》)，紧接着在 2013 年颁布了《新一代科学教育标准》(*Next Generation Science Standards*)，强调重视教学内容的整合性、重视 K-12 年级课程设置的连贯性、注重教学过程的实践性以及关注教育目的的人本性等特点。这与我国新课改中培养"全面发展的人"、注重学生核心素养和学科核心素养等教育目的具有一致性。

我国新颁布的《义务教育课程方案（2022 年版）》指出，要加强课程综合，注重关联。加强课程内容与学生经验、社会生活的联系，强化学科内知识整合，统筹设计综合课程和跨学科主题学习。开展跨学科主题教学，强化课程协同育人功能。并要求各门课程用不少于 10% 的课时设计跨学科主题学习。

在深化教学改革方面，新课标要求强化学科实践。注重"做中学"，引导学生参与学科探究活动，经历发现问题、解决问题、建构知识、运用知识的过程，体会学科思想方法。新课标要求推进综合学习。探索大单元教学，积极开展主题化、项目式学习等综合性教学活动，促进学生举一反三、融会贯通，加强知识间的内在关联，促进知识结构化。

《义务教育科学课程标准（2022 年版）》指出，要立足学生核心素养的发展，以了解物质科学、生命科学、地球与宇宙科学、技术与工程等领域的一些常见基础知识，并初步形成基本的科学观念为基础，以科学思维能力、科学探究和实践能力、科学态度与社会责任的培养为重点，促进学习能力、创新能力的发展。规划适合不同学段的探究和实践活动，形成有序递进的课程结构。

因此，我很高兴看到这本《跨学科项目式学习：36 个科学教育案例》的引进出版。这是一本美国教师在幼儿园和小学课堂开展跨学科项目式学习的实践案例集，将教学内容严格对标《新一代科学教育标准》，明确其中的各种联系，并对不同学段如何开展活动进行了合理划分，可为中国教师提供可行的课堂实施策略和具体流程参考。

本书提出的"参与—工程设计流程—解释—扩展—评估"五个环节，让学生在解决问题之前考虑各种约束条件和标准，并且掌握一些在解决问题时有用的相关知识，让学生提出可能的解决方案，并且做出决策，通过计划、创建、测试和评估，多次循环以解决实际问题。

我在深圳市盐田区推广项目式学习已有八年时间，我和研究团队基于盐田特色，把项目式学习重新划分为三个层面：一是基于学科的项目式学习，二是基于情境的项目式学习，三是基于真实生活的项目式学习。盐田区将这种模式重新命名为"推进项目式学习的ASR−PBL 模式"。选取英文单词"学术（Academic）""情境（Scenario）"和"真实生活（Real life）"的首字母与 PBL 组合而成，让项目式学习、科学教育在教育高质量发展的目标引领下有了全新的升级。

我们还研发出一种适合区域开展跨学科项目式学习的课程设计模型——"3SE"模型（包括情境导入、职业体验、科学探究、工程制作、汇报展示、评价反思六个环节）。该模型在盐田区进行了大范围应用，实践效果显著。

近年来，盐田区推荐的案例在芬兰举办的国际 StarT 项目评选中屡获大奖：深圳市盐田区云海学校的《图书馆保卫计划》和深圳市盐田区盐港小学的《盐田河生态提升工程项目式学习——盐田河淤泥治理初探》分别荣获全球学生项目金奖；深圳市盐田区外国语小学的《壹海城游乐设施安全提升——"秋千的保护罩"》获得组委会特别认可荣誉奖。

　　跨学科项目式学习将成为常态化学习方式，它不能通过知识的搬运、学科的简单叠加来实现，而需要通过问题解决的项目逻辑实现创造性地转化，将个学科知识重新整合，并与实际生活进行联系。这给教师提出了新的要求和期望。

　　我们应当充分借鉴国内外优秀的课程案例和实施流程，与本地教育有机结合，并不断迭代，形成适合区域推广的模式。相信本书能为广大教师提供充足的课程创意和教学方法，逐步培养学生的核心素养，帮助学生形成适合个人终身发展和社会发展所需要的关键能力。

陈尚宝

深圳市盐田区教育科学研究院副院长，正高级教师

推荐序二

在《义务教育课程方案（2022年版）》中，我们明确看到对跨学科主题学习的重视——建议各门课程用不低于10%的课时设计跨学科主题学习活动，加强学科间的相互关联，带动课程综合化实施，强化实践性要求。这凸显了跨学科课程在当前教育中的重要地位，不仅关乎课程的综合化实施，更关乎对学生实践能力的强化。因此，跨学科项目式学习的重要性正逐渐成为国内教育界的共识。

跨学科项目式学习与将知识简单记忆与复述的学习方法不同，它更强调学生对概念的深入理解和应用。在这样的学习模式下，学生不再是知识的被动接受者，而是成为主动的探索者、发现者和应用者。他们通过设计问题、项目或活动，亲自去体验知识的生成与应用，从而培养批判性思维、问题解决能力和创新能力。

而当我们谈到跨学科，科学教育教育无疑是一个不容忽视的领域，为学生提供了更为广阔的学习空间。在《跨学科项目式学习：36个科学教育案例》一书中，我们明确看到了科学教育的目标、内容和方法，包括课程设计、教学方法、评估标准等，作者还解读了如何通过明确设计的科学教育促进学生的深入理解，包括设计明确目标和科学教育的结构化课程。科学教育领域的知识和技能通常比较复杂，只有通过设计富有挑战性和真实性的项目，才能促进学生的深入理解能力和应用能力，培养学生具有较高的思维能力和实践能力。

这本书的特点在于：

首先，它强调项目式学习的高阶带动低阶，促进深度学习的发生。基于项目的学习设计不仅有助于解决深度学习的问题，更是落实义务教育阶段素养导向新课标的创新实践。通过定义、应用和创造性使用知识、技能解决问题和解释现象，学生能够完成问题探究、项目制作和目标达成，从而实现深度学习。这种解决方案将基于项目的学习与可迁移的知识理论相结合。

其次，这本书关注跨学科课程从以事实为本到以概念为本的转变。以概念为本的跨学科课程旨在开发和深化学生的理解力，通过"大概念"和迁移学习使学习变得更有意义。

这样的课程设计强调在实际情境中建构概念性的思考，重视教学活动的动态性规划，确保学生能够真正地理解和掌握所学知识。当学生自主地理解并通过真实的表演转移他们的学习时，理解就会显现出来。本书以概念作为课程组织要素，发展可迁移并深度探究的学习活动，以概念性理解培养高阶层次的思考能力，确立课程的跨学科主题、概念及探究方向。

国际 StarT 项目式学习共同体的协同行动研究助力以概念为本的跨学科课程实践，提供宝贵的经验和启示。通过与国际教育机构的合作交流，我们可以更好地推进跨学科课程的建设与发展，为学生的全面发展提供更加坚实的支撑。

因此，我向广大教育工作者强烈推荐这本书。相信通过对这本书的学习，大家不仅能够深入了解跨学科项目式学习的理念和实践方法，还能对跨学科 36 个项目进行二次深度加工和迭代，形成适合本地的跨学科课程。

跨学科项目式学习在我国的实践，可以 StarT 为例。国际 StarT 项目式学习共同体由芬兰 LUMA 中心发起。LUMA 是面向全球的合作型跨学科国际项目式学习共同体，提供跨学科学习课程、师资培养、教学方式转变和评价的专业机构，是以项目引路、以项目式学习的方式推动跨学科课程建设，为跨学科教育提供顶层设计、强力支撑研究、引领与服务的国际性教育研究机构。

芬兰国家教育署强调"跨界能力"（Transversal Competences）的重要性，提出学校教育要发展学生跨领域的能力（Finish National Agency for Education, 2014）。其 2016 年实施的基础教育新课纲中提到对新核心课程的改革，强调跨学科的学习，包含项目式学习（Project-based Learning）和现象为本的学习（Phenomenon-based Learning），且重视合作学习与强调评估即为学习（Assessment as Learning）的教育学范式之实践。芬兰教育改革的重点正是培养孩子的跨领域横向（通用）能力与跨学科能力。课纲中规定，每年学生都应参与一次或多次多学科跨领域学习，跨领域模式的设计还会因地制宜，并且使学生也能共同参与课程的规划。

我们为国内教育设计的跨学科课程主要采用探索循环图（Inquiry Cycle）作为教学及学习活动的安排。探究循环图主要包含六个阶段：引起动机（Turning in）、探索发现（Finding out）、资料分类（Sorting out）、继续探索（Going Further）、做出结论（Making Conclusion）、实际行动（Taking Action）（Murdoch, 1998）。这个循环强调探究、行动及反思的循环，而非单一直线性的阶段，因此课程的进行会随着学习经验及反思反馈持续调整和补充，并弹性地运用教学及学习的资源。

StarT 的项目式学习设计基于逆向设计的六个方面，即理解的六个维度，主要包括：解释（Explanation）、释义（Interpretation）、应用（Application）、洞察（Insight）、移情（Empathy）和自知（Self-knowledge）。这六个方面被用作评估学生是否真正理解了所学内容的指标。

这种逆向设计的方法强调从学生的学习目标出发，通过教学评价目标来指导教学设计。当学生在真实的情境中自主地理解和应用学习时，他们的理解力会得到深化。因此，教育者需要关注学生的学习过程，确保他们真正掌握和理解了所学知识，而不仅仅是完成了教学任务。

最后，让我们携手努力，共同推动我国教育领域的创新与发展，为培养更多具有创新精神和实践能力的人才贡献智慧和力量！

孙晓奎

国际 StarT 项目式学习共同体中国区主任

译者序

继 ChatGPT 后，文本生成视频模式 Sora 的发布再次震撼全球。AI 软件在学习能力、学习范围和学习深度上都远超人类，这意味着人类将进入超级学习阶段，教育的逻辑也将彻底改变。

在越来越"卷"的教育环境下，很多学生陷入死记硬背、反复刷题的知识漩涡中。然而随着考试的阶段性结束，所学的大部分"知识"都将成为浮云，学生的整体能力并没有得到提升。为逐步改善教育知识化、应试化的倾向，需要实施人才培养模式的改革，及早让孩子打开眼界，接触时代脉搏。有了 AI 智能，学习的目标就要从"会背书、会做题"慢慢转到能解决实际问题上来。

2023 年，教育部要求探索科学教育，建立有效途径和创新人才培养模式，构建大、中、小学段纵向贯通，校内、校外横向联动的发展格局，决定分批启动全国中小学科学教育实验区、实验校建设项目。我国新颁布的《义务教育课程方案（2022 年版）》也指出，要加强课程综合学习，注重关联：加强课程内容与学生经验、社会生活的联系，强化学科内知识整合，统筹设计综合课程和跨学科主题学习。

我有幸担任了《跨学科项目式学习：36 个科学教育案例》这本书的译者。这是一本指导美国教师实施跨学科教学，培养学生运用项目式学习方法，落实科学教育的精选案例集。作者琳达·弗洛绍尔（Linda Froschauer）是一位拥有超过 37 年教学经验的资深教育家，同时也是《科学与儿童》杂志的编辑，这本书的所有案例都采自美国真实的科学教育场景，并根据学段进行了划分。

美国教育界和科学界通过彻底的反思，颁布了美国基础教育《K-12 科学教育框架》和《新一代科学教育标准》，表明从国家层面对科学教育的充分重视。在进程中，无数教师深入参与到这项变革中来，贡献了大量教学实践。

从本书的 36 个教学案例可以看出，美国的科学教育具有跨学科和项目式学习的特点，以探索为基础，以学生为中心，注重有意义的对现实问题的解决。每一个案例都透露着他们对团队合作和沟通的重视，对创造性、创新性的追求，以及对结果的思考和改进。

此外，作者将每个案例都对标《新一代科学教育标准》做了分析，以复盘整个项目对标准的理解和应用，以便对课程进行持续调整。相信这本书能为从事科学教育、跨学科教学、项目式学习教学的教师们贡献有益的参考。

我们已经到了重新定义知识、重新定义学习的时代。人工智能的发展将会为学生们提供更个性化的学习方式和学习体验，教师的角色与功能将发生质的变化。2024 年，教育部提出，将实施人工智能赋能行动，促进智能技术与教育教学、科学研究深度融合。因此，所有教师都应思考自己如何具有不可替代性。不仅"刷题"的学生将被淘汰，只会教"刷题"的教师同样会被淘汰。具有与时俱进的教学思想、率先掌握新的教学方法、引领学生走上新赛道的教师，将成为真正的学习型教师，为整个学习型社会的发展做出贡献。

我从事教育 26 年，获得学位包括化学学士、心理学硕士和教育博士，是跨专业学习的典型代表，工作涉及范围包括幼儿园到高中的一线教学、学校管理、课程开发、教师和家长培训等。在这个过程中，我的深刻体会是儿童的知识学习一定不是最重要的目标，品格和能力才是。近十年，我专注于儿童的"有效学习"和"内驱力"的研究，我的团队在儿童戏剧、文史营、科学等多领域开展了跨学科项目式的研究实践，取得了非常好的效果。我们重新定位教师角色，开展了非学科专业教师根据跨学科项目学习的理念主持的十节课的短期学习。学生们表现出的兴趣、主动性、探究欲、问题解决能力、合作能力、知识的掌握程度等让团队欣喜，我们进而开展了常年的学习实践活动。

在人工智能蓬勃发展的今天，在只要是能标准化的都将被取代的未来，什么才是不过时的能力？什么才是能适应未来的素养？已经到了需要厘清这些重要议题并开始行动的时候了。希望本书提供的内容能够为大家重新认知学习提供重要参考，陪伴我们的孩子一起成长，拥抱变化，迎接未来。

陈一彬

心理学硕士，教育博士，著有畅销书《高效能陪伴》

前　言

在美国，教育界和科学界几乎没有机会彻底反思科学教育。随着美国基础教育《K-12科学教育框架》及《新一代科学教育标准》的发布，我们正在着手推行大规模的变革，这一变革将影响所有后代。其中一个特别重要的成果是对工程教育的重视。国家层面的举措呼吁提高工程教育的质量和数量，将工程教育融入《新一代科学教育标准》中，这有效地奠定了工程教育在基础教育中的核心地位。在科学课堂（以前，这些课堂上还包含数学和高科技）中增加了工程教育以后，我们还有STEM（科学、技术、工程和数学）这些学科。STEM标志着重大的转变，而不只是一个简单的首字母缩写词。老师们如今正深度参与到这项变革中来——但是，真正的STEM教学实践并不容易。

研究表明，21世纪员工需要的技能，许多毕业生是无法通过传统教育获得的。学生需要更多的体验，这些体验有助于他们深入了解STEM学科并将其用于解决问题。很多人认为，STEM是一种培养批判性思维、解决问题能力、创造力、沟通与协作等必需技能的方法。美国工程教育学会（the American Society for Engineering Education）发布的一项研究表明，高质量的STEM教育计划具有以下特征：

- 这些学科的背景是鼓舞人心、引人入胜和真真切切的现实世界。
- 学生综合并应用有意义的、重要的数学与科学内容。
- 教学方法以探索为基础、以学生为中心。
- 学生利用工程设计流程（EDP）来解决工程难题。
- 团队的合作与沟通是重中之重。在整个课程中，学生可以自由地进行批判性、创造性和创新性的思考，有机会在安全的环境中体验失败并尝试改进。

联系《新一代科学教育标准》

和大多数老师一样，本书的作者在努力达到《新一代科学教育标准》要求的同时，也开始制定STEM的教学策略。从整个美国来看，在某些情况下，老师并没有参与策略的制定和《新一代科学教育标准》的应用；在其他一些课堂上，随着时间的推移，正在对课程进行调整，以满足《新一代科学教育标准》的需要。不过，还存在一些并没有将《新一代科学教育标准》作为科学教育标准的情况。尽管如此，本书通过参考那些符合《新一代科学教育标准》期望表现、科学与工程教育实践、学科核心理念及跨学科概念等的调查成果，将课堂教学与《新一代科学教育标准》联系起来。在大多数情况下，了解课程如何与特定的《新一代科学教育标准》概念和策略相结合，对老师来讲会很有帮助，因为你将为学生选择调查内容，并且发展连续的学习单元，即使并不以《新一代科学教育标准》为标准。

在本书大多数章节的结尾处，你将看到一个表格，它包含该章节关联的《新一代科学教育标准》的一些特色组成部分。表格提供了该章概述的教学内容与《新一代科学教育标准》之间的某些联系。另一些有效的联系也可能存在，不过受到空间的限制，不再列举所有的可能性。在表格的第一列，你将看到《新一代科学教育标准》的组成部分。后一列则描述了与《新一代科学教育标准》产生专门联系的课堂活动。在某些情况下，老师会给一群与《新一代科学教育标准》中规定的年级水平不相符的孩子上课，因为预先的评价表明，学生需要课外知识来形成概念。在另一些情况下，有些学校正在调整他们的课程，以与《新一代科学教育标准》保持一致，并且没有改变科学教育的内容。

请注意，本书重点描述学前教育课堂的各章节概述的材料、课程和活动，并且提供了基本的经验。学前教育中的科学体验本身就是基础性的，与学习进程中的早期要素有关，这有助于后来的从幼儿园到十二年级（中小学阶段）的学习。因为《新一代科学教育标准》中的期望表现是针对从幼儿园到十二年级的学生的，所以，这本书没有包含学前教育课程的具体期望表现，但依然确定了一些学科的核心理念。这些理念的提出，旨在显示早期的体验与学生后来的学习之间的联系。

🖉 满足课堂教学需要

越来越多的出版商、设备供应商和学校声称已经为发展和鼓励STEM学科教育制订了非常有效的计划。至关重要的是找到一些相关的调查，它们可提供有效的STEM教学经验所需要的重要因素。STEM应当包括解决问题的技巧，同时服务所有学生，鼓励学生进行跨学科学习，促进探索，让他们参与现实世界的问题解决，并且接触STEM职业生涯规划。应当培养学生沟通交流、解决问题、分析数据、追踪流程、基于证据的论证、制订解决方案及研发可能的产品设计等方面的技能。这是一份很长的期望清单，单凭一节课是无法做到的。要满足这些需求，就需要连续不断地学习，着重关注那些随着时间的推移和通过许多经验而发展技能和内容的元素。

本书提供了一些课程，将它们与一些额外的学习机会结合起来，有助于老师提升STEM

的课堂教学效果。这些课程以为学生提供了这些学习机会的老师的实际课堂经验为基础。无论你是刚刚开始研究 STEM 教学，还是一直在构建 STEM 课程且正在寻找新的创意，本书都将为你提供全新的、饶有趣味且卓有成效的策略。

　　本书的内容是按学生的年级段组织的。采用这种方式，你可以快速找出为特定年级制定的教学策略。不过，我们也可以修改许多策略，以适应其他年级学生的需要。因此，我们首先从年级段的主题开始，然后扩展到其他年级，同时可以明确哪些《新一代科学教育标准》是针对哪些特定年级的。最重要的是确定什么内容最适合你的学生，以及加深他们对概念的理解需要什么样的经验。

　　你将发现，本书介绍的一系列策略和主题包括以下内容：

- 5-E 学习教学阶段；
- 一些经过测试的、可靠的，甚至是原创的设计流程；
- 评估前的策略与评估的评分标准；
- 可以立即打印和使用的数据表和学习工具；
- 高科技产品的使用——从数字笔记本到 3D 打印；
- 与现实问题相关的挑战，如水过滤、回收垃圾和集水；
- 设计能解决问题的构件，如隔音墙、风力涡轮机、移动物体、太阳能烤箱、耐受恶劣天气的建筑，以及生物保护；
- 提升对技术的理解的体验。

　　你会发现，本书前两章的内容为你了解本书中分享的许多美妙想法提供了宝贵方法。前两章介绍了通用的策略，你可以在不同年级的教学中使用。第 1 章很好地介绍了设计课程的流程，第 2 章将帮助你识别那些对 STEM 学科比较陌生的学生的错误观念。

　　本书的目的是帮助孩子们了解 STEM 学科的复杂组成。我希望你能发现这些内容中众多全新的策略，这些策略将支持你为学生提供有价值的课程教学。

琳达·弗洛绍尔（Linda Froschauer）

目 录

第三部分　三年级到五年级

第一部分

学前班到五年级

第1章 如何制定工程设计任务

7步创建你自己的设计活动

作者：切尔茜·丹肯布林（Chelsey Dankenbring），布伦达·M. 卡波比安科（Brenda M. Capobianco），大卫·艾辛格（Eichinger）

最近，在美国的州与国家层面，各界力推将工程教育内容与实践整合到基础教育的科学教育范围中。要将工程教育纳入小学科学课程中，一种方式是将工程设计任务作为传授科学内容的手段。尽管工程设计任务可能有益于学生的科学学习，可以增强他们对科学与工程学的兴趣，但几乎没有哪位老师接受过相关的培训，不知道怎样制定他们自己的基于标准的工程设计任务。在本章中，我们将概述工程和工程设计流程，然后描述我们在制定一项五年级的基于标准的工程设计任务时所采用的步骤，该任务的标题是"分解污垢"，在本章中将被称为"堆肥箱"。

本章内容更加侧重于模拟我们制作和撰写原创的设计概要时采用的一些不连续的步骤。这些步骤是通用的，可以作为你成功创建基于课堂的工程设计任务的一般程序步骤。这种工程设计任务能够补充你的课程，并且可以强化学生的科学学习。为了将我们的写作步骤置于实践的背景之中，我们一致同意将堆肥箱作为原始任务，并且为完成这一任务提供有益的指导性策略。

📝 什么是工程与工程设计流程

美国基础教育《K-12 科学教育框架》将工程定义为："以找到人类特定问题的解决方法为目标而从事的系统性的设计实践。"工程师运用他们对数学与科学概念的理解，找到结构不良的问题的解决方案。这些问题可能是"凌乱的"，因为不存在正确的解决方案，或者说，没有哪条路径是通往解决方案的唯一路径。相反，工程师在运用他们的科学知识和数学概念来制订解决方案时，会进行一系列的权衡。他们一步步走完工程设计流程，构思该问题的解决方案，要么是一个人工制品，要么是一套流程。工程设计是一个迭代的过程，在其中，工程师找出问题，围绕创意进行头脑风暴，制订设计方案，创建和测试设计雏形，并且在必要时重新设计他们的方案雏形。

在小学的科学课堂上，老师可以通过设计概要向学生介绍工程设计任务。设计概要描述一位遇到了需要解决的现实问题的客户的情况。首先，学生单独制订问题的解决计划，并且在笔记本上记下数据。然后，老师将学生分配到由 3~4 名学生组成的团队中，让学生与团队成员分享他们个人的计划，并且讨论每个创意的优劣。最终，设计团队提出一个小组设计，并且使用家里或教室里随时可用的材料来构建一个设计雏形。接下来，全班根据设计概要中确定的标准与约束条件来评估结果。学生向班上同学介绍他们的设计，并且解释如何运用科学概念来完善设计。学生根据测试结果重新设计方案雏形，以更好地满足客户的需要。这个流程可以进行修改，以包含更多的老师指导内容为小学低年级学生使用。

科学探索与工程设计

基于科学探索的与基于工程设计的学习，一个重要的特点是，学习活动以学生为中心而不是以老师为中心开展。除此之外，科学探索和工程设计都可以用于高效传授科学概念与解决问题的实践。然而，这两种方法之间存在的两个重要差别，使它们成为两个迥然相异的主体。

差别之一是起点不同。科学探索活动从需要回答的问题开始，基于工程设计的活动则从需要解决的问题开始。差别之二是老师为每种活动采用的教学方法不同。针对科学探索活动，老师采用的方法可能是指导性的、引导性的和开放性的。每一种方法都取决于老师在多大程度上提供了详尽的指导。例如，指导的科学探索活动通常用于验证某一科学思想。因此，对某项科学探索活动来讲，它存在一个预先确定的正确答案。基于工程设计的活动则没有确定的答案，解决问题的方式有很多。科学探索活动的最终成果是回答某个问题，而工程设计活动的最终成果是一个人工构建的作品或流程。

创建你自己的工程设计任务

以下步骤概述了我们用来制定一项五年级的工程设计任务的流程。在描述每个步骤的同时，我们将设计任务的例子（堆肥箱，见图 1.1）并排放置，以阐述我们用来制定自己的设计任务的流程。在这项任务中，老师要求学生帮助海地的农民制作一些高效的堆肥箱，以生产更好的堆肥，为农作物施肥。遵循下面的步骤，你可以制定出原创的设计任务，或者将现有的活动改造成一项设计任务。

图 1.1　展示已完成的堆肥箱

第 1 步：确立标准

第一步是确立一个科学标准，包括期望表现和相关的学科核心理念。我们建议，每项设计任务只重点关注 1~2 个标准，以便学生能够轻松地辨别并将所强调的科学概念融入他们的设计中。在选择合适的科学标准时，必须考虑该标准是否值得开展一场基于设计的活动。要求学生"辨别"或"描述"某种现象的期望表现，对设计任务并不友好；而有助于调查、设计和研究概念或现象的更加开放式的标准，则对设计任务较为友好。因此，要求学生"调查""证明""设计""观察"或者"决定"的期望表现，可能更加适合设计任务。该任务与《新一代科学教育标准》中"五年级生命科学标准，生态系统：相互作用、能源和动力学"等相一致。该任务还提及生态系统中的相互依存性的学科核心理念及生态系统中物质和能量转移的循环，而且包含了系统和系统模型的跨学科概念。

第 2 步：对以设计为导向的活动创意进行头脑风暴

第二步是对可以改造成工程设计任务的活动进行头脑风暴。将各项活动列举出来，是个不错的开始，如你和你的同事将要使用的或以前曾用来传授概念的探索活动。在选择活动的时候必须高度注意，要着重考虑某种可以改造成开放式问题的活动，对那些问题，学生可以通过制造一个成品或创建一个流程的方式予以解决。最好选择那些具有延展性的、使学生有机会验证一系列创意的活动。

在与分解有关的头脑风暴活动中，我们确定了几种最喜欢的生命科学活动，包括不同的水果、树叶和树木的分解；观察有生命的和无生命的材料的土壤；制作堆肥箱。我们之所以选择堆肥箱，是因为这种活动的特性考虑了多种设计任务的开发。老师不是要求学生简单地设计一个堆肥箱，而是给学生提供一些由 2 升大小的瓶子制作而成的堆肥箱，要求学生为制作堆肥列创建一个工程设计流程。我们鼓励学生围绕以下方面开展研究：分解发生时需要的不同原料、迅速分解需要的原材料，以及如何在堆肥箱中最优化地安排各种原材料。

第 3 步：将问题陈述置于设计任务的背景中进行研究

这个步骤涉及各种各样的日常问题，它们与设计活动将要制造的人工制品或创建的流程相关联。问题必须是没有确定答案的，而且要允许学生使用一系列不同的创意与方法，通过应用某个科学概念来解决这个问题。在做这件事时，问自己这些问题：我们遇到的哪种日常问题与这个科学概念相关？怎么运用我们对这种现象的理解，从而使整个社会受益？

在为堆肥任务构思问题陈述时，我们考虑了什么是分解、为什么它很重要、它可以解决什么问题。分解是将营养物质回收到土壤中，这样的话，植物就可以重新利用这些营养物质。根据这些信息，我们提出了影响分解的且有可能得到解决的问题：土壤质量不良、送往堆填区的原料数量，以及与堆填区相关的气体排放。我们选择着重关注土壤质量不良的问题，本着将堆肥作为解决问题的手段而引入目标。

第 4 步：确定必要的原料、资源和工具

和大多数基于活动的科学课程一样，考虑使用廉价的、能够从教室或本地家居装饰店里找到的原材料。这使得设计任务在经济上可承受，学生也将熟悉如何操作这些原材料，用它们来构建设计雏形。提供一系列的原材料，你会为学生能够想出的创意而惊叹不已！在为任何一种课堂活动选择原材料时，一定要牢牢记住安全问题。

我们为制造这个堆肥箱并生产堆肥拟定了一个必备的材料与工具列表。这些材料和工具包括：2 升的汽水瓶子、剪刀、草、棕色和绿色的叶子、果实、小树枝、活赤虫和粗棉布。额外的原材料包括干净的蛋壳、植物、蔬菜和面包。学生在使用剪刀和切割器时，由于其边缘锋利，应当小心谨慎。我们建议给学生展示已经制作好的一列堆肥，用胶带裹住锋利的边缘，以最大限度地保证安全。我们还建议在活动开始前收集一些物品，如瓶子，或者请学生向班级捐献一些原材料（如瓶子和果皮）。对于这项活动，有些原材料是季节性的（如青草、小树枝和树叶），应当在秋季收集，特别当你打算在冬季制作堆肥箱的情况下。

第 5 步：撰写设计概要

设计概要介绍了设计任务的来龙去脉、背景信息和设计解决方案必需的细节。概要内容应当使用真实的背景来介绍问题，包括目标、客户、最终用户、标准和约束条件。提取你在第 3 步中构思的问题陈述，把它放在真实的背景中。问你自己："把任务放在什么样的背景中，学生就能够与之产生联系？"换句话讲，在我们的学校或社区中，有没有哪个问题是学生一心想要解决的？提供真实的背景，可以不断激励学生，提高他们参与设计任务的积极性。

在联系现实世界的背景之后，考虑这样一个场景：一位假想的或真实的客户将邀请你的学生提出该问题的解决方案，以使某个特定的人群受益，这群人便是最终用户。然

后列举一系列应当达到的标准（期望设计雏形具备的特点）和一系列约束条件，或者是学生不能逾越的界限。约束条件包括设计与制作可用的时间、可用的原材料、设计要求的尺寸，以及构建设计雏形的成本，等等。

对于堆肥任务，我们选择了大多数学生都听说过的一个国家——海地。海地是个依靠农业获得粮食与收入的国家，但其土壤质量很差，原因是干旱、水土流失和森林滥砍滥伐。我们为撰写设计概要而构建的场景是，海地的居民需要别人帮他们设计一个流程来生产堆肥，以提高土壤质量。不过，这份概要可以轻松地改编成学生居住地的情景，如当地的农场、园艺中心、城市街道、动物园或自然中心。

第 6 步：完成设计任务

工程设计任务可能需要学生花大量的时间来执行，学生也许得花一周或更长时间才能完成设计任务。堆肥箱的任务要花差不多 3~5 个 40 分钟的课时来研究、设计和收集，然后花 6 周时间来监测（每周 10 分钟）并产生真正的堆肥。第一周包括介绍设计概要、研究分解的主题，还要占用几节 30~40 分钟的课，运用从学生的研究中收集而来的信息来整理实际的堆肥列。

在老师和学生将堆肥列集中起来之后，在接下来的 5 周时间里，学生每周都会观察堆肥列并收集数据（如土壤的湿度、外观、水分的量和气味）。由于堆肥导致细菌和霉菌的生长，对霉菌过敏的学生应当在收集数据期间小心谨慎，老师一定要让学生在每节课后用肥皂和清水洗手。如果出现严重的霉菌过敏，可以把堆肥箱放在教室外面，在室外收集数据。过了 6 周之后，学生分享他们的成果，并且观察每个团队的堆肥。同时，他们记录自己对这个过程的反思，并且确定 1~2 种方法来改进生产堆肥的方案。学生可能对这些反思式的提示中的 1~2 条给予反馈：你的团队是不是成功地生产了堆肥？描述你对自己生产的堆肥的观察。（它是干燥的、湿润的，还是潮湿的？土壤的平均温度是多少？）如果你可以改变你的团队制作堆肥的过程，团队成果又会有怎样的改变？你要添加哪种类型的原材料（有机的还是无机的）（见图 1.2）？

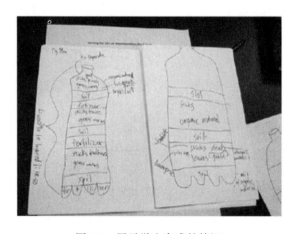

图 1.2　展示学生完成的笔记

第 7 步：评估学生对设计的投入程度

评估学生的学习情况是工程设计任务的重要特点。尽管我们在本章着重模拟那些制定工程设计任务的步骤，但评估是对这一过程的补充。当我们让学生参与工程设计任务时，会根据任务的不同特点来评估他们的表现。有时，我们评估学生在设计团队中的工作表现，或者是他们的设计笔记的记录情况。科学概念的运用，如分解者、生物因素和非生物因素等，都可以在学生的个体设计、团体设计、设计构建及测试过程中对设计性能的解释或反思进行评估。

本章小结

当科学老师开始将工程原理和实践融入他们的课程中时，至关重要的是，要让学生感到在课堂上可以轻松地创建和完成工程设计任务。工程设计任务为学生提出了在现实环境中真实存在的问题。这有助于激发学生的兴趣，同时使他们把科学知识与日常生活联系起来。学生在设计、建造和测试设计雏形时，可以挑战他们对科学现象的感知，并且见证他们理解中的所有缺陷。因此，了解工程资源并知道如何创建自己的工程设计任务，对于小学科学老师来说是十分宝贵的。

致谢

本材料以国家科学基金会（批准号 0962840）支持的工作为基础。本材料中所表达的任何观点、成果、结论或建议，都是作者的观点，不完全代表国家科学基金会的观点。

联系《新一代科学教育标准》

本章概述的材料、课程和活动，只是实现表 1.1 列出的期望表现的一个范例。学生们还需要更多的支持材料、课程和活动。

表 1.1　与标准的联系

2-ESS2 地球系统 2-PS1 物质及其相互作用 K-2-ETS1 工程设计	联系课堂活动
期望表现	
2-ESS2-1：比较多种旨在减缓或防止风和水改变土地样貌的解决方案	建立模型来解释和对比减缓或防止风雨改变土壤的解决方案
2-PS1-1：计划并进行一项调查，以根据可观测的性质来描述和区分不同类型的原材料	计划并进行一项调查，以研究在学校附近发现的三种不同土壤中包含的不同类型的土质

续表

2-ESS2 地球系统 2-PS1 物质及其相互作用 K-2-ETS1 工程设计	联系课堂活动

期望表现

K-2-ETS1-1：提问、观察，并且收集关于人们想要改变的状况的信息，以提出一个简单的问题，这个问题可以通过开发新的或改进的材料或工具来解决	围绕城市沼泽地的土壤进行提问和观察，以确定哪种设计最能防止风和雨改变土壤

科学与工程实践

开发并使用模型	开发三种土壤剖面模型，并且使用这些模型来比较土壤
构思解释并设计解决方案	使用证据来确定每种"神秘土壤"的特征
计划并进行调查	计划并进行一项调查，以收集关于土壤中不同材料的数据

学科核心理念

ESS2.A：土质材料和系统 • 风和雨可以改变土地的样貌	调查并分析结果，同时确定风和雨怎样改变土壤
ESS2.B：板块构造与大规模系统相互作用 • 地图显示事物的分布位置。人们可以描绘任何地方的土地的样貌和水的类型	使用地形图和航空图来预测不同类型的土壤在附近的位置
PS1.A：物质的结构与性质 • 世界上存在不同种类的物质，在不同温度下，这些物质中的许多要么是固体，要么是液体。物质可以根据其可观测的性质来描述和分类	发现土壤由不同的成分组成：有机物质和沙子、淤泥和黏土
ETS1.A：提出和界定工程问题 • 人们想要改变的一种状况，可以作为一个需要通过工程技术解决的问题来对待	根据设计概要来解决一个问题，设计概要辨别了资源、局限和期望的结果 使用模型来研究问题并测试提出的解决方案，同时分享研究的成果

跨学科概念

样品	通过比较土壤的样品来考虑土壤到底在哪些方面相同与不同
稳定性和改变	解释雨和风可以怎样改变土壤，并且提出延缓或防止这种改变的解决办法
能量与物质	解释土壤是如何做到看起来像一种材料，但实际上包含了许多不同材料的

资料来源：《新一代科学教育标准》领先实施的州，2013.

第2章 留意设计的失策

新手设计者错误观念的观察清单

作者：大卫·克里斯芒德（David Crismond），劳拉·格勒特（Laura Gellert），
瑞安·凯恩（Ryan Cain），谢奎娜·赖特（Shequana Wright）

当学校要求老师在本已十分紧凑的教学计划中添加新的学习目标和活动时，任何一位老师多少都会有点"压力山大"。此外，当新的科目涉及你在学校或大学里从未接触过的主题，并且涉及一大堆新的活动和教学技巧时，你也会感到一丝的恐惧。

《新一代科学教育标准》要求老师在科学课上给予工程设计与科学探索同等重要的地位。已经小学毕业的学生"应当在工程设计方面具有丰富的经验"。工程设计实践是什么样子？如何评估它们？工程设计与科学探索有何异同？新手设计者容易产生什么样的错误观念？作为他们的老师，你能做些什么来帮助他们？

美国基础教育《K-12 科学教育框架》提出了科学与工程学共同拥有的框架实践（见表 2.1）。《新一代科学教育标准》描述了针对小学阶段两个年级段的学生在工程设计方面的期望表现，这两个年级段是：幼儿园到二年级、三年级到五年级（见表 2.2）。

查看一份来自知名课程源的示例设计活动的表格，可能有助于你"熟悉奇怪的事物"，并且向你表明，你也许已经和你的学生一道完成了某些工程任务（见表 2.3）。

表 2.1 科学与工程学共同拥有的框架实践

框架实践	
• 对于科学，提出问题；对于工程学，界定问题	• 运用数学和计算思维
• 开发和使用模型	• 对于科学，构思解释；对于工程学，制订解决方案
• 计划并进行调查	
• 分析和解释数据	• 进行基于证据的论证
	• 获取、评估、交流信息

资料来源：全国科学研究委员会，2012.

表2.2 　《新一代科学教育标准》中针对幼儿园到二年级、三年级到五年级的可比较的设计优劣

幼儿园到二年级	三年级到五年级
K-2-ETS1-1：提问、观察，并且收集关于人们想要改变的状况的信息，以提出一个简单的问题，这个问题可以通过开发新的或改进的物体或工具来解决	**3-5-ETS1-1**：提出一个简单的设计问题，反映需要或需求，包括规定的成功标准和对原材料、时间或成本的约束条件
K-2-ETS1-2：画一张简单的草图、图画或创建一个物理模型，以例证某个物体的形状如何帮助它在必要时解决特定的问题	**3-5-ETS1-2**：根据每个解决方案到底有多么出色地达到了问题的标准和满足了问题的约束条件，来制订并比较多个可能的解决方案
K-2-ETS1-3：分析两个学生设计的用于解决同一个问题的方案数据，以对比得出每个对象的优势与劣势	**3-5-ETS1-3**：计划并进行公平的测试，在这些测试中，测试人员自变量、考虑故障点，目的是找出模型或设计雏形中可以改进的方面

资料来源：《新一代科学教育标准》领先实施的州，2013.

表2.3 　熟悉的工程设计活动

设计任务	课程和网络链接
制作一个缓慢下降的模型降落伞	设计降落伞（工程基础） 空气与气候（充分自由选择的科学系统） 深入钻研科学（基于项目的探索科学）
设计一辆能够长途行驶的模型汽车	行驶中的汽车（基于项目的探索科学） 神奇的 Elastic 和 EnerJeep（城市技术）
制作一艘能够承载最大负荷的模型船只	国家科学资源中心，2002。浮动和沉没：老师的指导。伯灵顿，国家中心：卡罗来纳生物供应公司
设计一个能承受一定重量的购物袋	有用的东西！包装（城市技术） 怎么使用袋子才能使这项工作更容易？（纳菲尔德主要解决方案的设计和技术）
设计一棵能从阳光中获取最多能量的模型树	发现树木和池塘计划（教育发展中心）

　　在介绍错误观念的观察清单之前，初学者在设计时可能沦为错误观念的牺牲品（作为老师，你知道这些错误观念是有益的，因为当你注意到学生在做这些事情时，可以进行干预），而你也同样可能受制于自己对工程设计活动的一些错误想法。

- 设计任务很少有一个"正确"的答案。购物袋、船只或汽车等，不存在正确的设计，因为它们是为不同用户和不同目的而设计的。一个用来装新买的书籍的袋子，必须比一个用来装生日贺卡或蜡烛的袋子能够承受更大的重量，并且更结实。
- 设计任务与逐步构建的活动极为不同。你的学校可以购买一些名为设计活动但其实是逐步构建的项目的教学材料包。有时候，优秀的设计不存在确定的正确答

案。它们让学生知道，他们最终设计的产品在特定的限制下应当有着怎样的性能。但是，设计任务并不会指明应该采用什么方法、应当如何制作模型或设计雏形，或者模型或设计雏形应该是什么样子，这些都由设计者来决定。

新手设计者的习惯

以下介绍的新手设计者的六个习惯，每一个都首先参考了《新一代科学教育标准》与之有关的内容，然后描述这个习惯或错误观念，最后提出一些可以纠正该错误观念的教学策略。

第 1 个习惯：新手设计者往往"首先建造"，然后才去理解挑战

- 《新一代科学教育标准》科学与工程实践：提出问题和界定问题。
- 《新一代科学教育标准》学科核心理念：提出并界定工程问题（ETS1.A）。

给孩子分发设计任务的材料和对设计任务的描述（设计概要），接下来的情况可以预料到，尽管有些学生将着手做一些事情，但不太清楚要设计的东西可以用来做什么，或者应当怎样使用原材料。学生在开始之前需要对他们的任务有所了解，这就涉及阅读理解。在学生的阅读过程中，一定要让他们在动手设计前知道他们设计的东西可以用来做些什么。

例如，学生需要理解他们设计的模型降落伞应当尽可能长时间地在空中飘浮并能飞行一定的距离，然后降落到地面上。至于要怎么做到这一点，就取决于他们自己。假如他们正在设计一个室内弹射装置，其性能将根据弹射的准度来评判，那么，他们应当知道如何通过观察弹射的物体击中目标的距离来测量其准度。要求学生用自己的语言撰写一份"问题陈述"，这往往是一件有益的读写任务，这样的"问题陈述"将说明产品必须具备什么性能（标准），以及在制造产品方面有些什么限制（约束条件）。

请注意，理解问题不同于确定问题的框架。前者需要理解，而后者需要更深入地掌握问题，以便设计者描述他们想要采用的方法。机器人的设计会采取进攻还是使用防守战术？降落伞是垂直下降还是以某个角度滑翔？通过设计，使用橡胶筋的汽车是会更快并在更短的距离内达到一定速度，还是会在更长的距离内更加缓慢地加速？这些都是设计者在对任务有了基本的理解之后做出的选择。

新手设计者的六个习惯

- 第 1 个习惯：他们首先构建，再去设法理解设计挑战。
- 第 2 个习惯：他们不去开展有助于思考设计的研究。
- 第 3 个习惯：他们沉迷于（专注于）自己的第一批设计创意，而不是对许多的创意进行头脑风暴，以"跳出框框"来思考。

- 第 4 个习惯：他们做出设计决策，没有考虑所有想法的优势并进行权衡。
- 第 5 个习惯：他们在观察设计雏形测试时没有集中注意力，并且在对其设计进行有效的故障排除方面需要支持。
- 第 6 个习惯：他们逐步地执行设计实践，并且总是按照相同的顺序来处理所有的挑战。

第 2 个习惯：新手设计者可能不去开展有助于思考设计的研究

- 《新一代科学教育标准》科学与工程实践：获取、评估和交流信息。
- 《新一代科学教育标准》学科核心理念：制订可能的解决方案（ETS1.B）。

新手设计者错误地以为设计和发明是一样的，误认为他们设计的每一件东西都必须从零开始。富有经验或见闻广博的设计者会先进行研究，以找出其他设计者过去如何应对类似的挑战——职业设计师将此称为"先前技术"（Prior art）。

一个名叫"有用的东西！"（The Stuff That Works!）的购物袋设计挑战，使得学生可以开展一次有趣的研究活动，在他们设计购物袋之前要参加一次寻宝游戏。学生把他们设计的最喜欢的风格各异的袋子带到课堂上，放成一堆，然后让其他学生猜他们创造的类别。自由的"在设计和技术课程中的纳菲尔德主要解决方案"，可以让学生对人们携带购物袋的不同方式进行快速调查。他们把收集的袋子带到课堂上，用来学习如何将袋子的把手与袋子连接起来，以及怎样加固袋子，使之能够承受更大的重量。

在课堂上进行的研究可能很简单，如上网搜索或让每个团队的学生大致观察一下教室，看看其他团队在开发什么。也可以采用临时进行的现场调查的形式。本章内容的作者谢奎娜·赖特老师带着她的幼儿园学生去野外郊游，拍下树枝和树叶的照片。学生在大自然中观察到的原理告诉他们，可以怎样设计一棵能投出最大阴影的模型树。这项活动改编自教育发展中心的"发现树木和池塘计划"，介绍了《新一代科学教育标准》中对幼儿园学生的以下期望表现：

- K-LS1-1：运用观察结果来描述植物生存需要的条件。
- K-ESS3-1：使用模型来展示植物的需要与它们所在地方之间的关系。
- K-PS3-2：使用工具和材料来设计和建造一座建筑，该建筑将减弱阳光对某一地区的气候变暖的效应。

第 3 个习惯：新手设计者沉迷于自己的第一批设计创意，而不是对许多的创意进行头脑风暴，以"跳出框框"来思考

- 《新一代科学教育标准》科学与工程实践：制订解决方案。

科学家的追求是解释自然现象，类似地，工程师和设计师梦寐以求的事情是生产或设计出能解决问题的产品。成功的产品设计需要产生和研究大量的潜在创意——越多越好。然而，学生往往坚持他们的第一批创意。当他们的最终项目与最初的设计草图的副

本很接近时，你可以分辨得出来。这个烦人的问题被称为"创意痴迷"（Idea Fixation），有时候，甚至连专业的工程师都不知道这究竟是怎么回事。

头脑风暴是工程师们的一种典型实践，他们需要尽可能多地提出不同的创意（数量大于质量），而不是在他人刚一说出自己的创意时就进行评判。当许多学生觉得头脑风暴至关重要时，不要评判他们的这种想法——而是让他们感到，探索创新和提出不可思议的想法是安全的。

对于三至五年级学生在工程设计方面的期望表现，要求学生"构思并比较对某个问题的多个解决方案"（3-5-ETS1-2）。头脑风暴有助于年龄各异的设计者以同样古老的方式摆脱问题的窠臼并找到潜在的解决方案。如果你帮助学生提出大量的创意，他们可能发现自己不再对某个单一的计划过于痴迷（尽管不是不可能）。

第 4 个习惯：新手设计者做出的设计决策，没有权衡所有创意的优劣

- 《新一代科学教育标准》科学与工程实践：进行基于证据的论证；分析并诠释数据

新手设计者经常做出设计决策，而不去权衡眼前的每一种替代选择的好坏。他们往往关注自己喜欢的计划的优点及不喜欢的计划的缺点。作为老师，你可以让年龄稍长的学生养成一种习惯：使用他们在设计雏形的运行测试中收集到的证据，清晰地表达每个创意的优点和缺点。

最后一个工程设计的期望表现（见表 2.2）要求幼儿园到二年级的学生比较解决相同问题的两台设备的优缺点。你可以通过让他们使用熟悉的物品或产品进行类似于填写《消费者报告》的产品比较，帮助学生达到这个期望。其中一项经典调查是比较不同品牌的纸巾，以确定它们的整体质量。

然而对三至五年级的学生可以提出进一步的要求，让他们围绕公平测试的实验进行计划。这种实验比较同一种产品的不同品牌，或者比较为解决同一个挑战而制作的不同设计雏形。这两种情况都需要学生回答同样的问题：在确定产品的整体质量时，你测量的是什么？如何测量？学生还应当讨论他们在测试各产品品牌时需要控制的条件，或者比较不同团队成员在多次设计迭代中提出或开发的设计雏形。

第 5 个习惯：新手设计者在观察设计雏形的测试时没有集中注意力，并且在对其设计进行有效的故障排除方面需要支持

- 《新一代科学教育标准》科学与工程实践：分析并诠释数据。

测试设计雏形的学生常常忽略那些设计雏形的缺陷，你马上就会明白我说这句话是什么意思。无论他们是在观察模型降落伞的降落，还是别人将一个模型风扇摆在他们面前模拟风车在旋转，学生都可能在设计雏形测试的过程中要么注意到、要么没有注意到关键要素。他们会认为自己已经完美地观察了设计雏形的测试，但实际上并没有。

要帮助学生进行有效的故障排除，可以让他们使用一个包含以下 3 个步骤的问题，这 3 个步骤要按顺序来执行：

（1）你注意到了什么问题？（观察与诊断）

（2）它为什么会出现？（解释）

（3）你将怎样解决这个问题？（纠正）

学生可能需要指导来进行基于设计的故障排除，特别是当他们需要提高注意力以辨别问题的时候。让学生制作和回放设计雏形测试的视频，可以帮助他们从这些测试中"看到更多"，并改善他们的故障排除思维。

第 6 个习惯：新手设计者认为，设计实践只能逐步地完成，并且总是按照相同的顺序来完成

- •《新一代科学教育标准》科学与工程实践：构思解释并设计解决方案。

新手设计者往往凭"冲动"进行设计，他们从一项任务与策略跳到另一项任务与策略，几乎完全没有意识到自己在做什么或者为什么这么做。《新一代科学教育标准》提到了这种趋势，介绍了针对所有年级的一个包含 3 个步骤的设计模型。这 3 个步骤是：

- 确定问题；
- 制订可能的解决方案；
- 改进设计。

然而，初学者在遇到这些模型时，有时会认为提到的设计实践应当以不变的顺序逐步完成。他们忽略了两个要点：设计者按照这些步骤，通过创建和测试设计雏形来发现缺陷，然后进行迭代、改进它们，从而获得最大的收获。

即使是最专业的设计者，也很少只用一次尝试便设计出有效的解决方案。他们主要通过对原始计划的反复修改来改进产品。让学生保留旧的设计雏形，以将其与新的设计雏形进行比较，并且告诉别人，自己修改了什么及为什么要这么改。对于时间紧张的老师来说，当学生只有足够的时间来制作第一个设计雏形，却没有时间去修改时，可能容易错失最好的学习机会。大多数基于设计的科学挑战的学习，都是在学生迭代和完成设计周期的时候出现的。

本章小结

有时，当你和孩子们一同进行设计任务时，你可能感到不知所措，也会在教他们设计实践时感到无所适从。在这种情况发生时，请考虑到，在你作为一名老师的日常工作中，只要做好以下工作，你就是一名设计者：

- 确定一节课的目标和你的用户（学生）的需求；
- 从现有的课程中调整和重新设计课程；
- 提出你自己的问题；
- 设计形成性的评估项目、测验和测试；

● 放弃那些似乎没有发挥作用的课程。

　　无论你是在鼓励学生使用设计实践，还是试图将自己的工作与你作为设计者的角色联系起来，运用本章描述的"新手设计者的六个习惯"观察列表，有助于你加速提升学生的设计能力。老师可以将设计任务作为吸引学生的补充课堂教学的活动，尽管如此，假如设计任务完成得好，它们能够向学生展示科学思想怎样帮助他们解决在日常生活中遇到的问题。

第 3 章 借助普及版图书教学

设计困境

| 作者：克里斯汀·安妮·罗伊斯（Christine Anne Royce）

通过两个不同的故事，老师向学生介绍设计解决问题的方法的流程，也包括设计的失败。通过让学生参与工程和设计流程，将这两本书中的人物体验带入课堂。这些活动支持这些实践的发展，并且能帮助学生获得和应用科学知识。

普及版图书

图 3.1 是《最了不起的东西》（*The Most Magnificent Thing*），作者：阿什莉·斯拜尔（Ashley Spires），ISBN：978-1-55453-704-4，Kids Can 出版社，2014 年出版，第 32 页，适合幼儿园入学前至二年级学生。

图 3.1　《最了不起的东西》

故事梗概

故事中的小女孩证明了把事情做得完美是件很难的事情。尽管读者在读完了书之后还书时并不知道什么是完美的，但这个女孩向大家展示了设计过程中的尝试、犯错、坚持和适应。

图 3.2 是《爸爸的机械鱼》（*Papa's Mechanical Fish*），作者：坎达丝·弗莱明（Candace Fleming），插图：鲍里斯·库利科夫（Boris Kulikov），ISBN: 978-0-374-39908-5，法勒、施特劳斯和吉鲁出版社，2013 年出版，第 40 页，适合小学二至四年级学生。

图 3.2　《爸爸的机械鱼》

故事梗概

这是一个根据真实事件改编的故事，重点介绍了发明家洛德纳·菲利普斯（Lodner Phillips）的生平。爸爸（故事是从他女儿的角度讲述的）是个捣蛋鬼，想要发明出各种各样的东西，但很少成功。最后，他设计了一条机械鱼，也就是一艘载着朋友和家人在密歇根湖水中畅游的潜水艇。

与课程的联系

老师在向年幼的学生介绍时，"把'问题'说成人们想要改变的状况"。学生"提出问题进行观察，并且收集关于人们想要改变的状况的信息，以界定一个简单的问题，这个问题可以通过开发某种新的或改进的物体或工具来解决"（期望表现 ETS1-1：工程设计）。然而，"在开始设计解决方案之前，（学生确实需要清楚地）理解这个问题"（学科核心理念 ETS1-A：提出并界定工程问题），并且不指望他们一定要提出原始的解决方案。"重点强调的是考虑需要实现的目标的需求，以及哪些解决方案最能满足这些需求和目标"。要注意的一个关键问题是，工程和设计流程不只是让年轻学生自由地建造，他们需要努力解决一个明确的问题。

在小学高年级，工程设计"让学生参与到更加正式的解决问题的任务中来……这种问题的解决，包括使用成功的标准和可能的解决方案的约束条件或限制来界定问题"。在设计任务中，学生会意识到，"问题的可能的解决方案，受到可用的原材料与资源的限制（约束条件）。设计的解决方案的成功与否，取决于考虑解决方案的期望特性（标准）"（学科核心理念 ETS1-A）。

因为这个流程对学生来说很可能是全新的，所以请记住，对解决方案的改进和反思（即使解决方案不会产生积极的结果）应符合标准，并且要有助于学生的学习进步。

幼儿园到二年级：了不起的东西可以解决问题

目的

学生将通过设计和工程流程解决问题。

参与

与学生分享一张雪铲和挖掘铲的图片，或者将一把真正的铲子带到教室，让他们一一辨认。让他们头脑风暴一下，为什么这两个铲子看起来不一样，什么时候使用它们。让他们继续头脑风暴，为什么每个铲子的形状有助于解决挖洞或铲雪的问题。学生现在要考虑的一个问题是："用不同的设计做不同的事情，是不是有助于解决不同的问题？"在学生讨论这个想法后，打开《最了不起的东西》这本书，翻到第 30 页，并且只给学生展示那一页。在这一页上，学生看着这个年轻女孩所做的各种各样的事情，并且辨别每个人都能做些什么。问学生，他们认为在这幅图中发生了什么，并且让他们详细说明他们看到了什么。在学生回答之后，问一些问题，帮助他们理解不同的事情可以解决人们日常生活中的不同问题（《各州共同核心标准》中的"英语语言艺术：幼儿园至五年级的信息文本的阅读标准，知识与思想的综合"）。回到《最了不起的东西》的开头，把整本书读给学生听，不时地停下来问以下问题：

- 这个女孩在设计她那件"了不起的东西"时，有什么样的步骤？（知道她想要什么、画出草图、制作它、修改它、使用它。）
- 为什么你认为她几乎放弃了制作最了不起的东西？她做了什么使自己平静下来？（因为她没有做出来，所以很生气，她暂时走开并出去散了会步。）
- 在第 30 页，为什么这些东西是人们想要的呢？（这些东西帮助人们解决他们面临的问题。）
- 你认为这个女孩想解决什么问题？（她正在尝试设计一种能让她的狗坐在滑板车上的侧边车。书的最后一页展示了这种车的样子。）

材料

以下材料将用于此活动：
- 《最了不起的东西》这本书

- 挖掘铲、雪铲的图片或实物铲子
- 学生数据表
- 火柴盒汽车
- 玩具车或自卸卡车
- 弹珠或网球
- 用作斜坡的木块
- 不同类型的纸（不同的厚度和长度）来制作桥的模型
- 长 4 英寸、宽 2 英寸的木块，作为桥的基础支柱
- 吸管或木棒
- 纸胶带
- 箔纸
- 保鲜纸
- 其他可以用来建造一个包含弹珠或网球的物体的材料
- 护目镜

探索

回到铲子的问题，讨论人们有时面临的问题，可能需要设计或制造一些新的东西才能解决。向学生提出下列问题中的一个：

- 将一辆车从一个点移动到另一个点，两点之间的距离大约是 20 厘米。这个解决方案将是学生建造不同类型的桥梁。
- 要防止网球或弹珠从玩具车上掉下来，玩具车就必须先爬上斜坡，再从斜坡上下来。

此刻，你应该做出一个选择，在探索阶段，到底要将哪个任务介绍给学生。他们将在详细阐述阶段解决第二个问题。让学生以 3~4 人为一组，对你提出的问题制订解决方案。更加年幼的学生可能需要课堂助理帮助他们通过问题或建议来促进这一过程。一旦发现了某个问题，让学生互相讨论，在现实世界中，他们可能在什么地方遇到过一个相似的问题，以及如何解决这个问题。让他们检查解决问题所需的不同材料，并且在学生数据表上描绘出他们的解决方案是什么样子的（《各州共同核心标准》中的"英语语言艺术：幼儿园至五年级的写作标准，文本类型与目的"）。让他们建造自己设计的东西，然后进行测试，注意它到底是有效的还是失败的，再加上他们所做的其他观察。让学生回到自己的小组，讨论如何改进设计。学生将重复在学生数据表上描绘或解释设计变更的过程，并且测试他们的新设计。因年龄的不同，学生在初次试验后可能需要修订 1~2 次。

解释

在试验和修改流程之后，要求每个小组重新制订他们的最佳解决方案，并且确定他们为什么选择它。让每个小组向全班介绍他们的最佳解决方案，展示他们针对该问题的

解决方案，同时向全班解释，是什么使这个解决方案成为他们的最佳选择（《各州共同核心标准》中的"英语语言艺术：幼儿园至五年级——知识与创意的表述"）。在所有的小组都分享了他们的解决方案之后，请全班一起讨论不同的最佳解决方案。它们有什么相似？有什么不同？某个创意的某一部分能不能和其他创意的某个部分结合起来？为什么这么做可以改进了设计？回到这个故事，让学生解释一下这个小女孩是如何在几次试验中改进她的设计的（见《最了不起的东西》的最后一页）。将他们解决问题的过程与书中的小女孩的过程进行比较。

详细阐述

现在，学生有机会尝试解决某个工程问题并经历设计与工程流程，再给他们提出第二个问题。让他们重复讨论、提问、观察、描绘潜在的解决方案、测试这个解决方案等步骤，然后调整设计。年幼学生可能比年长学生更需要成年人的指导。要让他们的思维保持创造性和流动性，需要进行实践；此外，提供不同的机会，以帮助学生发展这一领域的思维技能。

评估

除了能从学生数据表中的插图上看到设计的进展来解决这个问题，你还可以在学生经历这一过程的时候追踪观察他们的想法和感受，因为有些学生可能与故事中的小女孩一样会感到沮丧。重要的是，学生要讨论他们为什么会有这种感觉，并且确信，有的时候找到问题的解决方案的确需要时间。同样重要的是，他们在将来遇到类似的情况时会有所准备。要求学生在数据表的背面要么撰写、要么画插图，来讲述一个类似于这个故事中的小女孩的故事。

🖊 三到五年级：令人惊讶的 STEM 竞赛

目标

学生将参加一项设计挑战，要求他们建造一艘能以最快速度行驶一段距离的船只。

参与

把《爸爸的机械鱼》的封面展示给全班学生，让他们猜测故事的内容。一旦学生有了船只或潜水艇的想法，就让他们考虑，为什么会有人想乘坐潜水艇旅行。和学生一同分享这本书的内容，确保每隔两页停一下，不仅讨论单词，还讨论插图中传达的信息（《各州共同核心标准》中的"英语语言艺术：幼儿园至五年级的信息课文的阅读标准，知识与思想的综合"）。可以针对整本书的内容问一些问题，以帮助学生建立与故事的联系，这些问题包括：

- 你有没有发明过有用的东西，或者没用的东西，就像故事里的爸爸那样？

- 为什么爸爸要制作一条机械鱼，或者，换句话说，他想解决什么问题？（他一直在想，如果像鱼一样会是什么感觉。）
- 为什么爸爸多次更改他的设计？使用故事中提供的草图，讨论所做的一些更改。解释为什么要进行多次更改或修改。

对于最后一个问题，在黑板上或图表纸上创建一个 T 形图，用来标记所做的更改和需要更改的原因。帮助学生思考这些问题的答案，也就开始形成一种理解：工程设计需要以一个更加正式的流程进行。应该注意的是，与这个故事中出现的问题相似，并不是所有的问题对每个人来说都一模一样。不同的学生可能在不同的情况下看到不同的问题。

材料

以下材料将用于此活动：
- 《爸爸的机械鱼》这本书
- 海图纸
- 记号笔
- 学生数据表
- 护目镜
- 秒表
- 吸管
- 每个小组 4 个弹珠
- "放在床底下的"大型塑料箱
- 不同帆船的图片
- 箔纸
- 白纸
- 报纸
- 包装纸
- 木棒
- 竹签
- 纸杯
- 其他可用的建筑材料

探索

向学生解释，他们就是故事中的爸爸。也就是说，他们遇到的问题是建造一艘船，能以最快的速度行驶一段距离的水域，而且，在解决这个问题时，要注意达到问题卡中给出的标准，并且受到问题卡中给出的约束条件的限制。

推动船只前进的是风力，由一名团队成员用吸管吹气，而且，这名成员不能离开起点（离开航道的海岸）。建造船只所需的材料可以是任何东西，但是，用纸来建造是最简单的。在看过船只（尤其是帆船）的图片后，学生开始设计他们的船。让学生（4 人一组）首先考虑如何设计这艘船，然后在学生数据表上画出草图（《各州共同核心标准》中的"英语语言艺术：幼儿园至五年级的写作标准，文本类型与目的"）。在每个学生都有机会考虑他们自己会做什么之后，请他们与团队分享设计，并就他们想要包含在整个团队设计中的船的哪个部分进行协商，同时思考为什么要这么做。在实际建造这艘船之前，学生应该讨论几种可能的设计方案及他们认为的每个设计方案的优缺点。他们应当在某个设计上达成一致，也就是说，把每个设计中最好的部分结合起来，然后在学生数据表上画出设计草图，并在船只的每个部分贴上标签。在学生设计船只时，老师要在教室里来回走动，问他们为什么要选择特定的设计或材料、他们认为设计的特定部分有什么作用，以及与问题设计的标准或问题的限制相关的任何其他问题（《各州共同核心标准》中的"英语语言艺术：词汇的获取与使用"）。允许学生设计他们自己的船只。

应当允许学生测试他们的初始设计而不惩罚。虽然一次失败的尝试会在真正的比赛中使团队士气低落，但是，设计的流程包括了制订和测试解决方案，以使学生学会优化设计。理想的情况是允许一次初始设计和两次对设计的修改。每次修改，都要求学生在学生数据表上注明他们在设计上更改了什么及更改的原因。鼓励学生每次只改动一个方面，以检验每次修改产生的结果。

解释

比赛开始！在学生测试和修改他们的设计之后，让每个小组向班级展示他们的设计，并解释以下几点（《各州共同核心标准》中的"英语语言艺术：幼儿园到五年级学生的说话与倾听标准，知识与创意的表述"）：

- 船只的特点和这些特点给设计带来的好处。
- 他们对最初的设计做了什么修改及修改的原因（可以使用他们的草图来帮助解释修改及设计雏形）。
- 他们在设计上依然存在的困难。

STEM 的惊奇比赛

问题：假如你和你的队友正在参与寻宝活动，被困在海峡的一边，但必须到达另一边继续寻宝。你正在以一种类似于"惊奇比赛"这个电视节目的方式与其他团队竞争。你的团队中有 4 个人，包括你自己，都用弹珠代表。你可以使用建筑材料建造一艘能同时载着你和你的队友穿越海峡的船。

标准：设计一艘能让你和你的队友（总共 4 个弹珠）以最快的速度穿越海峡的船。船必须浮起来。只能用提供给你们的材料建造船只。

约束条件：船只只能靠一根吸管吹来的风来推动，而吸管停留在你离开的海峡的岸边。船只的大小绝不超过 15 厘米×15 厘米。对船只的高度没有限制。

一旦每个小组向班级展示了他们的设计，就让他们参与到比赛中来，确定哪个学生将通过吹吸管来制造风。让那个学生站在一个浅塑料容器的狭窄边缘（该容器的尺寸为40 英寸×20 英寸×6 英寸，1 英寸=2.54 厘米），并且在该容器内装 2/3 的水。在把船放入水中的时候，学生应该弯下腰，用吸管吹气推动船前进。不允许他们移动到容器的另一边。身为老师的你，应该充当正式的计时员和每个团队的发令员。要把每个团队所用的时间记录在一张纸上。一旦船沉没了、倾覆了、不能再前进了，或者是抵达了另一边，就应当停止计时，并且将学生的设计方案相应地标记为成功或不成功。谁的速度最快就赢得比赛，并且成功地寻到了宝。每个团队都应当记录他们认为在其他团队中最有效的设计特点。让学生确定，那些设计的特点在设计中起到了什么样的积极作用，以及他们如何在不同的试验中将这些特点融入自己的设计中。

详细阐述

学生已经有机会练习设计和修改过程，现在让他们成为他人设计的评估者，让他们观看一段关于中学生纸板船比赛的视频。播放视频，让学生看到所有划船比赛的不同，然后回去再玩一次。一定要暂停视频来讨论每条纸板船。问学生，作品设计中的哪些因素起了作用，以及如果他们是船只的设计者，他们会改变什么，为什么他们认为某些设计是成功或是失败的。

评估

借助学生设计的作品和画出的草图、他们在整个流程中的解释、在课堂上的介绍，你应当能够确定学生是不是理解了设计任务、标准、约束条件、测试和修改的意义。这些才是一节课的主要焦点，不一定是完成眼前问题的任务（《各州共同核心标准》中的"英语语言艺术：幼儿园至五年级的信息文本的阅读标准——重要思想与细节"）。最后的评估方法是让学生把他们的学生数据表翻过去，用几句话来描述，《爸爸的机械鱼》一书中的爸爸在故事中的经历和他们在设计一艘船时的经历之间有些什么相似之处和不同之处（《各州共同核心标准》中的"英语语言艺术：幼儿园至五年级的信息文本的阅读标准——重要思想与细节"）。

联系《各州共同核心标准》

本章提及了《各州共同核心标准》《英语语言艺术》这两个标准，以更好地进行课程的规划与整合。《各州共同核心标准》指出，学生在每上升一个年级时，应当能够做到下面这些事情。

幼儿园至五年级的信息文本的阅读标准：知识与思想的综合。

● 一年级：使用课文中的插图与细节来描述课文的中心思想。

- 三年级：使用从插图（如地图、照片）及课文的文字中获得的信息来表述对课文的理解（如重大事件发生的时间、地点、原因及过程）。

幼儿园至五年级的信息文本的阅读标准：中心思想与细节。

- 四年级：在解释课文中明确的内容和从课文中获得的推断时，参考课文中的细节与示例。

幼儿园至五年级的写作标准：文本类型与目的。

- 幼儿园：结合画图、口述和写作等方式来组织一些信息性/解释性的文字内容，在这些文字内容中，他们把自己想表达的东西写出来，并且提供一些与该主题有关的信息。

- 二年级：撰写信息性/解释性的文字内容，在其中引入一个主题，使用事实和定义来完善观点，并提供一个总结性陈述或小节。

- 四年级：撰写信息性/解释性的文字内容，以研究某个主题，并且清晰地表达观点和传达信息。

"词汇的获得与使用"是语言的标准之一。这个特殊的标准是跨年级和地区的，"根据与年级适当的阅读和标准，来决定并澄清未知的与多义的单词和短语的含义"。

幼儿园到五年级学生的说话与倾听标准：知识与创意的表述。

- 幼儿园：根据需要添加绘图或其他可视内容，以提供额外的详细信息。

- 一年级：在适当的时候添加图画或其他可视内容来阐明观点、想法和感觉。

此外，《各州共同核心标准》与《英语语言艺术》还提供了涉及针对幼儿园至五年级学生文本类型范围的标准，并且表明，幼儿园到五年级的学生应该将阅读标准应用到广泛的课文阅读中，包括信息科学类书籍。

联系《新一代科学教育标准》

本章概述的材料、课程和活动，只是实现表 3.1 列出的期望表现的一个范例。学生们还需要更多的支持材料、课程和活动。

表 3.1　与标准的联系 1

K-2-ETS 工程设计	联系课堂活动
期望表现	
K-2-ETS1-1：提问、观察、收集关于人们想要改变的状况的信息，以提出一个简单的问题，这个问题可以通过开发新的或改进的物体或工具来解决	辨别某个问题，围绕这个问题提问，并确认这个问题

续表

K-2-ETS 工程设计	联系课堂活动
期望表现	
K-2-ETS1-2：绘制一张简单的草图、图画或创建一个物理模型，以例证某个物体的形状如何帮助它在必要时解决特定的问题	在整个设计过程中测试解决方案之后，给出简略的问题解决方案，并且修改草图
科学与工程实践	
提出并界定问题	在着手解决问题的同时相互提问，并且向老师提问
开发和使用模型	画一张草图，作为他们的解决方案的模型
学科核心理念	
ETS1.A：提出并界定工程问题 • 人们想要改变或创造的一种局面，可以作为一个需要通过工程设计来解决 • 提问、观察和收集有助于思考问题的信息 • 在开始设计解决方案之前，很重要的一点是要清楚地理解这个问题	在整个课程中提出了两个不同的问题需要解决 在着手解决问题的同时相互提问，并且向老师提问 描述问题，并且说明这个问题的解决方案是什么
ETS1.B：制订可能的解决方案 • 设计可以通过草图、图画或物理模型来表现。这些表现手法十分有益于向他人分享问题的解决方案	在测试了物理模型之后，将问题的解决方案用草图来展示并修改草图
2-PS1.A：物质的结构与性质 • 不同的属性有不同的目的	在他们的解决方案的设计中选择并测试不同的建筑材料
跨学科概念	
结构与功能	通过搭建桥梁和在斜坡上来回移动物体，参与两项任务，以理解结构和功能，并且帮助解决某些问题

资料来源：《新一代科学教育标准》领先实施的州，2013.

联系《新一代科学教育标准》

本章概述的材料、课程和活动，只是实现表 3.2 列出的期望表现的一个范例。学生们还需要更多的支持材料、课程和活动。

表 3.2　与标准的联系 2

3-5-ETS 工程设计	联系课堂活动
期望表现	
3-5 ETS1-1：提出一个简单的设计问题，反映需要或需求，包括规定的成功标准和对原材料、时间或成本的约束条件	介绍并解释一个设计问题，以引入标准和约束条件
3-5-ETS1-2：根据每个解决方案到底有多么出色地达到了问题的标准和满足了问题的约束条件，来制订并比较多个可能的解决方案	通过制作单个的设计，检验某个指定问题的多种解决方案，并且将那些设计与他们团队成员的设计进行对比，从中选择最好的
3-5 ETS 1-3：计划并进行公平的测试，在这些测试中由测试人员控制自变量并考虑故障点，目的是找出模型或设计雏形中可以改进的方面	构建并测试他们团队的设计雏形，在讨论后修改模型，并且与其他的模型进行比赛
科学与工程实践	
提出并界定问题	在着手解决问题的同时相互提问，并且向老师提问
计划并进行调查	设计、测试和修改他们的设计
构思解释并设计解决方案	画一张草图，作为他们的解决方案的模型，并且向班上同学解释他们的设计
学科核心理念	
ETS1.A：提出并界定工程问题 ● 可用的材料和资源限制了问题可能的解决办法（约束条件）。设计的解决方案成功与否，取决于考虑解决方案的期望特性（标准）。针对解决方案的不同的提议，可以根据每个方案到底多么出色地达到了规定的成功标准，或者多么周到地考虑了约束条件来进行对比	理解给出的标准和约束条件 将他们的设计与团队成员的设计进行对比，以挑选出能够最好地达到建造船只的标准的那些特点
ETS1.B：制定可能的解决方案 ● 不论在什么阶段，与团队成员交流解决方案是设计过程的重要组成部分，而分享各自的想法可以改进设计	与团队成员及老师进行持续的讨论，涉及他们的船只设计及在测试之后的修改
ETS1.C：优化设计方案 ● 在特定的标准和约束条件下，需要对不同的解决方案进行测试，以确定哪个解决方案能够最好地解决问题	在设计功能及观看船只比赛视频期间，考虑不同的设计来解决这个问题
3-PS2.A：力和运动 ● 每个力作用于一个特定的物体，并且有它的强度和方向	确定通过向吸管吹气，可以形成一种力，使得他们的船只在水上移动

续表

3-5-ETS 工程设计	联系课堂活动
跨学科概念	
工程、技术和科学对社会和自然世界的影响	描述他们最初的设计、在测试后所做的修改，以及为什么会做出这些修改

资料来源：《新一代科学教育标准》领先实施的州，2013.

第4章 更多借助普及版图书的教学

飞行器

作者：艾米莉·摩根（Emily Morgan），凯伦·安斯伯里（Karen Ansberry），
苏珊·克雷格（Susan Craig）

本章介绍了两本普及版的虚构类书籍，你可以用它们来激励学生设计和测试各种飞行器。在《飞行员维罗特》一书中，维罗特的机械天赋激发了幼儿园至二年级的学生测试和比较不同飞行玩具的兴趣。三年级至五年级的学生在读到《阿塞尼奥船长：发明和飞行中的冒险》的大胆和疯狂的想法后，修改了 CD 气垫飞行器的设计，想要看看它们能飞多远。

普及版图书

图 4.1 是《飞行员维罗特》（*Violet the Pilot*），作者：史蒂夫·布林（Steve Breen），是适合年幼读者的书；2008 年出版，ISBN: 9780803731257；适合读者群体：幼儿园到二年级的孩子。

图 4.1 《飞行员维罗特》

故事梗概

别的女孩子喜欢玩洋娃娃和茶具，但维罗特喜欢玩活动扳手和尖嘴钳子。其他孩子取笑她，直到她用自己的机械天赋扭转了局面！

图 4.2 是《阿塞尼奥船长：发明和飞行中的冒险》(*Captain Arsenio: Inventions and Adventures in Flight*)，作者：巴勃罗·贝尔纳斯科尼 (Pablo Bernasconi)，霍顿米夫林出版公司出版，2005 年，ISBN: 9780618507498，适合小学三到五年级的学生。

图 4.2　《阿塞尼奥船长：发明和飞行中的冒险》

故事梗概

这本妙趣横生的书的主人公是曼纽尔·J. 阿塞尼奥 (Manuel J. Arsenio)，书中重点介绍了他的日记。在日记中，他记录了自己在试图制造飞行器时，尽管经历了多次失败，但仍然努力尝试的故事。

📇 与课程的联系

《新一代科学教育标准》建议，不但要让学生学习工程学，而且要给他们机会参与工程实践。《新一代科学教育标准》将工程设计实践分为三个部分：提出并界定工程问题、制订可能的解决方案、优化设计方案。这通常是一般适用的，但是，随着学生升入更高的年级，这些想法会变得越来越复杂。

在这个月的课程中，我们为学生提供了通过测试和比较飞行器来优化设计方案的机会。在幼儿园到二年级的课程中，学生比较了各种飞行玩具的飞行距离，了解到所有的飞行器都会受到重力作用的影响，这支持了"学科核心理念 PS2.A：力和运动"，该理念指出："推力和拉力可以有不同的强度和方向。"在三到五年级的课程中，学生在设计模型气垫船时考虑了特定的标准与约束条件，这支持"计划和进行调查的科学和工程实践"。学生还了解了作用在气垫船上的力，以及这些力如何影响气垫船的运动，这与"学科核心理念 PS2.A：力和运动"相关联，该理念还指出："每个力作用于一个特定的物体，并且具有强度和方向。"

✐ 幼儿园到二年级：测试飞行器

目标

受《飞行员维罗特》一书的鼓舞，学生将测试和比较三种不同的飞行器。

参与

向学生展示《飞行员维罗特》一书的封面，并且要求他们从图片中推断这本书的主题。请学生仔细观察封面上的飞行器，辨别它们是由哪些东西做的（肥皂盒、冲浪板、自行车轮胎、小丑的角，等等）。大声地读这个故事，一定要指出维罗特制造的不同飞行器和她给它们起的名字，如 Tub-bubbler、Pogo Plane 和 Slide Glider。

材料

这项活动需要以下材料：

- 护目镜（每名学生一个）
- 彩色蜡笔
- 文件夹
- 插入式的日志本
- 胶带

每个小组需要以下材料：

- 三个飞行玩具，分别是挤压火箭、模型直升机、泡沫滑翔机
- 卷尺
- 三本小型便利贴

探索

告诉学生，在维罗特制造了新的飞行器之后，她会对它进行测试。学生也像维罗特一样，有机会测试飞行器。给每个学生一张便利贴，让他们画一幅维罗特的画像，并且把画像贴到他们测试的每一台飞行器上。给每个学生一张贴有维罗特及其飞行器照片的"学生页"，让他们在"学生页"的第一个方框中画出他们自己的飞行器（见图 4.3）。在书的封面上向学生展示维罗特的草图，告诉学生，这就是带有标签的图画的例子。接下来，在房间里画一条起始线，让学生记录每个特定的飞行器载着维罗特的画像飞行了多少距离。在使用投射物时，学生应佩戴护目镜。演示如何用卷尺测量距离，向学生解释，在收集数据时，进行多次测试或试验很重要，所以，他们应该记录三次试验的结果，并且在"学生页"上记录的飞行距离最长的那次试验之前画个圈。

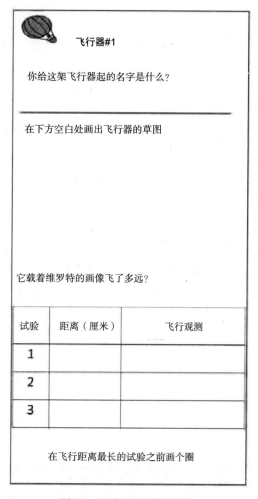

飞行器#1

你给这架飞行器起的名字是什么？

_____

在下方空白处画出飞行器的草图

它载着维罗特的画像飞了多远？

试验	距离（厘米）	飞行观测
1		
2		
3		

在飞行距离最长的试验之前画个圈

图 4.3　飞行器"学生页"

解释

回顾《飞行员维罗特》一书的第 16 页内容，指着"工程"（Engineering）这个词，问学生是否知道作者所说的"维罗特的工程"到底是什么意思（答案可能各不相同）。告诉学生，你有一段来自美国航空航天局（NASA）的视频，解释了工程的意义和工程师的工作。学生在观看这段名为"孩子们的航空航天：工程导论"的视频时，让他们重点了解"工程"是什么意思，工程师是做什么的（《各州共同核心标准》中的"英语语言艺术"，联系：说与听、理解与合作）。然后，让他们与整个团队分享这些问题的答案。问他们："维罗特在哪些方面像个工程师？"学生应该用书中的例子来回答这个问题。他们可以获得维罗特建造和测试的任何东西（《各州共同核心标准》中的"英语语言艺术"，联系：阅读文学作品、重要思想与细节）。提醒学生，这段视频说明了工程师通过设计一些东西来解决问题。接着问："维罗特在努力解决什么问题？"学生应当意识到，维罗特在努力建造可以飞行的机器。向学生解释，重力是一种把物体拉向地面的力，所有飞行器都必须对抗重力的牵引。问学生，在书中，他们认为维罗特为什么做了这么多次的试飞。学生应该记住，在视频中，工程师必须测试他们建造的东西，以确定其是否运行良好。

详细阐述

告诉学生，他们也将和维罗特一样测试更多的飞行器。他们将测试三种不同的飞行器，看看哪种能够最好地载着维罗特的画像，安全地从起始线飞越终止线。给每个团队一个新的飞行玩具，让他们在上面贴一张维罗特的画像。在使用新玩具时，学生应当遵循在之前的"探索"小节中规定的程序，在"学生页"适当的方框中记录测试结果。在所有学生都测试了第二个玩具之后，给他们第三个玩具进行测试并遵循同样的程序。

评估

让学生填写"学生页"的最后一部分，将这部分的标题取为"优胜者"。在那里，他们应该确定，哪个飞行器载着维罗特的画像飞了最远的距离，并且进行头脑风暴，探讨应怎样优化该飞行器。为了使活动更有意义，你可以打开一个文件夹，从其底部1/3的位置向上折叠，形成一个口袋，为每名学生创建一本飞行日志。接下来，从口袋的正中垂直折叠，把口袋留在外边。然后对半折叠一次，形成四个口袋（见图4.4）。学生可以把"学生页"上的方框剪下来，在每个口袋里放一个。在每个口袋的外面，学生应当记录每台飞行器的优势和劣势。例如，对于泡沫滑翔机来说，它的优势在于能平稳着陆，而劣势在于不能像挤压火箭那样飞得很远。

图 4.4　学生正在填写他的"飞行日志"

三到五年级学生：设计一艘模型气垫船

目标

在阅读了《阿塞尼奥船长：发明和飞行中的冒险》这本书，了解了阿塞尼奥船长及他的冒险经历后，学生将根据特定的标准与约束条件建造并重新设计一艘模型气垫船。

参与

　　向学生展示《阿塞尼奥船长：发明和飞行中的冒险》这本书的封面。问他们，这本书讲述的是个什么故事，并且介绍作者和插图画家巴勃罗·贝尔纳斯科尼。向学生解释，贝尔纳斯科尼 16 岁就拿到了飞行员执照，从此开始飞行。他对奇怪的机器和飞机的热爱，帮助他构造了那位古怪而勇敢的船长阿塞尼奥的人物形象。大声朗读书中的内容，并且在读到第 7 页的"发现"时停下来。问学生，为什么发明家要记日志。向学生解释，把每一个设计及每次测试的结果都详尽地记录下来，并且追踪观察什么奏效、什么不奏效是十分重要的。在这本书中，作者在介绍阿塞尼奥船长的六项发明中的每一项时，都用了两页的篇幅。在这些内容中，当读到左边的内容时，把右边的插图遮起来，让学生闭上眼睛，静静地听，并且想象每一项发明的样子。然后，让他们看页面右边的插图，并且讨论他们的想象与实际插图的比较结果，以及插图如何影响故事中所传达的内容（《各州共同核心标准》中的"英语语言艺术"，联系：阅读文学作品、知识与思想的综合）。在学生分享每台飞行器的"飞行日志"时，一定要指出飞行器设计者在日志中记录的所有测量结果和笔记。

材料

　　每位学生都需要以下材料：

- CD
- 迷你棉花糖
- 气球
- 饮料瓶盖（瓶盖可从一次性水瓶中保存下来）
- 护目镜

　　两个团队中的每个团队需要以下材料：

- 用于改装气垫船的各种用品（不同大小和形状的气球、箔纸、塑料薄膜、附着在气垫船底部的其他表面，等等）
- 手持式气泵

　　每个班级需要以下材料：

- 指示"这里"和"那里"的标牌
- 热胶枪（只能由老师使用）

探索

　　告诉学生，你希望他们帮助阿塞尼奥测试第七个飞行器，即一艘用 CD 做成的气垫船。给每个学生一张 CD、一支记号笔、一个棉花糖（用来代表阿塞尼奥船长），以及一份印有"阿塞尼奥的下一个项目"的"学生页"的复印件（见图 4.5）。让学生按照"学生页"上的说明来建造和测试 CD 气垫船。将热熔胶放在瓶盖的底部，并且将盖子的底部开口放置在 CD 中间的孔上。要确保胶水不会盖住这个洞，也不会漏到 CD 的另一面。热胶枪只能由老师使用。至少留出 10 分钟时间待热熔胶冷却和硬化，之后才能允许学生触摸。

姓名 —————————

气垫船设计——第 1 部分

设计一艘满足以下标准的气垫船：
1）载着阿塞尼奥船长（棉花糖）从"这里"飞到"那里"。
2）阿塞尼奥船长必须自始至终待在气垫船中。
在设计你的作品时，又须符合以下约束条件：
1）气垫船只能由一个气球中的空气来提供动力。
2）只能使用老师认可的材料。

进行头脑风暴，并且在下方空白处记录你的想法：

老师检查处

图 4.5　气垫船"学生页"

解释

　　让学生分享他们在"学生页"中记录的结果。他们会发现，当盖子打开时，气垫船会移动得更远。因为当盖子打开时，空气会从气球中冲出来，在地面与 CD 底部形成一个缓冲区域。这减少了气垫船与地面之间的摩擦，使得气垫船能够更快地移动，也能跑得更远。向学生展示一张带有箭头标签的图表，箭头表示作用在气垫船上的力，包括以下这些：学生手上的推力（指向气垫船移动的方向）、重力（向下）、摩擦力和空气阻力（均指向与气垫船移动相反的方向）。探讨每种力的方向。向学生解释，重力、空气阻力及摩擦力全都减缓了气垫船的移动速度。告诉他们，之后他们将有机会改造气垫船，使之能飞行更远的距离，而且，他们在开始设计时，就得考虑这些力。

告诉学生，你有一段来自"蜻蜓 TV"的视频，视频中 Sara 和 Rachel 两名学生建造并测试了一只与实物大小差不多的气垫船。这两个女孩制订解决方案，解决了在她们最初的气垫船设计中存在的两个问题。向学生说明，设计有效的解决方案，关键一步是理解问题。要完全理解这个问题，就必须了解解决问题涉及的标准和约束条件。告诉学生，标准是解决问题必须满足的因素，而约束条件则是限制解决方案设计过程的因素，如成本、材料的可得性、安全性，等等。告诉学生，他们在观看"蜻蜓 TV"视频中名为"气垫船"的片段时，你希望他们认真观察倾听，关注那两个女孩在设计气垫船时试图达到的标准及她们面临的约束条件（《各州共同核心标准》，英语语言艺术，联系：说与听、理解与合作）。学生还应当意识到，Sara 和 Rachel 曾经合力解决这样一个问题：气垫船必须在一个粗糙的表面上移动，如混凝土。在另一项测试中，气垫船必须穿过一个障碍训练场。问学生，Sara 和 Rachel 在设计气垫船时有什么样的约束条件。学生应当认识到，两个女孩的资金有限，而且只能使用家里的用品和工具。她们还在测试气垫船的区域和表面等方面面临限制。

详细阐述和评估

给学生出难题，让他们两人一组设计气垫船，将阿塞尼奥船长（用棉花糖代表）从标记为"这里"的一个地方飞到教室中标记为"那里"的另一个地方。让学生使用"学生页"中的"气垫船设计——第 1 部分"来进行头脑风暴。学生可以尝试使用不同量的空气、不同形状的气球、表面粗糙程度不同的 CD 底部，等等。告诉他们，在开始建造气垫船之前，老师得在"老师检查处"以签字或盖章等形式认可他们的设计和使用的材料。接下来，学生可以设计四个不同版本的气垫船，并且进行测试。把"学生页"中的"气垫船设计——第 2 部分"给学生，以便他们填写每一次设计。他们的设计必须满足两项标准，并且在两个约束条件中进行：

标准

- 载着阿塞尼奥船长（棉花糖）从"这里"飞到"那里"。
- 阿塞尼奥船长必须自始至终都待在气垫船中。

约束条件

- 气垫船只能由一个气球中的空气来提供动力。
- 学生只能使用老师认可的材料。

打开一个文件夹，从其底部 1/3 的位置向上折叠，形成一个口袋，为每名学生创建一本飞行日志。接下来，从口袋的正中垂直折叠，把口袋留在外边。然后再对半折叠一次，形成四个口袋。学生可以把"学生页"上边的方框剪下来，每个口袋里放一个。学生可以在每个口袋的外面写下阿塞尼奥船长可能对他在学生设计的每一艘气垫船中乘坐的感受。在飞行日志的背面，让学生画一个关于气垫船的带标签的图，包括指示每个力的方向的箭头（手的推力、摩擦力、重力和空气阻力）（《各州共同核心标准》，英语语言艺术，联系：写作、文本类型与目的）。

联系《各州共同核心标准》

在此提供《各州共同核心标准》中的"英语语言艺术"，以及活动中提到的《各州共同核心标准》中的"数学"标准，以更好地进行课程规划与整合。《各州共同核心标准》指出，学生在每上升一个年级时，都应当能够做到下面这些事情。

英语语言艺术

幼儿园至五年级学生的说与听的标准：理解与合作。

- 幼儿园：通过询问和回答涉及关键细节的问题，或者以口头方式或通过其他媒介传递的信息，以确认学生对课文的理解程度。如果学生没有理解某些信息，要求其提出。
- 一年级：询问并回答关于课文中关键细节的问题，大声读出来，或者询问或回答以口头方式或通过其他媒介介绍的信息的问题。
- 二年级：重新叙述或描述课文中的重要观点或细节，大声地读出来，或者重新叙述或描述以口头方式或通过其他媒介介绍的信息。
- 三年级：确定课文中的主要观点和关键细节，大声地读出来，或者确定以其他各种媒介与格式传达的信息，包括可视地、定量地及口头地传达的信息。
- 四年级：排练课文中的某个部分，大声地读出来，或者排练以其他各种媒介与格式传达的信息，包括可视地、定量地及口头地传达的信息。
- 五年级：总结课文内容，大声地读出来，或者总结以其他各种媒介与格式传达的信息，包括可视地、定量地及口头地传达的信息。

幼儿园到二年级阅读文学作品的标准：重要思想与细节。

- 幼儿园：在提示与支持下，询问并回答关于课文中的关键细节的问题。
- 一年级：询问并回答关于课文中的关键细节的问题。
- 二年级：询问并回答类似于人物、事件、地点、时间、原因及方式等问题，以证明自己已经理解课文中的关键细节。

三年级到五年级阅读文学作品的标准：知识与思想的综合。

- 三年级：解释课文中插图的特定方面如何影响故事中文字所传达的内容（如营造情绪、强调人物或场景的某些方面）。

- 四年级：在故事或戏剧的文本与课文的视觉或口头表达之间建立联系，确定每个版本在课文中的具体位置。
- 五年级：分析视觉化的和多媒体的元素如何影响课文的意义、语调或美感。

《各州共同核心标准》强调对各种内容的写作，正如"标准语句 10"中表述的那样，这种写作从三年级开始，学生应当"针对一系列学科特定的任务、目的和受众，定期地在较长时间框架（研究、反思和修改的时间）和较短时间框架（在单一的背景之下或在 1~2 天之内）写作"。

此外，《各州共同核心标准》中的"英语语言艺术"还提供了涉及针对幼儿园至五年级学生课文类型范围的标准，并指出幼儿园到五年级的学生应该将阅读标准应用到更加广泛的课文范围中，包括信息科学类书籍。

联系《新一代科学教育标准》

本章概述的材料、课程和活动，只是实现表 4.1 列出的期望表现的一个范例。学生们还需要更多的支持材料、课程和活动。

表 4.1　与标准的联系 1

K-2-ETS3 工程设计	联系课堂活动
期望表现	
K-2-ETS1-3：分析来自两个设计的测试结果中用于解决同一个问题的数据，以对比每个设计的优势与劣势	测试和比较不同的玩具飞行器
科学与工程实践	
分析并诠释数据	分析三种不同飞行器的测试飞行数据，并根据数据选择最成功的飞行器
学科核心理念	
ETS1.C：优化设计方案 • 由于某个问题总是有不止一个可能的解决方案，所以，比较和测试设计是极其有益的	测试不同的飞行器设计，比较飞行器的结构及其飞行的距离
跨学科概念	
结构与功能	确定不同的飞行器的结构和形状的优缺点，哪些结构与形状支持飞行器飞行最远的距离

资料来源：《新一代科学教育标准》领先实施的州，2013.

联系《新一代科学教育标准》

本章概述的材料、课程和活动，只是实现表 4.2 列出的期望表现的一个范例。学生们还需要更多的支持材料、课程和活动。

表 4.2　与标准的联系 2

3-5-ETS1-2 工程设计 3-PS2 运动与力	联系课堂活动
期望表现	
3-5-ETS1-2：根据每个解决方案到底有多么出色地达到了问题的标准和满足了问题的约束条件，来制订并比较多个可能的解决方案	在视频中确定了学生测试某种真正的气垫船的标准与约束条件，然后测试并比较他们自己设计的模型气垫船
科学与工程实践	
开发和使用模型	建造一艘可以行驶最远距离的气垫船
计划并进行调查	计划并进行调查，以测试那些影响自制气垫船行驶距离的变量
学科核心理念	
ETS1.A：提出并界定工程问题 • 可用的材料和资源限制了问题的可能的解决方案（约束条件）	在约束条件下，构造一艘模型气垫船来满足特定的需求
ETS1.B：制定可能的解决方案 • 测试通常专门用于识别故障点或困难，它们会找出需要改进的设计元素	测试手工制作的气垫船，并根据测试结果修订设计
PS2.A：力和运动 • 作用于一个特定物体的每一种力，都有它的强度和方向。即使是静止的物体，通常也有多个力作用于它，但这些力累加起来，对物体来说合力为零。各种力的总和不等于零，将引起物体的速度或运动方向的改变	观察力对模型的影响，并且制作带有各种标记的气垫船图表，该图表用箭头来表示作用于模型的力的方向
跨学科概念	
原因与结果	测试设计中的变化如何导致气垫船的性能发生变化，以满足一开始所提出的标准和约束条件

资料来源：《新一代科学教育标准》领先实施的州，2013.

第二部分

学前班到二年级

第 5 章　给我一个 E

支持幼儿 STEM 学习的七个策略

作者：辛茜娅·霍伊辛顿（Cynthia Hoisington），杰夫·威诺阿（Jeff Winokur）

　　早期的儿童教育工作者一直在争论应当如何将科学引入学龄前教育并传授给学龄前儿童。在当前的 STEM 教育环境中，这种争论已经扩展到包括工程学在学前课程中的作用。

　　为什么教育界对早期儿童工程教育的兴趣增加了？首先，儿童的建设性和戏剧性的游戏为识别、提出并解决工程设计问题提供了一种自然的环境。当孩子们为人们建造城堡、为马建造围栏，或者为汽车建造车库时，他们选择可用的建筑材料，并且以不同的方式把它们放在一起，同时关注着它们的结构功能（如"这个围栏是不是够高、能关得住马吗"）、强度（如"墙能够支撑屋顶吗"）及稳定性（"怎么防止城堡倾斜"）。其次，建造的经验将儿童与物理科学中的核心概念联系起来。孩子们观察他们使用的建筑材料的特性（是否坚硬、柔软、有韧性，等等），体会到运用这些特性的效果，并且感受作用在原材料及他们建造的东西之上的"自然力"（包括重力和摩擦力）。还取决于这些属性和力量如何相互作用及孩子们建造的建筑如何设计，他们的建筑要么直立，要么摇摆，要么倒塌。研究表明，幼儿在 STEM 学科中具备概念上的理解能力。从很小的时候起，孩子就会产生一些想法，帮助他们理解物质世界及其如何运转。尽管他们的解释常常在科学上不正确（如"需要用高的积木来建造高大的建筑"），但这些解释的确源于孩子自己之前的观察，以及对物体及材料的体验的推理。年幼的孩子也可以养成对科学和工程学不可或缺的思维习惯，如好奇心和毅力。最后，基础教育科学教育的框架正式承认了STEM 学科之间的密切关系。它包含了这样一种观点：概念的学习与实践很早就开始了，随着时间的推移而逐步深化。所有这些因素综合在一起，直观地表明，学龄前儿童应该在物理、生命和地球科学等学科之中培养一系列适度发展的和有趣的学习经验，这些经验集中在关键概念或"重大思想"上，能够为孩子们日后理解《新一代科学教育标准》概述的核心理念、跨学科概念及科学与工程实践奠定基础。重要的是强调幼儿的STEM 体验的广泛性，而不局限于对幼儿园孩子和小学生具体的期望表现。

在培养青年科学家（Cultivating Young Scientists，CYS）的职业发展项目中，老师和教练在康涅狄格州哈特福德的三岁、四岁、五岁学生的混合年龄教室里与学前班老师共同努力，用连续五个月时间向孩子讲授一个关于建筑结构主题的单元。本章分享老师们使用的 7 个相互重叠和相互强化的策略，这些策略可以有效地支持孩子们在物理学和工程学方面的学习。

为建筑的调查营造环境

营造环境意味着为建筑探索规划空间、准备材料和安排时间。"培养青年科学家"项目的老师安排了他们现有的"块区"（一块包含各种建筑材料的区域，见图 5.1），让 3~4个孩子可以在同一时间建造，并且将建筑扩展到其他学习区域。他们收集了各种各样的建筑材料，包括木头、泡沫和纸板"积木"，有意地融合各种不同的尺寸、重量、形状和纹理。有的老师从其他教室里借来橱柜，学生到里面反复翻找，并且将回收中心翻了个"底朝天"，收集一些可以当作建筑材料的物品（纸巾筒、纸板盒）。老师们每周将 20~40分钟的"建造时间"纳入他们的课堂教学中，让学生建造 2~3 座"建筑"。

图 5.1　一块包含各种建筑材料的区域

老师们准备将这个单元扩展到包括正在进行的对学校和社区建筑的探索。他们根据儿童的可视范围指定了展示空间，在那里，随着活动的推进，将一些照片、图画及对儿童建筑的描述张贴出来。与此同时，老师们还在展示空间中贴一些引发学生好奇心的照片，包括房屋、摩天大楼和桥梁，以及像埃菲尔铁塔这样的标志性建筑。当墙壁的空间有限时，老师可以利用架子或门的背面，或者放置在"块区"区域的带塑料套的活页夹。为了展示儿童的二维和三维建筑，还收集了纸、铅笔、剪贴板和拼贴材料。建筑的纸"积木"为年幼孩子及运动能力有限的儿童提供了额外的演示选项。所有这些机会使得儿童能够了解与核心建筑概念相关的现象。图 5.2 显示了核心建造概念（位于内圈的中心）及孩子了解与建筑概念相关的现象（位于内圈之外）的机会之间的关系。值得注意的是，儿童认为力的影响比材料和设计对他们的建筑的影响更小。

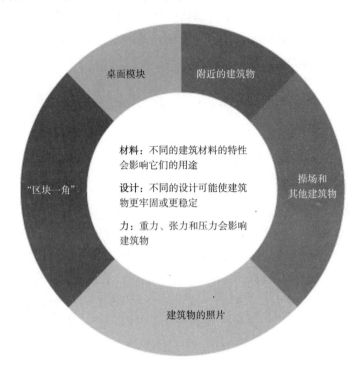

图 5.2　核心建造概念与建筑概念

为了保证本单元学习的安全性，老师们限制了"块区"内允许进入的儿童的数量，并且与孩子们一起制定或审查现有的规则，如"块区"是用来建造建筑物的，建筑者只能拆除他们自己的建筑。"培养青年科学家"项目的指导者重新考虑那些限制孩子们的建筑结构高度的安全规则，并且提出新的策略，如要求建筑者戴安全帽、为建筑提供足够的空间，同时严密监视儿童搭建的高大的建筑。

✏️ 老师腾出时间进行自己的科学和工程学调查

为了有效地计划、促进和评估建筑单元中儿童的学习情况，老师需要有机会参与和反思他们自己的合作建筑探索。这些经历支持他们对相关物理科学概念的理解，并且使他们沉浸在科学和工程学所必需的实践中。在"培养青年科学家"项目期间，在老师们建造高塔、围墙和坡道，并且调查和介绍附近的建筑时，指导者帮助老师进行探究式的探索。老师们注意到，使用密度大和密度小及不同的尺寸、形状和纹理的材料，会对建筑的强度和稳定性产生影响。他们发现，基础是一个关键的设计特征，而对稳定性的需求限制了他们能建多高。老师们还利用科学和工程学实践来发现建筑的问题，绘制和构建模型，测量建筑，讨论材料和设计，辨别是什么使得建筑坚固和稳定，并且对成功的建造策略有所认识。这些经历，以及关于儿童如何在内容领域学习的讨论，使老师们熟悉科学和工程学实践如何应用于儿童的建筑探索。

有意识地按顺序探索

随着时间的推移，在经历了许多与建设概念相关的现象的积极探索之后，孩子们对核心概念有了一定的理解。"培养青年科学家"项目的老师们有意地将孩子们当前的建筑体验从更开放转变为更专注。在 2~3 周的初步开放探索中，孩子们有很多机会去熟悉建筑材料，因为他们用这些材料来建造各种各样的建筑。例如，孩子们注意到，有时候当钢瓶滚出他们搭建的建筑物时，堆积的木块就会滑落。早期的探索为那些几乎没有建筑经验的孩子们提供了平台，还给了孩子和老师一定的时间，让他们适应新的学习方式，包括进行演示和参加科学讲座，并且向老师提供有关孩子对建筑的理解和技能的初步数据。

越来越专注的探索反映了孩子们日益增长的工程技能，以及他们在建造高楼和为动物建造家园方面的兴趣。对两座塔的调查持续了 2~3 周，拓展了孩子们对建筑材料性质的思考（"哪种材料能造出最高的塔"），并且将孩子的注意力集中在设计上（"怎样使我们建造的塔既高大牢固又稳定"）。后来，出于孩子们对建造动物家园的兴趣，老师们对围栏进行了重点探索，要求孩子们在考虑宽度、深度和高度的同时创造室内空间（见图5.3）。建造墙壁、屋顶、门窗加深了学生们对材料性质（"应该用重的还是用轻的材料来做屋顶"）和设计（"怎样才能在不会导致墙壁倒塌的情况下增加一扇门"）的思考。围栏的探索还强调了形式和功能的概念（"兔子的家和长颈鹿的家有什么不同"）。

图 5.3　一名学生用硬纸板积木做了一个围栏

老师在探索阶段的对话中观察、促进和记录孩子们的建筑探索情况，如图 5.4 所示。

图 5.4　观察、促进和记录孩子们的建筑探索情况

✏️ 组织和促进儿童"用心"进行建筑探索

明确的框架可以帮助老师组织孩子的科学探索，促进互动，促进概念发展与探究。"培养青年科学家"项目的老师们运用了"参与—探索—反思"（Engage-Explore-Reflect，EER）循环，确保对每一座建筑物包含了多个循环的探索与全方位的思考，再加上实践操作（见图 5.5）。

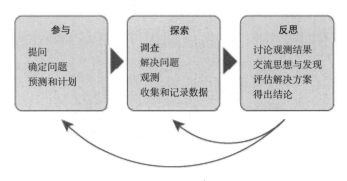

图 5.5　EER 循环

EER 循环还使老师能够在循环的各个阶段进行提示，即提出有助于探究的评论和问题（见表 5.1）。在参与阶段，老师使用有效的提示，让孩子们事先了解建筑结构，并且请他们提出问题、发现问题、做出预测。在探索阶段，老师鼓励孩子观察他们的建筑，识别、处理和解决建筑问题。反思阶段的提示帮助孩子们用语言、图画、照片和演示来描述他们的建筑体验，并且表达他们对于如何建造坚固稳定的建筑的新想法。这些提示是多样的，有助于学生语言能力的发展和对实践的评估。

在建筑探索中整合语言、读写和数学的学习机会

科学和工程学为语言和读写提供了理想的学习环境，因为交流是两门学科的一个重要方面，也因为孩子们天生就有动力去交流他们的观察、发现和想法。在四个《各州共同核心标准》之中，建筑探索涉及基本技能：语言、说话和倾听、写作和阅读。老师利用小组形式、图片和儿童建筑演示，为 5~10 分钟的科学讲座提供便利，以更好地支持包括英语学习者在内的所有儿童的参与。老师利用有效的提示，培养孩子使用语言来提问、描述、比较和表达结论的能力。在整个单元中，老师引入并强调了越来越具有挑战性的词汇，包括构建、块、建筑和描述建筑材料特性的词汇。老师鼓励孩子们保持对主题的专注，适当地分享他们的观察和想法，倾听和回应其他孩子的贡献，以此来发展他们的演讲能力和听力技巧。

表 5.1　有助于探究的评论和问题

活　动	参　与	探　索	反　思
开放式的建筑探索	让我们来探索一下手头不同的建筑材料 你注意到这些积木的外观了吗？它们给你什么感觉 你想搭建什么？你会使用哪些材料	能跟我讲一讲你搭建的建筑，以及你是怎么做的吗 描述建筑的不同部分 我注意到，你在这个部分使用了____积木，在那个部分使用了____积木 人、动物或汽车如何进出建筑	这是我拍的一些照片，能描述一下你的建筑及你是如何建造它的吗 这些积木适合你搭建的建筑吗，或者适合你的建筑的那一部分吗 为什么觉得它们适合或不那么适合 在搭建建筑物时，最容易的部分是什么？最难的部分又是什么
专门针对塔的探索 1	让我们看一看你曾搭建的高塔的照片。 你注意到它们有什么问题吗 你觉得哪些积木最适合建造真正的高塔 为什么你觉得那些积木最适合 我们怎么才能发现这一点	跟我讲一讲你搭建的高塔，并且说一说你是怎么搭建的 我注意到，你在塔的底部使用了____积木，在塔的顶部则使用了____积木 尝试过在你的塔上增加其他类型的积木吗 这里有一些记录工具，你可以用来画你的塔	让我们看看你画的那些塔的图片可以说明你用了什么来搭建这些塔吗 为什么把____积木放在塔的底部或顶部 你觉得哪些积木最适合建造真正的高塔？为什么这么认为
专门针对塔的探索 2	你用积木和其他材料做了一些非常高的塔 我们怎样才能使塔更坚固、更稳定	你的塔总是以同样的方式倒塌吗？哪些部分能够矗立不倒 看起来你把塔弄得更宽了或把积木放在这样的地方	哪座塔最牢固和最稳定 你怎么知道 有没有注意到，当我们把风扇放在它们上头时，塔依然矗立不倒？那么，那些倒下的塔该怎么办

活　　动	参　　与	探　　索	反　　思
专门针对塔的探索 2	我们怎么利用这个风扇来检测这些塔的坚固和稳定程度呢	让我们画出塔的图片并给塔拍个照	找到了什么不同的方法来制造高大、坚固、稳定的塔

老师在帮助孩子们制作、分享和诠释演示时，也就培养了孩子们的基础写作与阅读技能。他们邀请孩子们使用速记的方法来记录数据，并且模仿传统的写作方式，记录孩子们对建筑的口述。当老师与孩子们谈论建筑图纸和故事，并且让他们读一些跟建筑有关的虚构和真实的书籍时，就是在帮助他们提升预先阅读的技能。

建筑探索使老师能够为一个目的而传授数学概念、语言和技能。老师鼓励孩子们使用标准和非标准的测量工具（他们自己的身体、单位区块）来测量他们的塔。他们支持孩子们学习空间关系（"你能够怎么改造房子，以使泰迪熊可以在里面站立"）和模式（"我注意到你放了泡沫，然后是木头，之后再放泡沫，后来又放了木头。你为什么决定使用这种模式"）。

从各种来源收集与建筑有关的评估数据

科学评估是一个持续的过程，揭示了儿童在核心概念和科学与工程实践方面的知识和技能。最好的评估调查会被嵌入课程中，并且可以促进和评估概念的学习与探究。

"培养青年科学家"项目的老师在儿童建筑探索的背景下收集评估数据，并且在 EER 循环的每个阶段鼓励儿童学习和提问。例如，当老师在探索阶段与孩子们互动时，他们密切观察并记录孩子们的构建行为。他们还注意到孩子们如何参与并坚持建造、使用材料、设计建筑物、相互玩耍并交谈。他们复印了孩子们的建筑材料，并且抄录了孩子们对它们的评价。在 EER 循环的交谈中，老师注意到每个孩子如何交流他们的建筑观察、体验和想法。这时老师可以对具有一系列发展水平、语言技能和社会情感能力的儿童进行个性化教学，方法是添加或删除材料，讲解语言和词汇，或者将学生与知识更丰富的同伴配对。

反思、记录和使用儿童建筑探索的数据

老师在反思和记录孩子们的探索时，会让孩子们的思维和学习变得清晰可见。这一过程也可以为正在进行的计划提供信息。在第二次对塔的建造进行探索之后，"培养青年科学家"项目的老师共同反思了他们对建筑的观察，以及相关的照片、演示和语言样本。每位老师制作一份文档展示板（见图 5.6），显示了老师认为自己的学生在那个时刻最为突出的方面是什么。例如，个人文档展示板（见图 5.7）凸显了儿童这些方面的能力：研究建筑材料的特性、设计及材料对稳定性的影响，在他们的建造过程中辨别和重

新创造模式，以及使用一系列测量工具来收集关于建筑的数据。这些展示板还展现了孩子们的思考和关于建筑的新理论，例如，为了保持平衡，需要用积木保持建筑的平衡；积木可以使建筑牢固；必须小心地放置积木块，以使建筑物保持直立。此外，展示板还强调了孩子们真实的科学和工程探索的趣味性、想象力和社会性。

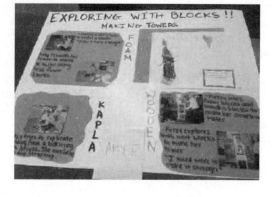

　　图 5.6　文档展示板　　　　　　　　　　　　　图 5.7　个人文档展示板

　　这种合作的反思表明，课堂上许多孩子都在有意识地尝试为塔的不同部分选择不同的材料，并制定搭建的策略，比如，构筑坚固的基础、非常仔细地放置积木块来取得平衡，甚至扩大和加强塔的基础。一些孩子口头分享他们关于如何建造高塔的想法（"积木块放在底部更好，因为它们又重又结实。如果你用坚硬的东西而不是厚毯子来建造，塔就会搭建得更好"），这表明他们准备好了应对第二个设计挑战，如为不同大小的动物建造围栏。它还使老师能够辨别课堂上那些受益于更明确的语言支持，在探索和对话中与同伴进行交流的孩子。此外，老师还认为，一些孩子将从持续的探索中受益，为调查、使用和观察不同的建筑材料提供个性化的支持。

　　老师以展示板为基础，与孩子进行后续的对话，进一步引发孩子对建筑的兴趣和关于建造坚固而稳定建筑的想法。在这样做的过程中，老师获得了评估信息，这些信息让他们知道如何组织对围栏的探索。老师也更深入地了解了幼儿及他们思考与学习的方式，深入了解了幼儿的学习体验和互动类型，这都将有益于幼儿对科学与工程的学习。

本章小结

　　年幼的孩子充满好奇，渴望参加那些具有建设性和戏剧性的游戏，不过，如果他们想变得更善于像科学家和工程师那样思考的话，就必须有人教他们怎样充分利用这些倾向。虽然在《新一代科学教育标准》中没有明确概述尚未到幼儿园学习的儿童的期望表现，但我们已经确定了一些方法，在这些方法中，幼儿的建筑体验与特定实践、学校核心理念、跨学科概念联系在一起，也是这三者的基础。

　　本章所描述的教学策略的持续实施，需要学前教师有时间、参加培训、得到管理层支持，并且下决心投入幼儿科学与工程教育中去。同时，潜在的回报是巨大的——这对学龄前儿童和他们的老师来说是一个进入 21 世纪 STEM 领域的机会！

联系《新一代科学教育标准》

本章概述的材料、课程和活动，只在学前教育的课堂中使用。从本身来讲，学前教育中的科学体验，不但是后来的基础教育的学习基础，而且两者是相关的。由于《新一代科学教育标准》的期望表现是针对幼儿园到十二年级学生的，因此，我们没有表述具体的期望表现，但已经确定了一些学科核心理念，以表明这些基本经验和学生后来学习之间的联系，如表 5.2 所示。

表 5.2　与标准的联系

科学与工程实践	联系课堂活动
提出并界定问题	确定一个挑战或提出一个问题（搭建一座高塔，或者为动物建造一个家）
开发和使用模型	拓宽思路，并且测试哪种设计最符合特定的目的
构思解释并设计解决方案	拓宽思路，观察哪些材料在不同的情形中最适用
学科核心理念	**联系课堂活动**
ETS1.A：提出并界定工程问题 • 提问题、观察和收集信息，有助于思考问题	调查一系列建筑材料和设计，并收集了关于各种材料的优缺点的信息
ETS1.B：制定可能的解决方案 • 构建和使用物理模型的能力，是将设计转换为成品的重要部分	继续工作并改进设计 根据建筑材料的性能，以多种方式使用它们
PS1.A：物质的结构与性质 • 物质可以根据其可观测的性质来描述和分类，许多不同的物体可能由众多较小的组成部分构成	完成了建筑周期，拆除并且用积木重建建筑
跨学科概念	**联系课堂活动**
结构与功能	设计的结构（如塔）满足了挑战要求或达到了目的
稳定性和改变	探索各种设计对稳定性的影响

资料来源：《新一代科学教育标准》领先实施的州，2013.

第 6 章 工程设计流程 5E

重新思考用 5E 来替代工程设计的探索

作者：帕梅拉·洛特罗-珀杜（Pamela Lottero-Perdue），索尼娅·博罗廷（Sonja Bolotin），露丝·本亚明（Ruth Benyameen），艾琳·布洛克（Erin Brock），艾伦·梅茨赫尔（Ellen Metzger）

许多小学的职前教师和在职教师都熟悉 5E 学习周期。这个周期提供了一个相对简单的、令人难忘的科学教学的框架，其中的课程（甚至整个教学单元）包括五个不同的阶段：参与、探索、解释、详细阐述/拓展（以下用"扩展"）和评估。

由于《新一代科学教育标准》中包含了工程学，可能有些人会想，5E 学习周期是否仍是一种构建孩子参与工程设计的课程的合理方法。我们认为，工程设计流程可以放入 5E 框架中，其中最重要的变化是：（a）用工程设计流程阶段替换探索阶段，（b）考虑学生和老师的不同评估角色（见图 6.1）。在本章中，我们分享自己的经验，并且通过 1 小时的关于建筑的课程，将学龄前孩子和幼儿园儿童引向工程学学习。

在这一章中，我们着重介绍的孩子是马里兰州巴尔的摩市汤布里奇公立特许学校的学生。在这所学校，学龄前孩子和幼儿园儿童在课堂上学习将科学和其他学科知识联系起来的教学主题单元（如恐龙或植物）。这所学校一年级到五年级的学生整年都在学习科学，而且每年学习一个叫作"工程基础"（Engineering is Elementary，EiE）的教学单元。在参观帕梅拉·洛特罗-珀杜老师和她的实习老师实施幼儿教学法之前，汤布里奇学校的学前教育老师与幼儿园老师（本章的共同作者露丝·本亚明女士、艾琳·布洛克女士和艾伦·梅茨赫尔女士）都没有向她们的学生教授过工程学。本章详细介绍的简短的一课，代表了这所学校的学龄前孩子和幼儿园学生们工程教育之旅的开始，这一旅程将持续到他们的小学学习生涯的后期。

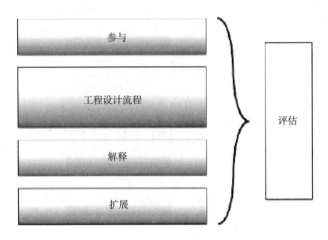

图 6.1　工程设计流程 5E（EDP-5E）

在这节课中，一只充气的玩具螃蟹需要一座可以坐的高塔和一所可以住的房子，由学生扮演的工程师轮流负责解决每个问题，并且为它们设计解决方案。这是一次有意识地在游戏的背景中开展的一项趣味活动，内容是搭建一座螃蟹塔和建造一所螃蟹屋。为此，这一课做了一些重要的工作，关注了学生的期望表现、练习、跨学科概念，以及与科学和工程相关的学科核心理念。接下来，我们解释工程设计流程 5E（EDP-5E）修改后的 5E 课程格式，重点展示实习老师博罗廷在一间幼儿园教室里授课时的创造性贡献和提问策略，描述和刻画学生怎样参与和对课程做出反应。我们特别介绍了博罗廷和她的学生，以说明这堂课是如何在这三间教室里完成的。

📝 工程的设计流程

我们在本课中使用的工程设计流程基于"工程基础"教学单元。在这一工程设计流程中，团队中的学生首先会遇到一个问题。在解决问题之前，学生必须考虑约束条件（局限）、标准（决定了成功的设计解决方案能够做什么的各种因素）以及在解决问题时有用的相关知识（如科学知识）。然后，学生头脑风暴解决问题并给出可能的方案，并且在选择了一个可能的解决方案来尝试之后，进行计划、创建、测试并评估它是否成功。接下来，学生重复这些步骤，制定第二个设计的解决方案，以改进或优化他们的第一个方案。如果时间允许，还可以制订更多的解决方案。已经制定好的解决方案通常由团队分享并描述，这样的话，他们就可以看到其他人是如何做决定的，以及其他团队的设计是怎样进行的。

📝 参与

在学前班和幼儿园的课堂上使用的一项活动，互动朗读《一个爱建筑的男孩》（*Iggy Peck, Architect*）。这本书讲的是一个名叫伊基·佩克（Iggy Peck）的小男孩，他喜欢在他生活的世界里做建筑，他在家里、操场上或教室里用各种材料造塔、架桥或建造建筑物。有一次，伊基·佩克的二年级同学在野餐时被困在一个小岛上，结果，他运用自己的技能和资源造了一座桥，帮助同学们摆脱困境。在朗读过程之中和之后，博罗廷老师向学生提了许多问题，以引出关键思想和重要的工程实践，包括"伊基·佩克喜欢做什么？"（他喜欢建造东西），"当他建造这些东西的时候，使用了什么？"（他能找到的任何东西），"当他的同学被困时，他做了什么？"（他开始收集材料来建造一座桥），"伊基·佩克是一开始就把材料放在桥上，还是先把他的桥建好？"（他先用一根棍子在泥土上画了一座桥），"伊基·佩克成功了吗？他救了同学吗？"（是的），诸如此类。最后，博罗廷老师的结论是伊基·佩克是一名初露头角的工程师，而今天，学生也将成为像伊基·佩克这样的工程师！

我们应当注意到，其他书籍也可以用来吸引学生去思考工程或建筑，包括那些着重描写工程领域中被低估的群体的书籍。例如，《一个爱建筑的男孩》的作者和插图画家最近出版了《罗西想当工程师》（*Rosie Revere, Engineer*）这本书。书中介绍，罗西喜欢发明，尝试着解决问题，梦想成为一名工程师。《拉利贝拉的最好养蜂人：一个来自非洲的故事》（*The Best Beekeeper of Lalibela: A Tale from Africa*）这本书则讲述了一个非洲女孩的故事，她重新设计了让蜜蜂蜂巢充满活力和生产蜂蜜的方法，尽管当地的男性村民起初强烈怀疑她能否做到。另一种基于课文的互动选择是克里斯蒂·黑尔（Christy Hale）的《梦想：建筑庆典》（*Dreaming Up: A Celebration of Building*），这本书带着读者在马来西亚、埃及和中国环游，观看各地的塔和其他建筑，同时详细介绍了不同的儿童建筑模型结构。

工程设计流程（5E 中的探索）

孩子们看到两个毛绒玩具，即一只螃蟹和一只鳄鱼，还有一张放在地板上画着水的纸。博罗廷老师大声说："这只小螃蟹遇到了一个大问题。饥饿的鳄鱼想吃螃蟹，但螃蟹不想被吃掉！我们的目标是在地板上为螃蟹建造一座很高的塔，高到使鳄鱼吃不到小螃蟹，同时牢固到能够支撑起螃蟹。你们有办法吗？"

博罗廷老师介绍了约束条件，她说，每个团队只能使用 40 个容量为 5 盎司（约 147.8 毫升）的纸杯和 12 张建筑用纸来建造他们的塔，而且不能切割或弄弯杯子或纸张。（提示：这样老师就可以回收利用这些东西！）她还提醒他们需要注意这些标准：建造的塔应该尽可能高并足够牢固，可以独自撑起螃蟹的重量。

博罗廷老师把学生分成若干个由两人组成的团队，各团队开始进行头脑风暴，思考如何把杯子和纸张堆放起来并加以固定。团队成员把他们的创意写在纸上，就像伊基·佩克在泥土中画出的那样，然后他们挑选一个创意，先进行尝试。在分发杯子和纸张之前，博罗廷停下来讨论安全问题，要求团队成员注意在哪里建造，以免在教室里的"建造工地"上绊倒，伤到自己和朋友。她还提醒学生要尊重自己的队友，并且分享塔的建造过程。团队开始了建造的过程，他们时刻关注着这只饥饿的鳄鱼，并且能够用那些被吓坏了的螃蟹来测试他们搭建的塔（见图 6.2）。

图 6.2   团队用纸杯和建筑纸来建造塔

是时候测试了！当所有的团队都兴奋地期待着测试结果时，博罗廷老师让一名学生小心翼翼地把螃蟹放在他或她建造的塔上，看看这个塔能不能撑得起螃蟹的重量。大多数团队建造的塔都成功地承载起了螃蟹的重量。尽管如此，还是有的塔因为承受不住而倒塌了。

博罗廷老师让团队成员对他们建造的第一座塔进行批判性反思，再给学生一个机会来拆除他们的建筑，接着进行第二次尝试。这使得学生能够分析和解释他们的测试数据，考虑原因（他们的设计）和结果（他们的测试结果），并且在设计中考虑建筑设计与功能的关系。博罗廷问："你们的塔足够高，能保证不会让鳄鱼吃到螃蟹吗？还可以更高吗？你们的塔够牢固吗？怎样才能改进这座塔呢？"在考虑了每个问题之后，团队计划、建造并测试了第二个塔。除了少数例外，第二个塔都比第一个塔更高或更牢固，学生确实优化和改进了他们的第一个设计解决方案（见图 6.3）。

图 6.3   某个小组第二次建造的经过改进的塔

解释

在第二次测试结束时，博罗廷老师让孩子们看看其他团队的设计。她提出了一个一般性的问题："当你们环顾四周的时候，注意到了什么？"更具体地讲，她这样问："所有的塔都能承载螃蟹的重量吗？所有的塔都能保护螃蟹，使之远离鳄鱼吗？所有的塔看起来都一样吗？它们在哪些方面不同？"学生注意到，有的建筑比其他建筑高，有的则在纸层之间使用了更多的杯子，还有的把杯子叠在一起。虽然他们承认有的塔既不高也不坚固，但会发现这些塔的其他特征（如"把杯子叠起来是个好主意"）。

此外，博罗廷老师要求学生反思他们的第一座塔和第二座塔的对比结果。她让他们考虑："你们做了什么，使得建造的第二座塔比第一座更高或更牢固？你们建造的第一座塔的设计更成功些，还是第二座塔的设计更成功些？你们是怎么知道的？"博罗廷鼓励孩子们说出他们试图改进第二座塔的原因，但同时（在少数几个第二座塔的建造失败了的案例中）告诉学生，有的时候，工程师们不得不多次尝试来优化他们的想法。

扩展

扩展的目的是强化在解释阶段讨论的重大创意（如不同设计的解决方案可以解决相同的问题，第二次尝试是一种宝贵的工程策略）。问题变了，但现在熟悉的材料及材料的约束条件（40 个杯子和 12 张纸）仍然保持不变。博罗廷老师说："现在，我们需要再次成为工程师。我们想为小螃蟹建一所房子。"她解释说，这所房子就跟我们居住的房子或公寓一样，而不是真正的螃蟹可能居住的地方。她从学生那里引出了这样一个房子的基本特征——至少有屋顶、地板、墙壁和门。

博罗廷老师通过提问，从学生的回答中引出了房子特征的标准，比如："怎么知道我们建造的房子是否适合这只螃蟹居住呢？这所房子应该多高？门要多宽？墙壁和屋顶应该是什么样子的？"学生的回答包括：门应该宽到足以让螃蟹顺利地进出，地板的空间应该大到足以使螃蟹移动，墙壁应当"坚固"，屋顶不应凹陷或有洞。

团队成员再次进行头脑风暴、计划、建造并测试他们的设计（见图 6.4）。测试过程需要把螃蟹移进和移出房子，从而确定房子是否达到标准。当团队完成他们的第一次设计时，博罗廷老师鼓励他们去看看其他团队的设计，然后回到自己的设计中去，想办法改进或修饰它。通常情况下，这些改进包括拓宽门道、增加旋转门、增加窗户，或者填满墙上的缝隙。博罗廷在 5E 课程的解释部分也提出了类似的问题，让学生反思并比较自己和他人的设计流程。

图 6.4   测试螃蟹的房子

📝 评估

对于这门 EDP-5E 课程，有三种评估方法。首先，由团队负责对照既定的标准来评估他们自己建造的塔或房子。自评至关重要，要与工程师的工作保持一致，这些工程师们必须在客户和其他人评价他们的工作之前进行自我评估。博罗廷老师没有发表她对团队设计的总结判断；她不必这样做，如果这样做了，会过分强调结果而不是过程。其次，博罗廷在学生建造塔和房子的过程中不断地监测。她检查学生对问题、约束条件和标准的理解情况，并且在必要时提供指导和帮助。从博罗廷对学生在参与阶段理解课文情况的关注开始，她就在对学生进行形成性评估。当她在解释阶段评估学生对她提出的关于塔的问题的回答时，这种形成性评估仍在继续，而当学生在扩展阶段反思他们的房子并回答类似问题的时候，形成性评估还在进行。

最后，博罗廷老师要求学生画出他们最好的房子或最好的塔，并且解释它解决了什么问题及如何解决了这个问题。图 6.5 是一个孩子建造的塔的侧视图，展示了杯子和纸（诸如此类）的层层重叠的情况。图 6.6 是另一个孩子建造的塔的俯视图，展示了她的杯子（圆圈）如何在纸之间分布，既支撑着塔的角，又支撑着塔的中心。

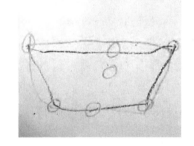

图 6.5　一个孩子建造的塔的侧视图　　图 6.6　另一个孩子建造的塔的俯视图

此外，我们制定了一个简单的评分标准来评估学生在工程设计流程中的参与程度。这个评分标准可从网上获得，包括对问题、约束条件及标准的理解与应用；在团队中分享和聆听想法；材料和资源共享；计划；对设计计划进行推理，比较第一次和第二次设计的解决方案，并且比较不同团队设计的解决方案。

本章小结

5E 课程框架仍然是科学教育中一个有益的工具。用完整的工程设计流程取代基于科学的探索阶段，是重新设计这个工具的一种方式。除了改变这个 E（探索阶段）之外，关于其他 E（参与、解释、扩展、评估）的想法，也值得注意。在 EDP-5E 中，参与阶段的任务是激发学生对问题或问题的来龙去脉的兴趣。然而，除了读书，还有很多方法可以做到这一点。在扩展阶段，也有许多方法可以扩展学习。学生可以在自己的世界里画出或拍下建筑物的图片，把玩具或模型的结构拆解开来，以观察它是如何制作的（反向设计玩具或模型），或者在网上查看塔和房屋等建筑物的图片。

最后，尽管在这个介绍性的工程活动中没有强调，但相关的科学概念可以包含在整个 EDP- 5E 之中。例如，它们可能在参与阶段被提及，以提醒学生注意相关的科学知识。工程设计流程部分与科学概念也许是高度相关的，因为学生正在做出的设计决策受科学的影响。例如，在下一年即将到一年级入学的幼儿园孩子的单元里，出现了一篇题为"在框框中思考：设计植物包装"的课文，在该课文中，现在仍在读幼儿园的孩子将尝试设计一种可以保持植物健康的包装。此外，在解释阶段，老师可以敦促学生阐释他们在工程设计方案中如何运用科学知识（如植物需要空气和水）。

EDP-5E 代表了一种将工程设计融入熟悉的 5E 框架的方法，以尊重这两种学习和实践。对于从事早期儿童教育的老师和小学老师来说，这也许是一个相对新颖的过程。参与这门课程的职前教师和在职教师能够看到学生的深度参与、热情和解决问题的愿望。除了少数情况，应当感谢这些儿童工程师们，多亏了他们，小螃蟹才安然无恙。

联系《新一代科学教育标准》

本章概述的材料、课程和活动，只是实现表 6.1 列出的期望表现的一个范例。学生们还需要更多的支持材料、课程和活动。

表 6.1　与标准的联系

K-2-ETS1 工程设计	联系课堂活动
期望表现	
K-2-ETS1-2：绘制一张简单的草图、图画或创建一个物理模型，以例证某个物体的形状如何帮助它在必要时解决特定的问题	画出模型，以交流学习

续表

K-2-ETS1 工程设计	联系课堂活动
期望表现	
3-5-ETS1-3：分析来自两个物体的测试结果中设计用于解决同一个问题的数据，以对比每个物体的优势与劣势	利用工程设计流程设计、建造、测试、比较和优化用于保护螃蟹的塔和房屋
科学与工程实践	
计划并进行调查	通过工程设计的解决方案执行工程设计流程
分析并诠释数据	分析和解读来自测试结果的数据
制订解决方案	根据测试结果分析、评估和修改自己和其他人的设计
获取、评估和交流信息	在团队内部和跨团队研究工程和交流设计时，开展协作
学科核心理念	
ETS1.B：制定可能的解决方案 • 设计可以通过草图、图画或物理模型来表达，这有益于将问题的解决方案分享给其他人	利用工程设计流程制定可能的解决方案来解决为螃蟹造塔和建房的问题
ETS1.C：优化设计方案 • 由于某个问题总是有不止一个可能的解决方案，所以，比较和测试设计是极其有益的	通过工程设计流程来循环，包括考虑每个问题、约束条件和标准；与同伴开展头脑风暴；计划、建造、测试、优化用于保护螃蟹的塔和房屋的解决方案
PS1.A：物质的结构与性质 • 许多不同的物体可能由众多较小的组成部分构成	用简单的纸杯和建筑用纸来建造的塔和房子
跨学科概念	
结构与功能	用建筑用纸和纸杯设计一座塔，并且了解这些材料的定位和组合将影响塔的牢固性和稳定性 设计一间螃蟹屋，使用这些材料来满足房屋的特定需求和功能（如屋顶、地板、墙壁和门等）

资料来源：《新一代科学教育标准》领先实施的州，2013.

第 7 章 学生真的能像工程师那样做吗

在 5E 学习循环中，教授二年级学生使用过滤器并了解其设计的属性

作者：雪莉·布朗（Sherri Brown），钱纳·纽曼（Channa Newman），凯莉·迪林-史密斯（Kelley Dearing-Smith），斯特芬妮·史密斯（Stephanie Smith）

作为一名小学科学老师，你可能怀疑，二年级的学生是否真的可以参与工程实践。即使你自己具有传授工程实践所需的专业知识，也会心存怀疑。我们对这些疑问的回答是肯定的。我们几人的身份分别是科学老师、自来水公司的非正式教育工作者及二年级老师，我们在水过滤的真实环境中开发并联合教授了一个为期 3~4 天的教学单元。

在设计这个单元时，我们考虑了一个事实，即大多数小学老师每天有 30~45 分钟的科学课。在查阅 "基础教育科学教育的框架"、《新一代科学教育标准》及关于水质的一些课程之后，我们设计了这个单元，以支持对固体和液体特性的教学，特别是《新一代科学教育标准》PS1.A：物质的结构与性质。在这个单元中，学生合作测试不同的材料，以确定哪些材料具有最适合过滤水中土壤颗粒的特性。我们遵循了 5E 模型来组织整个单元。

工程学的框架

"基础教育科学教育的框架" 指出，"孩子是天生的工程师……他们自发地建造沙堡、玩偶屋和仓鼠围栏，并且使用各种各样的工具和材料来进行自己的娱乐活动"。《新一代科学教育标准》还支持幼儿园到二年级学生的工程设计，在这个年龄段，老师 "将学生引导到一些问题面前，那些问题实际上是人们想要改变的状况。学生使用工具和材料来解决简单的问题，使用不同的表述方法来分享解决方案，比较不同的解决方案，并

且确定哪一个是最好的"。因此，必须在早期阶段引入工程实践，以使学生有机会制订创造性的、批判思维的流程来解决问题。

因为"框架"建议科学老师为学生提供经验，让他们明白"科学和工程如何解决现实世界的问题，以及怎样探讨运用他们的科学知识来解决设计问题的机会，一旦联系已经形成的话"，所以，我们对这个调查型的科学单元进行了情境化处理，允许学生在运用工程实践的同时探索材料的性质（见图 7.1）。路易斯维尔大学的科学老师和路易斯维尔市自来水公司的非正式教育工作者之间的合作已经保持了十多年；我们之前共同的教学经历是为七年级学生和基础教育科学教师举办几次科学夏令营。让学生和老师参观各种水务公司的幕后运行，使中学生、基础教育科学教师和科学教育者可以身临其境地观察我们的水是如何被净化并被输送到社区的。如果没有这种合作，课程的真实性就会打折扣。

1. 提问（对科学）和界定问题（对工程学）
2. 开发并使用模型
3. 计划并进行调查
4. 分析和解读数据
5. 运用数学和计算机思维
6. 构思解释（对科学）和制定解决方案（对工程学）
7. 进行基于论据的论证
8. 获取、评估和分享信息

图 7.1　科学与工程学的基本实践

资料来源：（美国）全国科学研究委员会，2012.

参与

老师为学生放映了一个动画电影的片段来介绍过滤单元。在该视频片段中，小丑鱼尼莫（Nemo）堵住了过滤器。在视频片段播放完毕后，老师问学生，尼莫堵住了什么；然后老师说，我们将在接下来的几天里探索过滤器，并在科学笔记本中记录我们的探索情况（如预测、观察、数据、模型和结论）。为了了解学生对过滤器的学情，我们要求他们在"过滤器在哪儿"的活动表格中（见图 7.2）圈出包含过滤器的物品，以识别过滤器。为了支持英语学习者，老师将一些英语术语（如衣物烘干机、鱼缸、茶叶袋、游泳池等）转换成学生的母语。老师粗略地看了一下学生的表格，发现大多数学生都不知道自来水处理厂和茶叶袋使用了过滤器。在学生填完表格后，老师让他们分享选择某些项目的原因。接下来，老师引导着学生的讨论，直到最终得出结论：实际上，活动表上的所有选项，都包含过滤器。老师在适当的时候介绍了其他过滤器，如防尘口罩和空调过滤器等。最后指出，由于技术在我们的生活中不断渗透（双关语），"过滤器"（filter）这个词还有其他常见的用途（如照相机过滤光线、电子邮件系统过滤垃圾邮件、耳机过滤背景噪声、太阳镜过滤光线，以及滤锅过滤意大利面条等）。

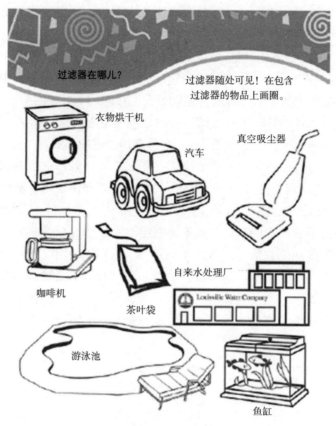

图 7.2　活动表：过滤器在哪儿

到这个时候，班级已经讨论了"过滤器"的定义，并且确定它的作用是从液体中提取或过滤掉固体颗粒（如沙土）。从这个定义出发，老师向学生提问，是否可以设计一个过滤器来过滤掉水中的沙土。特别是，学生将老师的问题定义为："老师的过滤器需要什么类型的材料才可以将沙土从水溶液中过滤掉？"（工程流程的第 1 步，EP1）我们不使用"清洁水"这个词，因为这不是我们的材料可达到的结果。活动表格和学生对"过滤器"的定义，是学生的第一次科学笔记的记录。为了在小学课堂上有效地使用科学笔记，老师实施了《培养探究的策略：小学课堂的真正科学》（*Nurturing Inquiry: Real Science for the Elementary Classroom*）一书中介绍的策略。

探索

我们开始探索，要求学生在这节课中注意，不能把任何东西放进嘴里。在科学课上，即使是水，也要小心翼翼地当作原材料来处理。学生在使用任何液体时，必须佩戴防溅护目镜。老师直观地介绍了测试材料，并且解释我们今后将使用其中的一些材料来构建一个过滤器模型（工程流程的第 2 步，EP2）。对于英语学习者来说，老师用英语和他们的母语来给原材料贴标签。学生根据自己之前对这 11 种材料的体验，预测哪些材料能从水中过滤掉大部分的沙土，哪些材料只能从水中过滤掉很少的沙土。例如，有钓鱼经验的学生认为网子是最好的过滤器。

　　为了这堂课，老师准备了五桶"脏"水（每 1 升水掺有 15 毫升的商业表层土），并且把一个罐子放在一个托盘中间的一张白色层叠纸上。老师为每个学生提供一张"预测与测试"活动表格（见图 7.3），发放一副护目镜，让 2~3 名学生组成一个小组，给每个小组分发 11 个透明塑料杯和 11 个底部有孔的红色标记透明塑料杯。（在此之前，老师用钉子在每只杯子的底部刺穿了 3~5 个洞。）老师在四个供应站置了 11 种测试材料的容器、用于处理垃圾的盆，还放了一些纸巾。在测试之前，老师在没有真正把污水倒进杯子里的前提下向学生示范应当如何测试每一种材料。老师还演示了如何将白纸放在透明的杯子后面，以及如何记录观察结果。在小组中，学生测试材料（工程流程的第 3 步，EP3），并且用书面语和技术图来记录他们的观察。在学生完成测试后，他们以团队为单位仔细审阅和解释得到的数据（工程流程的第 4 步，EP4），以回答"主张和证据数据表"中的四个问题（见图 7.4）。老师让学生说出哪两种材料过滤掉的沙土最多，哪两种材料过滤掉的沙土最少。在完成了他们的活动和数据表之后，学生把表格粘在他们的科学笔记本上，作为第 2 个条目。老师检查了这些表格，计算学生的测试数据，以确定第二天所需的材料数量。

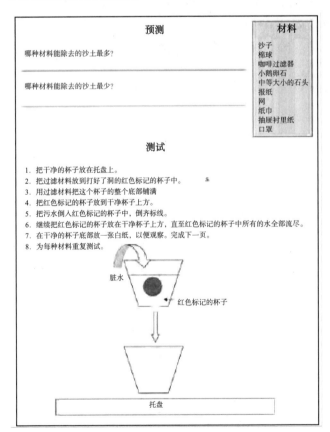

除去沙土最多的两种材料是＿＿＿＿和＿＿＿＿。

我的依据是＿＿＿＿＿＿＿＿＿＿＿＿＿＿＿＿＿。

除去沙土最少的两种材料是＿＿＿＿和＿＿＿＿。

我的依据是＿＿＿＿＿＿＿＿＿＿＿＿＿＿＿＿＿。

图 7.3　活动表格：预测与测试　　　　图 7.4　数据表：主张与依据

解释

　　根据对学生的"主张与依据"的回顾，我们在互动白板上画出了一个预先构建好的表格，向班上同学公布从水中过滤掉沙土效果最好和最差的材料（见图 7.5）。我们对 19 位学生回答的数据进行整理，将其分成两列，一列是"过滤掉最多沙土"，另一列是"过滤掉最少沙土"，然后在每个测试项目中做标记。我们为学生提供多次机会来解释表格数据（工程流程的第 5 步，EP5）（《各州共同核心标准》，数学、测量与数据）。例如，问他们这门课最常选择什么材料作为最有效地从水中过滤掉沙土的材料（棉球和纱布，各有 4 人回答）。

图 7.5　统计结果

　　然后，我们要求几个小组分享他们选择的过滤掉沙土效果最好和最差的材料，并且说明理由。在他们分享的过程中，我们引导学生的讨论，以得出结论，有些材料可以更好地过滤体积较大的东西，而有些材料能更好地过滤体积较小的东西。学生从他们之前对固体和液体的探索中学到了一个术语，说有的材料具有比其他材料更适合预期目的的"属性"（如沙子无法很好地从水中滤掉沙土，因为它吸收了太多的污水；纱布能很好地过滤沙土，因为它有空间让水通过，而不让沙土通过）。我们在讨论所有经过测试的过滤器材料都是固体时，重新回顾并使用了先前的知识：固体具有确定的形状，除非我们用外力改变它，而液体没有固定的形状，它的形状取决于容器的形状（水的形状就是装盛它的杯子的形状）。到这个时候，关于沙子的讨论可以引出了。然而，在仔细观察之后，学生发现沙子是由小固体颗粒或微粒构成的，可以在手指间摩擦。我们解释说，工程师使用模型来分析当前的和计划的系统，确定缺陷所在，测试可能的解决方案，并且与其他人交流设计成果。因此，在"成为"工程师的过程中，学生要根据他们之前的测试数据，来设计、创建和测试（并可能重新设计）一个过滤器（工程流程的第 6 步，EP6）。

📝 详细阐述

学生利用他们的材料测试数据在"过滤器设计活动表"上设计他们的过滤器。他们继续以团队为单位，选择三种材料，并且确定这些材料的使用顺序，以便制造过滤器。在我们审阅并认可了学生的设计之后，学生用一个提供的容量为 2 升的特制容器制作过滤器（用剪刀把瓶子的底部剪掉，然后用橡皮筋把纱布固定在瓶口上）。"过滤器设计活动表"是科学笔记本的第 3 个条目。虽然我们没有限制学生可以使用多少过滤材料，但学生并没有要求或试图用这些材料制作多层的过滤器。

在开始"详细阐述"阶段之前，我们准备了污水材料（如托盘、罐子和白纸）和工作台（有材料、废物盆和纸巾）。当学生小组的成员手拿 2 升过滤器和杯子时，我们向每个过滤器中倒入 100 毫升污水。当水从过滤器中流出后，学生根据情况进行反思，并且总结他们的过滤器的效果（工程流程的第 7 步和第 8 步，EP7 和 EP8）。

在学生坐在地毯上后，自来水处理厂的非正式教育工作者点评了每一个过滤器。她向学生提出一些观察性的问题，如"你相信沙土颗粒会留在杯子里吗？""过滤器除去沙土了吗？"以及"什么材料能很好地发挥过滤作用？"她一边从每个过滤器中取出材料，一边在地毯上来回走动，向学生展示每种材料都从水中过滤掉了一些沙土；不过，有些材料比其他材料的过滤效果好。这节课的结论是，每个过滤器在一定程度上都能过滤掉沙土。如果时间允许，老师可以让学生开展课堂讨论，并且让他们回答这个问题："如果我们能再次使用过滤器，我们就会……"然后，根据他们讨论的结果和对这个问题的回答，重新制造过滤器。要将定量测量纳入这一课程，你可以增加过滤所需的时间限制或使用材料的数量。如果使用每种材料的成本增加，就会增加制造过滤器的总成本。

📝 评估

在这个单元学习周期的所有阶段，形成性评价一直在开展。参与阶段粗略地介绍了学生以前的"过滤器"内容知识。在探索阶段，我们在测试和记录每一种材料的数据时与学生进行互动，并且提出问题。在解释阶段，学生解释了为什么某些材料在过滤水中的沙土时比其他材料的过滤效果更好，我们从学生的解释中获得了一些信息，在详细阐述阶段，我们评估了学生对过滤器设计的应用。《评估摘要》提供了学生使用具有支持性证明的主张的依据。

本章小结

我们通过联系"工程、技术和科学对社会和自然世界的影响的标准"，具体地讲，就是联系"每种人造产品都是通过应用一些自然世界的知识来设计的，并且是用来自自然界的材料制造的"，总结我们对过滤器这个单元的学习。由于我们的教室里有一个水槽，于是打开水龙头，直观地展示了来自自来水处理厂的干净的水，在此之前我们提过这种水。我们问学生："自来水处理厂如何净化我们的水？"有的学生回答了"使用过滤器"。然后，学生观看了"自来水处理厂的视频"教学片，视频中的一些词汇可能需要说明，如储层、杂质、粒子、化学物质和住宅等。自来水公司的非正式教育工作者为学生提供了各种密封的水样本，让他们在自己的书桌上观察；样品包括我们当地的河流表面的水和底部的水，以及经过公司处理的水。她还展示了大型自来水公司的一个过滤器的圆筒模型。自来水公司的实际过滤床有 9 英尺（约 2.7 米）深，里面有煤、沙和不同尺寸的岩石层（底部有较大的石头）。她解释说，这些来自自然界的材料会在很长一段时间内过滤水（如几十年、几百年、几千年）。最后，她向学生展示了当地水处理设施的过滤室的照片。

在结束时，我们鼓励老师与当地自来水公司的教育人员或非正式教育工作者联系，开展个人自来水公司之旅、学生团体之旅或课堂参观。在当地，我们社区的居民可以去参观新月山水库（Crescent Hill Reservoir）和历史馆（Historic Gatehouse）。我们城市的自来水公司的非正式教育工作者提供了参观历史馆的教学，任何到这座水库参观的人，都可以游览整座水库。在制作过滤器、查看在线资源及与自来水公司的非正式教育者合作之后，任何一位老师都应当能够将自己的课程与水处理设施的流程和工程实践联系起来。

联系《新一代科学教育标准》

本章概述的材料、课程和活动，只是实现表 7.1 列出的期望表现的一个范例。学生们还需要更多的支持材料、课程和活动。

表 7.1　与标准的联系

2-PS1 物质及其相互作用 K-2-ETS1 工程设计	联系课堂活动
期望表现	
2-PS1-2：分析从不同材料的测试过程中获得的数据，以确定哪些材料具有最适合预期目的的特性	测试材料，以根据材料的性质确定哪两种过滤了最多的沙土，哪两种过滤了最少的沙土
K-2-ETS1-1：提问、观察，并且收集关于人们想要改变的状况的信息，以提出一个简单的问题，这个问题可以通过开发新的或改进物体或工具来解决	提出问题，做出预测，测试材料，收集信息（技术图纸和描述），以确定哪些材料可以过滤最多或最少的沙土
K-2-ETS1-3：分析来自两个物体的测试结果中设计用于解决同一个问题的数据，以对比每个物体的优势与劣势	在班上拆解过滤器，讨论过滤器的设计，最终得出这样的结论：即使有些过滤器的设计比其他的更好，每个过滤器也都能在一定程度上过滤掉沙土

2-PS1 物质及其相互作用 K-2-ETS1 工程设计	联系课堂活动
科学与工程实践	
提出并界定问题	将问题界定为"我们的过滤器需要什么样的材料来从水溶液中过滤掉沙土"
开发和使用模型	设计并测试一个 2 升的过滤模型，并且比较所有学生的模型
计划并进行调查	测试材料，并在书面文本和技术图纸中记录观察所得的结果
分析并诠释数据	作为一个团队审查和解释数据，以支持那些认为哪些材料过滤掉最少和最多沙土的声明，随后解释班级的证据来确定有效性
获取、评估和交流信息	撰写摘要，该摘要包含在过滤材料调查过程中收集的证据
学科核心理念	
PS1.A：物质的结构与性质 • 存在不同种类的物质，大多数物质要么是固体，要么是液体，取决于温度的高低。物质可以根据其可观测的性质来描述和分类	确定哪些固体材料具有最适合从水中过滤掉土壤颗粒的特性
K-2-ETS1.A：提出并界定工程解决方案 • 人们想要改变或创造的一种局面，可以作为一个需要通过工程解决的问题来解决 • 在开始设计解决方案之前，很重要的一点是要清楚地理解这个问题	通过工程设计解决特定问题 提出问题、进行观察、收集关于该问题的信息
K-2-ETS1.C：优化设计方案 • 由于某个问题总是有不止一个可能的解决方案，所以比较和测试设计是极其有益的	评估几个解决方案并确定诸多解决这个问题的解决方案的组成部分
跨学科概念	
原因与结果	进行简单的测试，以收集证据来支持或反驳 2 升的过滤模型的材料选择和顺序

资料来源：《新一代科学教育标准》领先实施的州，2013.

第8章 抓住我，如果你能做到的话

一项 STEM 活动被纳入幼儿园课程

作者：金伯利·洛特（Kimberly Lott），马克·沃林（Mark Wallin），黛博拉·罗格哈尔（Deborah Roghaar），泰森·普莱斯（Tyson Price）

研究表明，在大学攻读科学、技术、工程和数学学科的学生人数正在下降。近年来，与 STEM 相关的活动在学校变得越来越普遍，希望能激发学生对 STEM 的兴趣。美国基础教育《K-12 科学教育框架》阐明了在科学探索的同时开展工程流程教学的重要性，这为在《新一代科学教育标准》之中强调工程学奠定了基础。

STEM 活动是一种将科学、技术、工程和数学的应用整合到一起来解决问题的活动。从传统意义上讲，STEM 活动十分引人入胜，可能涉及学生团队之间的竞争。例如，许多小学都让学生参与建造最坚固的冰棒棍桥、制作最长的弹弓，或者是搭建最能保护鸡蛋的建筑，即使鸡蛋从很高的地方跌落下来也不会摔破。尽管学生在这类 STEM 活动中高度投入，但这些活动通常与常规的课堂教学格格不入。将 STEM 活动整合到课堂教学中，便能够更加有效地运用它们。这种方法需要老师设计一个 STEM 学习单元，在其中，学生主动学习科学内容，然后应用这些知识来设计一个解决问题的方案。

孩子是天生的工程师，他们经常在玩耍时自发地建造复杂的"建筑"。出于这一原因，小学的初级阶段通常是开始考虑设计问题最合适的时间。本章介绍一个 STEM 单元，是用超过两周的时间在幼儿园教室里完成的。这个单元的重点是设计陷阱来抓住一个淘气的姜饼人（Gingerbread Man）[1]。有些人可能担心，使用拟人手法会误导年幼的孩子。然而，事实证明拟人化能够实现有意义的科学学习。尽管这个问题是虚构的，但单元之中包含了 STEM 活动的所有方面，同时，学生学习了如何将这些方面整合起来，以

---

[1] 姜饼人在西方是个家喻户晓的童话形象。这个传统故事讲的是一个刚刚烤好的小姜饼人为了逃避被吃的命运，从烤箱里逃出来，一路狂奔，躲过了老爷爷、老奶奶和猪、牛、马，但最后在过河时被狡猾的狐狸欺骗，最终还是被吃掉了的故事。——译者注

解决他们在日常生活中遇到的实际问题。

科学

为了引入这个 STEM 单元，老师把学生召集起来，让他们坐在地毯上听老师讲故事。那天的故事是一个传统的民间故事：姜饼人。老师把故事讲到姜饼人逃脱第三只或第四只动物（在遇见狐狸之前）的那个情节时，便把书合上。然后，她告诉学生，最近学校里发生了一些"事件"。例如，图书馆的书架上的书掉到了地上、餐厅的桌子上到处都是脏脚印，校长办公桌上的文件也掉了下来，另外，还有一些教室的蜡笔被破坏了一半。老师对孩子们讲："我觉得姜饼人在我们学校很淘气。大家认为我们能做些什么吗？"这时，有个学生提议："我们可以在学校里待上一整夜，看看是否能看到它。"另一名学生则兴奋地说："我们可以设个陷阱！"

好几个孩子认为"这是个好主意"。现在，孩子们面临着一个问题。为了解决这个问题，学生首先需要探索围绕这个问题的科学知识。在 STEM 单元的教学开始之前，学生已经学完了一个物理科学单元，在其中，他们发现物体具有不同的属性（如大小、形状、质地、重量和颜色）。他们还探索了非生物的运动（如快速、缓慢、曲折、上下、来回）及材料的属性可能怎样影响它们的运动。

这个 STEM 单元联系《新一代科学教育标准》的期望表现 K-PS2"运动和稳定性：力及相互作用"，期望表现指出，学生将"计划并进行调查，比较作用在物体运动上的不同强度或不同方向的推力和拉力"。这个单元着重关注学科核心理念 PS2.A：力和运动。除了科学标准，该单元还涉及标准 K-2-ETS1：工程设计，并且达到期望表现 K-2-ETS1-1、K-2-ETS1-2 和 K-2-ETS1-3。该单元还包含以下科学和工程实践：提出问题、计划和进行调查、分析和解释数据，以及运用数学和计算思维。它还支持原因与结果的跨学科概念学习。

制定解决方案

姜饼人问题的提出是为了营造一个吸引人的学习环境。学生首先计划他们将怎样诱捕姜饼人并画出草图。这对老师来说是十分有益的预评估，表明了哪些学生事先掌握了陷阱的知识及陷阱如何发挥作用。然后，学生与同学分享他们的画作，老师也鼓励学生根据与同伴的对话来修改画作。

画出了最初的草图后，学生获得一些可供探索的材料，包括纸板、织物、橡皮筋、弹珠和软木塞。老师要求学生考虑这些材料的性质，这对设计诱捕姜饼人的陷阱最为有用。他们在学生表上记录自己的答案。最后，学生得出结论：有些材料最有用，因为它们十分结实。一名学生评论道："一旦抓住了姜饼人，陷阱必须能够困住它。"他们还认为另一些材料（如织物和绳子）也有用，因为它们可能"缠住"姜饼人，将其困在陷阱之中。

学生两人一组开始工作，接下来，老师给他们一些纸板、胶带、剪刀、橡皮筋、烟斗清洁剂、纸杯和纱线。利用这些材料，他们练习制作陷阱，特别注意那些让陷阱"弹起"的材料的推力与拉力。学生发现，在制作陷阱时，总会有一些东西是起平衡作用的（要么是陷阱门，也就是把一个悬挂在弦上的杯子作为"网"，要么是一个下面有支撑物的盒子）。于是，推动或拉动这个物体，可以使之变得不平衡，从而"弹起"这个陷阱。一名学生说："姜饼人只要撞到这根棍子，'砰'的一声，盒子就会落在他身上。"老师使用了一份清单来评估学生制作的陷阱。

📝 技术与工程

技术是工程的产物。这一产物可以在工程活动中被创造出来，也可以由学生在科学或工程活动中使用。那么，学生如何利用他们学到的材料和力学知识来设计诱捕姜饼人的陷阱呢？老师把学生召集起来，围坐在地毯上，向学生展示下面这些材料：一张海报板、一个金属丝的衣架（直的）、绳子、杯子及胶带。老师让学生一定要与弄直了的金属衣架保持一定距离，以免在演示过程中被衣架划伤。

老师问："我们怎么在陷阱里使用海报板？绳子和杯子又可以用来做什么？"接下来，老师把衣架弄弯，变成一个 C 形，并且再次发问："这可以怎么使用？"老师还问："姜饼人会怎样触碰陷阱的机关？"然后，老师把绳子系在杯子上，套在衣架上，再把绳子拉到铁丝衣架的另一边，这样一来，杯子就会飘浮在空中。老师问："如果我放开绳子，会发生什么？"学生纷纷预测杯子会掉下来。老师放开了绳子，杯子果真掉了下来。学生很快发现，为了让姜饼人触碰这个陷阱的机关，还需要一些东西来支撑绳子。通过这类老师的引导性的提问，老师和学生构思了一个基本的陷阱设计（见图 8.1）。为了让这个年龄阶段的孩子在收集数据时始终做到可控，老师要保持设计的一致性，所以，只能操纵数量有限的变量。出于这个原因，她通过引导调查，与学生一道完成了最初的陷阱设计。这种支持，对于提升学生工程技能的学习进展至关重要。

1. 将海报板切成条状，长约 22 英寸（1 英寸=2.54 厘米）、宽约 12 英寸。在大约 6 英寸的位置弯曲海报板，留下一个标记，这便是陷阱的基本的长度。
2. 将衣架弯曲成 C 形，并且在顶部用绳子做一个套环。
3. 使用强力胶带将衣架粘在海报板上。
4. 将绳子（4a）附着在一只空杯子（4b）的底部。在海报板上图中所示的每个×的位置打孔，并且通过图中显示的方式来穿绳子。然后，在绳子的另一端放置一个珠子。
5. 把两个空杯子末端对末端粘在一起，以制成一个诱饵盒。将珠子置于诱饵下，设置陷阱。

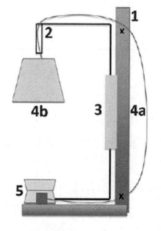

图 8.1　陷阱的基本设计说明

然后，老师向学生介绍了"技术"（Technology）这个词。她解释说，技术是你使用科学和工程来开发的一种工具，我们可以在日常生活中使用。有时候，我们把这些工具称为"发明"（Invention）。接着，她朗读了李·贝内特·霍普金斯（Lee Bennett Hopkins）的《不可思议的发明》（*Incredible Inventions*）中的几首诗。这些诗写道：技术随处可见，从创可贴到过山车。这些技术，即使是小男孩和小女孩都可以开发出来。威廉·坎库温巴（*William Kamkwamba*）和布赖恩·米勒（Bryan Mealer）合著的《驭风少年：少年儿童版》（*The Boy Who Harnesse the Wind：Young Readers Edition*），也可以读给孩子们听，以进一步阐明这种观点：不论人们的年龄和文化背景如何，人人都可以研发出技术和工程的解决方案。在读了这些诗以后，老师让学生再举一些技术的例子，并且解释说，当学生运用了他们学习的关于材料和力的科学来制造陷阱时，他们就已经发展了一项新技术。

✒️ 工程和数学

在学生完善了他们的陷阱设计之后，老师解释说，学生将"像工程师一样行动"，并且在黑板上写下"技术"这个新单词。老师接着解释，工程师使用技术来设计解决问题的方法，并且读了一个新的故事《设计 ABC：工程师如何塑造我们的世界》（*Engineering the ABCs: How Engineers Shape Our World*），作者是帕蒂·奥布莱恩·诺瓦克（Patty O'Brien Novak）。在接下来的工程设计和测试过程中，老师运用评分标准，通过观察和提问来评估学生的活动参与情况。

然后，老师问："我们怎样才能让姜饼人自愿进入我们的陷阱呢？"一个学生推测："我们得让它觉得我们是在邀请它进入姜饼屋。"另一个学生猜想："需要在陷阱里放下某种诱饵。"老师解释，有的时候，工程师们在设计他们的作品时不得不做出多次修改，才能最终找到完美的解决方案。于是，老师在黑板上写下"邀请"（Inviting）和"诱饵"（Bait）两个词，并且解释道，学生需要花时间努力思考这两个创意，看看哪种创意最为成功。

学生首先观察并改进他们的陷阱，使之更能吸引姜饼人。在这节课之前，老师为每两名学生做了一个基本的陷阱设计。老师和家长志愿者还帮助学生完成了陷阱的最后组装和装饰。学生两人一组，把姜饼屋的照片和迪士尼人物一起涂上颜色，然后把它们放到陷阱里，引诱姜饼人来触碰陷阱的机关。学生还把棉球放到杯子（陷阱）里，以使棉球看起来就像一朵云，可以进一步欺骗那个狡猾的姜饼人。学生刚刚做好陷阱，就把它们放在学校周围的大厅里，看看是否逮住姜饼人（见图 8.2）。

第二天，老师在黑板上画了一个条形图。她解释说，工程师收集数据并制作图表，以验证他们的设计是否有效。接下来，她和学生到学校周围去观察这些陷阱，看看有没有人逮住姜饼人。在学生回到教室时，每组学生派出一名代表，把一个"×"的符号贴到图表上，以表示是不是抓住了姜饼人，然后再回到地毯上聚集。学生稍稍有些失望，因为没有哪个陷阱逮住了姜饼人。老师提醒学生，工程师常常会对他们的设计做出一些修改，以便最终找到最好的设计。

图 8.2　学生制造的一个陷阱的图片

老师指着黑板上的图问大家："让我们的陷阱看起来能够吸引姜饼人，真的很重要吗？"由于没有哪个陷阱抓到了姜饼人，于是学生认为，陷阱的外观不足以吸引姜饼人。于是老师建议："现在，让我们试一试在陷阱中增加诱饵吧。"她提供了三种诱饵供学生选择，一是珠宝，二是金币，三是水晶。学生同样以两人一组挑选了一种诱饵放到了陷阱里。

第二天，老师把图表粘在黑板上。每组学生都根据他们选择放在陷阱中的诱饵，从老师那里拿到一张便利贴。学生再次观察陷阱，并且在图表上做标记，以表明陷阱有没有逮住姜饼人。这一次，学生比上次兴奋些了，因为有的陷阱真的"逮住了"姜饼人。原来，在上课前，老师把一块姜饼人形状的饼干（装在一个塑料袋里）放在了装有珠宝的陷阱里。老师又一次指着黑板上的图问道："在陷阱里增加诱饵，看起来是不是更重要些？""是的！"学生欢呼雀跃地答道。老师接着问："有没有人想换一换你们的诱饵呢？"那些没有逮到姜饼人的学生响亮地回答："我要换！"

于是，那些没有抓到姜饼人的学生把诱饵换成了珠宝，而且，所有学生都重新设置了陷阱。这次，老师在陷阱里放了两块姜饼人形状的饼干，以便每个学生都可以吃一块。然后让学生再次收集数据，并且在黑板上贴出第三张条形图。老师指着这最后一张图问大家："你们的陷阱成功了吗？"一位学生大声喊道："姜饼人一定喜欢珠宝！"老师向学生解释了他们刚刚完成的工程设计流程。他们首先运用工程学知识设计了一个解决问题的方案，然后运用数学数据评估了他们的设计方案，再根据这些数据进行了修改。老师还指出，所有学生都当了一回工程师。

本章小结

在这个单元的学习结束时，老师向全班同学读了一封姜饼人写给他们的信。信是这么写的：

亲爱的罗格哈尔老师班上的同学们：

　　我现在正要离开你们的学校，继续我的生活。我接下来要去见一只狐狸，还要过一条河，但我想告诉你们，你们的陷阱发挥作用了！尽管我能够从中逃脱，但由于你们比我更聪明一些，能够用陷阱逮住我，因此，我给你们留下了一些姜饼人的饼干，请尽情享用吧。

　　祝你们生活美好！

姜饼人

　　学生在高兴地吃着姜饼人饼干时，老师提醒他们，他们运用了科学、技术、工程和数学，解决了学校的姜饼人问题。

　　这种 STEM 活动并不是孤立存在的，而是属于这所幼儿园的课堂里正在进行的一个学习单元，在学习期间，老师向孩子们介绍如何用 STEM 来解决现实世界的问题。并非所有学生都熟悉技术或工程的理念，但在结束了这个单元的学习之后，他们注意到自己日常生活中的一些技术问题，并且主动参与工程流程。在这个学习单元期间，学生开始意识到，即使科学、技术、工程和数学各不相同，但它们在解决问题的过程中有着错综复杂的联系。

联系《新一代科学教育标准》

　　本章概述的材料、课程和活动，只是实现表 8.1 列出的期望表现的一个范例。学生们还需要更多的支持材料、课程和活动。

表 8.1　与标准的联系

K-PS2 运动和稳定性：力及相互作用 K-2-ETS1 工程设计	联系课堂活动
期望表现	
K-PS2-1：计划并进行调查，比较作用在物体运动上的不同强度或不同方向的推力和拉力	提供各种不同材料，计划并制造不同的陷阱，特别要注意那些让陷阱"弹起"的材料的推力与拉力
K-2-ETS1-1：提问、观察，并且收集关于人们想要改变的状况的信息，以提出一个简单的问题，这个问题可以通过开发新的或改进的物体或工具来解决	确定要解决姜饼人的问题，就需要制造一个陷阱
K-2-ETS1-2：绘制一张简单的草图、图画，或者创建一个物理模型，以例证某个物体的形状如何帮助它在必要时解决特定的问题	绘制了可能诱捕姜饼人的陷阱的草图，并且根据最初的草图开发物理工作模型
K-2-ETS1-3：分析来自两个物体的测试结果中设计用于解决同一个问题的数据，以对比每个物体的优势与劣势	根据陷阱绘制出的结果来确定哪个陷阱最有效地抓住了姜饼人

续表

K-PS2 运动和稳定性：力及相互作用 K-2-ETS1 工程设计	联系课堂活动
科学与工程实践	
提出问题	提出要抓住姜饼人的问题
计划并进行调查	操纵不同的材料，来确定哪一种可能对陷阱发挥功能最有效
制订解决方案	开发并测试不同的陷阱设计
分析并诠释数据	收集证据，并且画出图表以分析数据
运用数学和计算思维	分析成功和不成功的陷阱的数量，以确定它们的有效性
学科核心理念	
PS2.A：力与运动 ● 推或拉某个物体，可以改变它的运动的速度或方向，并且可以使它动起来或停下来	调查作用在陷阱的门、悬挂的杯子或支撑的盒子上的力的情况及因其产生的运动，同时调查用于让物体不平衡并随后触动陷阱机关的推力或拉力
ETS1.A：提出并界定工程问题 ● 人们想要改变或创造的一种局面，可以作为一个需要通过工程设计来解决的问题	确定要改变的局面
ETS1.B：制定可能的解决方案 ● 设计可以通过草图、图画或物理模型来表现。这些表现手法十分有益于向他人分享问题的解决方案	绘制陷阱的草图，创建工作模型，记录关于陷阱成功的信息并分享结果
ETS1.C：优化设计方案 ● 由于某个问题总是有不止一个可能的解决方案，所以，比较和测试设计是极其有益的	确定陷阱设计中的变量和设计成功或失败的情况，并且考虑基于数据改进设计的选项
跨学科概念	
原因与结果	操纵和观察推力或拉力及它们如何触发陷阱 观察并记录当诱饵被添加到陷阱中时姜饼人被抓住的可能性，以及某些类型的诱饵是否比其他的更有效

资料来源：《新一代科学教育标准》领先实施的州，2013.

第9章 将工程学带入科学实验室

两个引导式探究课堂展示如何将《新一代科学教育标准》工程实践带入传统的基础实验室

作者：赛斯·玛丽·威斯特法（Seth Marie Westfall）

　　无论你是基于内容创建自己的科学实验室，还是使用一个已发表的科学项目，《新一代科学教育标准》的出现，都要求身为老师的我们采用稍稍不同的视角来看待我们所做的事情。例如，我所在的地区采用的科学项目有几个部分，每节课都重复使用。其中一个部分是科学实验室或实验室活动。在大多数情况下，这种活动要求老师通过一系列步骤来指导学生，目的是阐明要教给学生的特定概念。老师要告诉学生这些步骤是什么、怎样执行，以及依照什么顺序来执行。根据锡安和门德罗维奇（Zion 和 Mendelovici）的说法，这种活动属于有组织地探索的范畴。他们两人将这种类型的调查定义为一种活动，在活动中，"学生通过规定的程序思考老师提出的问题，并且在每个阶段接受明确的、循序渐进的指导，从而将结果引向预先确定的方向"。

　　自从我的教学生涯开始以来，我一直使用这种方式教授科学。然而，在最近查阅《新一代科学教育标准》之后，我不得不重新思考该如何安排实验室活动。新标准的出台，部分是专为学生上大学和就业做好准备，让学生在"批判性思维和探究式的问题解决"方面打下牢固基础的。《新一代科学教育标准》有一整套针对各个年级学生的工程标准。正如《新一代科学教育标准》执行概要中所述，这些标准的目的是让所有年龄层次的学生在科学内容的学习中应用工程实践。

　　我在实验室活动中列出的一系列步骤，并没有给学生提供太多的空间去问这样的问题，比如"为什么？""如果……会怎样？"或者"怎么……"他们没有要解决的问题。锡安和门德罗维奇认为，这种问题属于引导式探索的范围。他们将这类探索定义为学生有机会"调查老师们摆在他们面前的问题和程序，而学生自己则在合作的基础上，决定要遵循的流程并制订解决方案"。我从二年级的课程中改编了两堂课，并将这两堂课的一些例子包含进来，以便通过运用引导式探索，将科学与工程实践融入实验室活动中。

固体、液体和气体

为了达到科学和工程标准，我不得不做一些修改。在固体、液体和气体的教学单元里，我要求学生制作一台冰箱，以例证物质（果汁）从液体到固体（冰）的变化，这是他们实验室活动的一部分。该项目指导我一步一步引领他们制造冰箱，包括告诉学生使用什么材料、如何将它们组合成冰箱，以及每一种材料的用途。该活动似乎是一个将工程实践与教学结合起来的合理领域，因为孩子们要制造一些东西。其他的机会可能是课程的一部分，在这些课程中，老师期望学生提问或回答问题、测试可能的解决方案或识别问题、开发或改进某种工具或物品，或者创建模型来解释事件或概念。因此，我没有使用手册中规定的有组织的探索方法，而是决定修改活动，以使用更多的引导式探索方法。

原创的活动选用了循序渐进的指导方针，描述了如何使用水桶、冰、报纸和盐来自制冰箱。相反，我收集了几个自制冰激凌设备的例子。我告诉学生，他们将使用这些冰激凌制造设备来做出假设，想象该如何设计这些设备，以及这些设计组件背后的目的。每个部分的目的是什么？为什么要放在那里？学生组成一个个的工作小组，对每台冰激凌制造设备进行逆向分析工程。一开始，学生都很紧张，也很不确定。他们以前从未想过要做这样的事。学生评价说，这要么太难了，要么不可能。我把他们分好组之后，他们就开始研究冰激凌制造设备，开始谈论它们的样子。他们变得十分投入，并着手分享一些制作冰激凌的背景知识和经验。起初，学生对冰激凌的原料和冰该怎样混合感到困惑。一些人初步猜测，冰会进入中间的金属圆筒；另一些人猜测，冰、盐和原料会在金属圆筒中混合到一起。学生刚开始在分享他们的背景知识和经验时，就发现这些原料将在金属圆筒中混合，而冰会进入圆柱体和外壁之间的空隙。只有几个学生分享了盐和冰混合在一起的情形。没有学生明白为什么盐和冰会混合在一起。下一步是绘制和标注冰激凌制造设备的图片（见图 9.1）。接下来，学生就猜出了这些部分的目的。

我给学生列出了他们用来建造冰箱的材料：一个带盖子的桶，以及冰、盐、报纸和封口胶纸。在小组中，学生必须用这些材料设计一个冰箱。每个小组都要与班上其他同学分享他们的计划和想法。然后，老师允许小组成员根据共同的创意修改他们的计划。接下来是最有趣的环节——制造冰箱。学生通过简单地冷冻果汁来测试自己的冰箱是不是设计得很成功。如果果汁变成了冰棒，冰箱的设计就成功了。如果冰箱的设计不那么成功，学生还有另一次机会进行小组合作，以决定他们如何改变自己的计划来改进冰箱。

图 9.1　学生笔记示例

当我在他们的科学笔记中查看他们的设计、修改和结论时，能够做出多方面的评估。我可以了解孩子们对隔热、设计中空气的作用，以及将液体转化为固体所需要的能量转移等方面知识的理解程度。通过采用上述方法来改编课程，我还能评估学生的批判性思维能力，创造一种解决问题的方法的能力，并且测试学生的预测方案。这个评估的评分标准可以从网上找到。

声音

在我的教学项目中，并没有太多机会让学生设计和制造一些东西来解决问题。然而，《新一代科学教育标准》中包含的一项科学和工程实践指出，二年级学生必须"根据观察结果提出问题，以找到更多关于自然与/或设计世界的信息"。在关于音高的课程中，我的实验活动有一个步骤清单，借助这份清单，我引导学生发现特定物体的特点会影响它们的音高。这堂课再次使用有组织的探索来告诉学生该做什么和怎么做，然后期望学生多次提问。学生没有机会根据观察提出他们自己的问题，调查并得出自己的结论。

反思了这种由学生提出问题和学生进行探索的想法，我决定尝试开展实验室活动。我不是引领着学生根据实验室手册中列出的每一步来做，而是给他们提出一个挑战。我告诉他们，他们将会得到一整套的材料（不同长度的金属管、一根木棒，以及一些泡沫填充物），他们要用这些材料来解释音高。

我把学生分成若干小组，要求他们列出一些在科学笔记中关于音高和声音的问题。一旦学生提出了这些问题，他们就有机会与班上其他同学讨论并分享。学生提出的问题包括：

- 什么是音高？

- 为什么它们的大小不同？
- 它们会发出哪种类型的声音？
- 你是用棍子还是用其他管子敲打管子？
- 泡沫垫是干什么用的？
- 我们敲打管子有多难，真的很重要吗？

他们可以修改问题，或者在这节课的整个过程中随时增加新的问题。在每个学生都拿到了一个要测试的问题列表之后，各小组必须制订一个关于如何测试这些问题的计划。一旦学生确定了计划，就有机会调查他们的材料并测试他们的创意。在教室里来回走动时，我注意到有的小组把金属管放在桌子上，而有的小组把它们放在泡沫垫上；有的小组使用节奏棒击打金属管，而有的小组用金属管相互撞击。我还没开始问一些指导性的问题，学生就发觉了其他小组在做什么。他们发现邻桌的同学使用节奏棒和泡沫垫，并发现产生的声音有所不同。所以，他们也开始尝试这些创意。他们注意到了声音的不同，有的管子发出更高昂的声音，有的管子则发出更低沉的声音。我看到学生在比较各种管子发出的声音后，开始把管子按大小排列。我们分享了观察结果，并进行班级讨论，将音高定义为声音的高或低。观察的结果记录在学生科学笔记上的图表中。

为了完成这一挑战，学生必须提出自己的问题，计划如何测试并调整他们的创意。我根据学生的科学笔记（见图 9.2）中的记录来评估他们对音高的定义、影响音高的特征的理解，也评估他们提问和设计调查以回答这些问题的能力。评分标准可用来评估他们的科学笔记中的记录情况。事实上，是学生的探索引领了调查，而不是实验室手册或一系列要遵循的步骤使得这一课更加鼓舞人心。学生互相指导，并且有机会运用背景知识或者他们自己对音高的误解来反思他们自己的想法。他们愿意与对方分享自己的想法，并且努力去完成挑战。

图 9.2　学生的科学笔记示例

📝 我的观察

在这节课上，我在教室里来回走动，和每一组学生交谈，我不仅注意到学生百分之百地参与，而且仔细倾听了学生之间以科学为基础的对话。我的二年级的学生在追求理解和发展内容知识的过程中互相质疑对方的想法。我听到他们提这样的问题："你为什么这么想？""你是怎么做到的？"学生互相解释，用调查来证明报纸的用途是隔热。在上这堂制造冰激凌设备课的时候，一个学生告诉他的团队中的其他成员："报纸是一种隔热材料，就跟你的外套一样。"他们在科学内容和自己的世界之间建立联系。

我所讨论的想法，与我和大多数老师多年来在科学课堂上所做的事情并没有太大的不同。长期以来，引人入胜的课堂一直使用实验室活动来帮助建模和阐明概念和内容。但是，《新一代科学教育标准》的引入，需要我们审视自己的课程，做出微小但有效的调整，以便综合工程原理。它的目的是找到将引导式探索纳入课程的方法，而不是依赖有组织的探索。《新一代科学教育标准》希望培养能够直面现实世界的问题，并为这些问题提供解决方案的个人，以促进社会和技术的进步。《新一代科学教育标准》的前言阐述了以下内容：执行《新一代科学教育标准》，将使高中毕业生更好地应对大学和职场的严酷考验。反过来，雇主将能招聘拥有强大科学技能的员工——他们不仅在特定的内容领域具有强大技能，而且具有批判性思维和解决问题的能力。

通过对我们的科学课中的实验室活动（即使是小学阶段）做出微小但重要的改变，我希望能够阐明开端的重要性。随着课程设计和焦点的细微变化，加上一些额外的材料及少量额外的时间，我们可以帮助学生变成批判思考者和积极的问题解决者，并且朝着《新一代科学教育标准》中指出的期望表现方向前进。

联系《新一代科学教育标准》：固体、液体和气体

本章概述的材料、课程和活动，只是实现表9.1列出的期望表现的一个范例。学生们还需要更多的支持材料、课程和活动。

表9.1　与标准的联系1

2-PS1 物质及其相互作用 K-2-ETS1 工程设计	联系课堂活动
期望表现	
K-2-ETS1-1：提问、观察，并且收集关于人们想要改变的状况的信息，以提出一个简单的问题，这个问题可以通过开发新的或改进的物体或工具来解决	观察各种各样的冰激凌制造设备，以便对它们的设计提出疑问 提出了一个关于冰激凌制造设备各个组成部分的想法

续表

2-PS1 物质及其相互作用 K-2-ETS1 工程设计	联系课堂活动
期望表现	
K-2-ETS1-2：绘制一张简单的草图、图画或者创建一个物理模型，以例证某个物体的形状如何帮助它在必要时解决特定的问题	画一些科学图片来展示冰激凌制造设备是如何设计的，包括标签和关于设计功能目的的创意 在对冰激凌制作设备进行调查的基础上，设计一台自制的冰箱，用来将果汁冷冻成冰棒
K-2-ETS1-3：分析来自两个物体的测试结果中设计用于解决同一个问题的数据，以对比每个物体的优势与劣势	测试小组自己的自制冰箱，并且将结果与其他小组的进行比较 比较冰箱的设计，以确定成功自制冰箱的各个方面
科学与工程实践	
提出并界定问题	提出关于自制冰激凌制造设备的设计方面的问题
开发和使用模型	根据观察结果设计和制造冰箱
分析并诠释数据	测试冰箱，并且将冷冻结构与功能和其他小组的进行比较
学科核心理念	
ETS1.A：提出并界定工程问题 ● 提问题、观察和收集信息，有助于思考问题	确定了冰箱用途并进行设计，以满足人们对自制冰激凌制造设备的了解
ETS1.B：制定可能的解决方案 ● 设计可以通过草图、图画或物理模型来表现。这些表现手法十分有益于向他人表达问题的解决方案	在他们的笔记本上画出设计图，解释各个方面如何工作，以便凝冻果汁，并且根据设计草图开发一个功能正常的物理模型
ETS1.C：优化设计方案 ● 由于某个问题总是有不止一个可能的解决方案，所以，比较和测试设计是极其有益的	在观察和分析了其他成功的冰箱之后重新设计
2-PS1.B：化学反应 ● 加热或冷却某种物质，可能导致物质产生可以观测到的变化	制定一个解决方案，并且通过冷却将物质从液体变成固体或半固体，以改变这一物质
跨学科概念	
结构与功能	通过提问和回答相关问题，将自制冰激凌制造设备的设计特点与它们的功能联系起来。 分析自制冰箱成功的原因，并且确定它们的成功或需要重新设计的方面

资料来源：《新一代科学教育标准》领先实施的州，2013.

联系《新一代科学教育标准》：声音工程

本章概述的材料、课程和活动，只是实现表 9.2 列出的期望表现的一个范例。学生们还需要更多的支持材料、课程和活动。

表 9.2　与标准的联系 2

K-2-ETS1 工程设计 2-PS1 物质及其相互作用	联系课堂活动
期望表现	
1-PS4-1：计划并进行调查，以提供振动材料能发出声音，以及声音可以使材料振动的证据	设计一种方法来测试不同金属管产生不同音高的问题 在学生的表格或图表中记录测试的观察结果
科学与工程实践	
提出并界定问题	生成一个问题列表，这些问题是关于音高及金属管的不同属性如何影响音高的
计划并进行调查	制定一系列的步骤来进行测试并回答课堂提出的问题
学科核心理念	
ETS1.A：提出并界定工程问题 ● 提问、观察和收集信息，有助于思考问题	生成一个问题列表，这些问题是关于音高及金属管的不同属性如何影响音高的 对不同大小的管子的音高进行观察，并且进行排名 比较音高排名的结果，并且讨论各小组之间结果的不同
2-PS1.A：物质的结构与性质 ● 不同的属性适用于不同的目的	研究所提供的材料，以确定它们如何影响可产生的声音类型
跨学科概念	
原因与结果	运用观察和排名顺序来确认或反驳关于音高受物理属性影响的观点
结构与功能	通过实验发现管子的物理结构影响振动频率，从而影响了音高

资料来源：《新一代科学教育标准》领先实施的州，2013.

第 10 章　综合设计

| 作者：佩吉·阿什布鲁克（Peggy Ashbrook），苏·内勒（Sue Nellor）

老师有时会提出问题，让孩子们参与解决方案的制定；也有时候，孩子会向老师提出问题。通常，孩子们在日常生活中遇到的问题，对他们来说至关重要。他们想要让自己身边的环境满足自己的需要，当风把他们的画纸吹走时，他们会找块石头把画压住；如果沙盒或泥坑太干，无法正常使用，孩子们会想尽办法把水引进来。孩子们可能只是在享受这个过程，或者可能正在思考如何改进它。老师通过发表声明或提问来促进儿童设计过程的发展。当孩子们遇到的挫折并没有帮助他们学习时，老师的介入会使他们把注意力集中在某个难以取得突破的领域。

工程是童年时代早期教学计划中儿童教育工作的一个常见部分，老师可以简单地环顾整个教室，找出学生参与工程实践的例子。儿童完成任务的清单可能如下所示：

- 发现问题："我的外套（从钩子上）掉下来了。钩子挂不住了。"
- 开发模型："它不够大。我需要大一点的。"
- 分析和解释数据："许多衣服都曾经掉下来过。"
- 运用数学和计算思维："钩子得比以前大很多。"
- 进行基于论据的论证："衣服掉下来，并不是因为我没有挂好，而是因为钩子太短了，我的厚外套挂不住。"
- 制定解决方案："我会把这根粗棍子粘在钩子上。它长一些的话，我的外套就能挂住了。"

通过试验和重新设计，孩子们就会发现他们的解决方案是否能够解决问题。这种情景可能随着时间的推移而发生，同时伴随着与其他孩子和老师们的讨论。老师们需要关注一些常见的误解，如孩子们还没能理解问题是什么，就"首先动手建造"，结果没有注意到他们的设计问题，因为他们在设计解决方案的测试中没关注到这些问题。孩子们必须有时间去熟悉材料和各种可能的设计，然后才能把他们所学到的知识应用到解决问题上。他们可能花很长时间来探索材料的特性，然后才开始进行有目的的改造，以完善设计，使设计效果最好（见图 10.1）。

图 10.1　孩子们的设计活动

要将工程设计融入你的课程中，把它与孩子们在学校的日常生活中遇到的问题结合起来。在接下来的活动中，请注意重新设计的步骤，并且本着开放的态度遵循而不是僵化地执行设计流程。

📝 引水

目标

让孩子们参与设计一个系统，把水（或弹珠）从一个地方引到另一个地方。

（1）要开始一项解决问题的工程活动，首先要倾听孩子们的谈话，以发现他们感兴趣的问题。在这个案例中，孩子们因为在澄泥箱中缺乏持续的供水而感到沮丧，这是因为，即使有一排水桶，也无法足够快速地保持持续的水流。老师提出这样一个问题："如果水桶不起作用，我们怎么做到在没有桶的情况下使水从源头流到澄泥箱里呢？"孩子们提议使用 PVC 管。

（2）自己尝试设计过程，熟悉孩子们可能遇到的问题。这将使你能够引领讨论，以支持孩子们对整个设计过程的思考。

（3）让孩子们提出来自源头的水要流到哪里去的问题。通过使用可以引水的材料，绘制出可能的设计方案，以支持孩子们的讨论。在室内，孩子们可以用 PVC 管模拟可能的建造设计，用弹珠来代表水。

（4）提供材料并描述如何安全地搬运管道（将它们垂直放置并紧靠你的身体），以防意外地戳到别人。介绍并命名管道和配件——90° 弯管、T 形管、Y 形管。要求孩子们研究不同的配件如何影响水流的方向。

（5）在接下来的几天或几周内，为孩子们提供外部的材料来建造引水系统，使水能够从源头流到需要的地方。孩子们可能很难调整最终的配件，或者会围绕哪种设计最成功而引发争论。设计问题可能与管道的长度、方向或建造的系统的高度相关。要支持孩子们的工程设计，密切地注意出现的问题和孩子们的挫败感。问问你自己，你什么时候将自己融入孩子们的工作中，以及如何表达你的评论或提问。孩子们是在探索这些材料的特性，还是做出了有意义的修改来优化他们的设计，使设计效果最好？在接触浑浊的水后，要让孩子们洗手。

（6）在整个过程中，要意识到孩子们不断地将新的创意或概念融入整个计划中。在户外，有个孩子说，要让水流经有坡度的管道，他们必须"把水抬高，高处的管道里的水越多，你需要的坡度就要越大"。在室内模拟户外设计时，使用弹珠和同样的 PVC 管，帮助孩子们理解管道方向的变化如何影响结果，哪怕只是一次失败的尝试也没关系。接下来，让他们将这些知识融入自己的户外设计中。

失败的尝试是宝贵的学习经验。给孩子们机会去了解他们的系统为什么不管用。他们经常会错判失败的原因，并且需要重新审视他们的设计，调整他们建造的系统。在团队工作中，大家不同的技能和思维过程凝聚成整个团队的力量。让孩子们每天都能接触到可探索的材料，熟悉这些材料，会有助于孩子们用它们来解决将会遇到的其他问题。

材料

- 水源或弹珠
- PVC 管，直径为 1 英寸（约 2.54 厘米），长度从 20 厘米到 1 米不等
- PVC 管配件：90° 弯管、T 形管、Y 形管（没有螺纹的）
- 过滤水的漏斗
- 装水或弹珠的杯子或桶
- 画图材料

第11章　象鼻和海豚尾巴

象鼻设计的挑战——让学生了解动物学工程

作者：卢卡斯·赫夫蒂（Lukas Hefty）

"工程师怎样帮助动物？"在佛罗里达州圣彼得斯堡的道格拉斯贾默森小学，二年级老师赫夫蒂在上课时经常以这类引导性的提问开始教学活动。在贾默森小学，谈论工程师及他们如何影响社会是家常便饭，而这对于工程和数学学科来说，是个核心的话题。从幼儿园到五年级的所有学生都参与了老师创建的、集成了工程知识的学习单元，而且，对于工作设计的内容，学习单元有意与《新一代科学教育标准》保持一致；对于英语语言艺术与数学，学习单元有意与《各州共同核心标准》保持一致。贾默森小学的愿景是，随着学生养成了成功的创新者拥有的思维习惯——好奇心、创造力、批判性思维、毅力和交流，学校将"为全球培养创新型思考者"。课程的核心内容是贾默森工程设计流程（见图 11.1），通过该流程，学生协作提出现实世界的问题，制订多个解决方案，选择最有效的解决方案、设计模型和设计雏形来对照严格的设计约束条件检查，并且分享他们的发现。

"工程师如何帮助动物？"赫夫蒂老师在课堂上重复道。学生似乎不确定并感到困惑。在幼儿园和一年级的时候，他们接触了设计桥梁和摩天大楼、"恰到好处"的椅子及空气动力学船只的工程师。但是动物呢？经过一段时间的头脑风暴，学生有了一些主意：工程师可以帮助兽医治疗生病的动物，或者帮助动物园管理员为动物开辟安全的栖息地。赫夫蒂老师大声朗读了吉恩·马苏罗（Jean Marzollo）于 2010 年写的一个真实的故事《企鹅皮埃尔》（*Pierre the Penguin*）。这只名叫皮埃尔的企鹅在蜕皮之后，像所有企鹅一样，羽毛没有长回来。加州科学院的工程师们设计了一套潜水服来帮皮埃尔的身体保温，并且产生了意想不到的"副作用"——皮埃尔的羽毛长回来了。阅读完后，全班同学观看了一段关于皮埃尔的简短新闻片段，并且观看了加州科学院实时观察企鹅的摄像影片，了解更多关于企鹅行为的信息，如"捕食"和"蜕皮"。全班使用贾默森工程设计流程来识别皮埃尔的主要问题及工程师为开发解决方案所采取的步骤。学生完全被吸引了，并且期待着发现更多关于工程师如何帮助动物的事情。

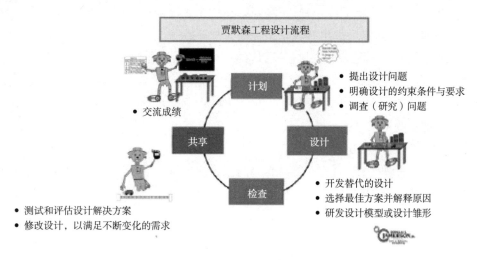

图 11.1　贾默森工程设计流程

第二天，赫夫蒂老师又提出了一个相关的问题："有人听说过冬天的海豚吗？"当学生开始重新讲述电影《一只海豚的传说》（*Dolphin Tale*）时，很多的手举了起来。这只名叫温特尔（Winter）的海豚被人们从佛罗里达海岸的捕蟹器中救出，失去了尾巴，几乎没有生还的可能。清水海洋水族馆的兽医和科学家们努力让温特尔活下来。与此同时，工程师们花了六个月的时间设计了一个假尾巴，发明了全新的材料，并且测试了上百个设计雏形。温特尔的成功获救，使帮助从战场返回家园的退伍军人的义肢技术取得了突破。这个班观看了一个概述海豚温特尔故事的新闻短片，并且仔细查看了假尾巴的照片。学生每三人为一个小组，通过查阅为温特尔而建的网站来调查工程师如何利用工程设计流程中的每一步来帮助温特尔。对学生来说，最重要的是在他们找到合适的模型之前开发的模型的数量。一个男生说："那些工程师真的必须坚持下去。"坚持不懈，并且了解到失败意味着有机会重新设计一次，对贾默森小学的老师们来说，这是一个始终值得铭记的概念。

🏷 工程设计挑战

"现在轮到你们当工程师了！"赫夫蒂老师兴奋地宣布。"我们面临一个问题：动物园刚刚救下了一头没有象鼻的大象！"学生变得兴奋不已。老师接着问："为什么大象没有鼻子会是个问题？"学生分享了大象鼻子的重要性：闻气味、抓东西，等等。这门课决定在网站上研究大象鼻子的生理特征和功能。学生对他们发现的各种各样的功能感到惊讶：抓东西、呼吸、喂食、除尘、嗅气味、喝水、举重物、发声和交流、防御和保护，以及传感。象鼻包含约 10 万块肌肉，提供了扩展、收缩和向各个方向移动的能力（跨学科概念：因果关系）。换句话说，大象没有鼻子不是一个小问题。这与《新一代科学教育标准》工程设计期望表现 K-2-ETS1-1："提问，观察，并且收集关于人们想要改变的状况的信息，以提出一个简单的问题，这个问题可以通过开发新的或改进的物体或工具来解决"及学科核心理念 ETS1.A：提出并界定工程问题是一致的。

赫夫蒂老师继续说："让我们戴上工程师的帽子吧。"她停顿了一下，让所有学生都"戴上他们的帽子"。她接着说，"这个星期，我们将变成生物医学工程师，就像帮助皮埃尔和温特的人们一样。你们的挑战是为这头被救下的大象设计一个象鼻模型，在设计的时候要遵循下面这些约束条件：

- 象鼻的长度必须介于 50~80 厘米。
- 象鼻必须能使大象呼吸（它应该包括'鼻孔'，或者是一个允许呼吸的开口）。
- 象鼻一定得附着在身体上（一个科学展示板，上面画着大象的身体，象鼻上有一个洞）。
- 每个团队都必须使用贾默森工程设计流程和提供的材料（科学和工程实践：开发和使用模型）。"

贾默森小学的老师们考虑能力水平、背景和文化经历及其他特殊需要，有意地组成多样化的学生团队。团队检查了老师提供的材料（包括纸巾卷、建筑用纸、箔纸、绳子和其他工艺用品），还在老师的要求下开展头脑风暴，讨论哪些材料可以从家里带来。其中一个小组决定带一个游泳用的圆形浮条来制作象鼻。利用设计挑战讲义作为指导，学生开始讨论潜在的解决方案。他们回顾了象鼻的生理特征和功能，考虑了可用的材料并绘出了草图。每个孩子都提出了一个想法，团队讨论了各自想法积极的一面和潜在的缺点。"这种设计能让大象呼吸吗？我们可以使用更有弹性的材料吗？怎样才能让象鼻看起来更真实呢？"（学科核心理念 ETS1.A：提出并界定工程问题）。多元化的学生团队的成立，使得学生互相支持，可以得出最好的创意。最后，每个团队达成共识并绘制了一个全体成员达成一致的图表。在几天时间里，学生们一同工作，构建了一个模型，然后对照设计的约束条件来检查它，并且对它们的图表和物理模型进行修改。他们测量长度和直径（见图 11.2），测试灵活性和强度。老师要求他们考虑一些因素，如象鼻是否会拉伸和收缩，以及它在不断裂的情况下能够多大程度地扭曲和弯曲（ETS1.B：制订可能的解决方案）。

最后，他们把象鼻贴在展示板上（见图 11.3）。尽管每个模型看起来不同，但各小组都取得了一定程度的成功，达到了工程设计期望表现 K-2-ETS1-2："绘制一张简单的草图、图画或创建一个物理模型，以例证某个物体的形状如何帮助它在必要时解决特定的问题"。

图 11.2　两个学生在测量象鼻

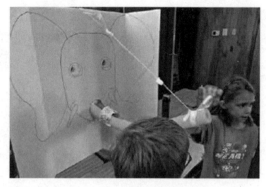

图 11.3　把象鼻贴在展示报上

　　像所有优秀的科学家和工程师一样，分享他们团队的发现，撰写书面报告（见图 11.4）并在班上宣读口头报告。他们认为哪个象鼻做得很好、哪个象鼻做得不太好，团队如何合作，修改了多少次模型，以及成品的尺寸和使用的材料。学生不仅渴望分享他们展示的成果，还了解了其他团队的发现。

图 11.4　团队合作书面报告

科学与工程

　　这一系列的课程持续了大约两周，每天 45 分钟，是一个题为"科学与工程的本质"的综合研究单元。在学年开始时，该单元着重进行科学和工程实践的比较，为一年的类似的、真实的设计调查做准备。这帮助学生建立了一种协作的、尊重他人的课堂文化。幼儿园到小学五年级的综合工程课程的首要目标是，培养学生成为成功的科学家和工程师并提供必备的知识、技能和养成良好的习惯。在规划每一个学习单元的同时，老师们考虑以下几点。

1. 如何为拥有不同背景知识和学习风格的学生创造公平的竞争环境？

贾默森小学的学生从幼儿园开始就会接触复杂的学术语言。在许多情况下，学校并未明确地讲授过词汇表，只是由老师在日常的工程学课程中示范。随着时间的推移，学生开始适当地使用诸如"设计雏形"和"设计约束条件"之类的术语，讨论测量系统，并且描述他们如何在工程设计流程中使用每一个步骤。在这篇文章中，文章、网站和媒体的运用，使得学生能以多种方式接触内容。对在线研究和笔记的技术进行建模，并且逐步从老师向学生转移责任。背景知识是在设计挑战之前的几天内开发出来的，它为没有任何学习主题的学生或有特定学习挑战的学生提供了一个公平的竞争环境。这增加了所有学生在挑战期间的合作和积极参与。

2. 工程设计的挑战是否考虑了创造力？

尽管所有学生都使用工程设计流程，并且受到相同的设计约束条件的限制，但是得到多个解决方案是可能的和可预期的。团队可能取得不同程度的成功，而两个成功的模型可能看起来迥然不同。具有学术困难或学习障碍的学生在有机会发挥创造力的时候往往表现得特别好。

3. 设计挑战是否鼓励坚持不懈？

现实世界中的工程师会研发多个设计雏形，甚至是数百个设计雏形。他们在设计流程的各个阶段来回穿梭，多次经历"失败"，这将影响到设计的改进和最终的成功。经历挫折和失败、设计上的缺陷及与队友的分歧之后仍然能够坚持不懈，将培育一种超越任何单一主题领域的品质。这可能是让孩子们在小学时面对工程设计挑战的最重要的好处，同时，必须有足够的时间来允许这种反复的失败发生。

4. 协作和沟通技能是如何发展的？

对大多数工作来说，这些品质对工程师的工作至关重要。在象鼻设计挑战的计划阶段，二年级的学生开始独立思考，然后与队友分享他们的想法和草图。有趣的是，团队并不一定接受"最好"的点子；相反，团队选择了沟通最有效的那个点子。"天才"的学习者常常想出了独特的解决方案，但无法有效地与队友沟通——这是一项需要反复实践才能发展提升的技能。那些在沟通上存在困难的团队在有时间限制的情况下不太可能开发出满意的设计。在分享阶段，学生必须以口头和书面形式交流结果。在接下来的三年里，这些二年级学生将学会发表他们的最终报告、开发数据表和图表，并且创建多媒体演示来分享他们的发现。

5. 怎样评估学生的学习成果?

贾默森小学的工程设计挑战是一个为期五周的学习单元中的高潮部分,在该单元中,学生有机会将学习应用到基于表现的任务中。设计挑战讲义是学生的指南,包括一份基于具体任务期望的清单或评分规则。在引入挑战时,老师将与学生分享评分规则,而且,评分规则中包含了一些项目,如团队合作、设计产品和最终报告,等等。对于象鼻的设计挑战,一个单独描述评分规则的小节概述了对书面报告的期望。

在开发综合了工程的学习单元时,贾默森小学的老师考虑了以下几点。

(1)要重点关注哪些科学核心理念?

(2)要包含哪些工程设计标准?

(3)《各州共同核心标准——英语语言艺术》《各州共同核心标准——数学》及《各州共同核心标准——社会研究》等,哪个可以自然而然地嵌入教学过程中?

(4)我们可以怎样评估学生的学习(工程设计挑战)?

(5)在工程设计挑战(单门课程)中,学生需要哪些知识和技能才能获得成功?

这项在开始看似艰巨的任务,向小学阶段的学生讲授工程概念时,上述步骤可以有所帮助,但贾默森小学的首席教师还提供了以下建议:

- 从简单的开始。从你已经教过的科学单元开始,并且添加相关的工程概念和设计挑战。这将确保学习是有目的的和基于标准的,而不是一系列相互脱节的工程活动。

- 合作。与同事共同担负起责任,将会减轻个人的负担并提升教学效果。这也可以提供与学生面临的相似的经历。

- 反思和修订。每一堂工程课都会有意想不到的收获,不管结果是好是坏。就像设计产品一样,工程课程也需要多个设计雏形。

本章小结

科学和工程单元通过工程设计流程与不同的团队进行协作和沟通,为一年的学习奠定了基础。它与幼儿园到小学五年级的连贯的工程课程相一致,平衡了知识和实践。当我们要求学生像工程师一样思考(提出和设计解决有意义问题的方法)时,作为老师,就必须让学生去奋斗甚至经历失败。对老师来说,这是一个令人不舒服的转变,需要大量的时间和耐心,但是,那些随着时间的推移而改变的人们将会看到他们的学生通过失败获得成功,并成为高度积极、富有思想的公民。

联系《新一代科学教育标准》

本章概述的材料、课程和活动,只是实现表 11.1 列出的期望表现的一个范例。学生们还需要更多的支持材料、课程和活动。

表 11.1　与标准的联系

2-PS1 物质及其相互作用 K-2-ETS1 工程设计	联系课堂活动
期望表现	
2-PS1-2：分析从不同材料的测试过程中获得的数据，以确定哪些材料具有最适合预期目的的特性	测试不同材料的强度和灵活性，以确定哪一种最适合制作象鼻模型
K-2-ETS1-1：提问、观察，并且收集关于人们想要改变的状况的信息，以提出一个简单的问题，这个问题可以通过开发新的或改进的物体或工具来解决	收集关于象鼻的特征和功能的信息，以确定如何最好地构建模型
K-2-ETS1-2：绘制一张简单的草图、图画或创建一个物理模型，以例证某个物体的形状如何帮助它在必要时解决特定的问题	绘制一个草图和物理模型来说明大象的象鼻的特征如何帮助它执行众多的功能
科学与工程实践	
开发和使用模型	对照设计上的约束条件，构建并测试象鼻模型
构思解释并设计解决方案	收集信息，并且为没有象鼻的大象设计一个工程解决方案
学科核心理念	
PS1.A：物质的结构与性质 • 不同的属性适用于不同的目的	联系制作象鼻模型的各种材料的目的，测试并比较各种材料
ETS1.B：制订可能的解决方案 • 设计可以通过草图、图画或物理模型来表现这些表现手法十分有益于向他人分享问题的解决方案	为符合给定的设计约束条件，画出图表并制作象鼻模型
跨学科概念	
结构与功能	解释大象象鼻的形状和结构如何影响其功能

资料来源：《新一代科学教育标准》领先实施的州，2013.

第 12 章　工程项目改编

我们已经在课堂中运用的大多数科学调查，都可以进行改编，以吸引学生积极开展工程设计

作者：安妮·加特林（Anne Gatling），梅瑞迪斯·霍尔·沃恩（Meredith Houle Vaughn）

一直以来，工程这个学科并不是在小学里教授的，但是，《新一代科学教育标准》强调工程，因此，如今教育界正在开发课程来明确工程教学的内容和设计。不过，我们已经在学生中开展的许多科学调查，都有工程设计方面的内容。这使得作为老师的我们不但可以利用现有的材料，还可以利用我们自己的经验和专业知识，将工程设计融入我们的课堂教学中。

我们所说的工程设计，指的是学生系统地参与一个迭代过程来解决实际问题的过程。这个过程包括三个组成部分：提出问题，制订解决方案，以及优化设计方案。

在本章中，我们分享两个"经典"科学课程的案例，通过工程设计来教授科学内容。我们还提供了一些更一般的策略来调整科学研究，以专注于工程设计。

✍ 案例 1：拯救搁浅的猪

斜坡为年幼小学生在非常基本的层面探索基于力和运动的概念提供了机会（见图 12.1）。作为专注于探究的调查的一部分，我们的职前教师会让从幼儿园到小学二年级的学生在一个课外项目中制造一个斜坡，从斜坡的不同高度释放一个球或一辆或快速或慢速的玩具汽车。《揭示青年工程师在幼儿教育方面的工作》（*Revealing the Work of Young Engineers in Early Childhood Education*）这本书为上好这一课提供了灵感。美国科学促进

协会（The American Association for the Advancement of Science）有一个名为"科学网—链接"的网站，它提供了出色的调查，并且提出一些重要问题来激发学生的思考：斜坡 1—让它滚动，斜坡 2—斜坡制造者，以及"使物体移动"。除了这些资源，我们还会结合各种材料来介绍摩擦力的概念，演示它如何影响球或玩具车在斜坡上的速度。然而，《新一代科学教育标准》中"期望表现"K-PS2-2 中写道："分析数据，以确定设计方案是否能够以推动或拉拽的方式改变物体的速度或方向。"这意味着老师可以将这项常见的活动引申到一个更加真实的学习体验中，方法是设置工程设计挑战，如为一些受困的猪设计一条逃生路线，让学生设计和建造。

图 12.1　斜坡与学生对力和运动的探究

提出问题

老师不仅可以从 A 点到 B 点制造一个斜坡，还可以将这一堂普通的课转变为工程设计的挑战任务。在这个特殊的例子中，设计挑战如下。

由于洪水泛滥，一些猪（用乒乓球或弹珠代替）被困在一个岛上。值得庆幸的是，在猪和河岸之间的不同地方，仍有一些岩石在水面上探出头来，没有完全被水淹没。但这些岩石太远，动物无法到达。你能帮助这些猪离开这个岛吗？

学生可以和合作伙伴一同工作，通过询问有关情况的问题来进一步界定问题，以便有效地设计一条安全的路线，使猪得以逃生。这个课程运用小型和大型的讨论、设计、测试和重建来重新开始这一循环，并且通常可以在一小时内完成。材料包括棉签、黏土、海湾模型（一个木制的凹板，可以用乒乓球拍制作，也可以切割成不同的长度）、积木块、乒乓球或玻璃球。最后的"桥梁"可以建在一组学生的课桌上或地板上。积木或教室中的其他物品，可以当成河中的"岩石"。除了海湾造型的材料，可以由学生收集其他所有的材料，老师们把它们分发给小组。向学生讲解使用这些材料的安全性和他们自己的安全性，并且详细说明，他们需要在河流或湖泊周围采取预防措施，无论河流或湖泊是否结冰。

海湾模型相对较轻，但移动起来会有点不方便。最好的办法是让老师把海湾模型分发给每一组，将其放在学生要使用的材料中。这样一来，学生就可以轻松地抬起一端或另一端，在下面放置积木。

制定和优化解决方案

一旦这个场景建立起来，问学生："这些小猪面临的问题是什么？我们该如何帮助它们？"在他们讨论之后，接着说："你们的想法是什么？其他小组的想法是什么？让我们为大家分享一下。"对这一工程设计的问题，可参考《工程设计一瞥》(*Shedding Light on Engineering Design*) 来进行。此刻，鼓励学生分享解决问题的方法，并且就如何制订一个可能的解决方案提供指导。接下来，分发棉签和黏土，然后问："我们怎样才能用这些东西来建造一个模型，让猪安全地摆脱洪水的围困呢？"学生作为一个小组密切协作，制订计划，通过绘制或建造带有黏土和棉签的分段路径，让猪转移到安全地带，最后进行分享。

一旦他们画好了模型，就要求学生比较这些模型："哪种模型看起来是最好的解决办法，让猪越过溪流？"有时可能需要用到一些模型来解决问题。和学生一道，确定哪种模型最好是使用"真正的"材料——海湾模型（在大多数的五金商店有售）和积木——来建造一种大理石跑道。根据你们的材料的数量，可以让学生建造一个或多个模型来测试将猪从岛上运送到河岸边的最有效的方法。让学生一起测试他们的模型，并且将他们的模型与其他学生的模型进行比较，向他们提问："你们的模型怎么样？""你们的模型是为了把猪从岛上送到岸边吗？""是不是有些东西还不管用？那么，你们如何改进模型呢？"在这一点上，要向学生解释工程师们在一起工作，是为了通过开发他们测试和重新测试的模型来找到解决问题的最佳方案。你可以提出的其他问题可能包括：你们是否必须改变猪的速度？哪种解决方案能最好地解决这个问题？不止一个模型可以起作用，对吗？每个模型的优点和缺点是什么？然后，学生将画出所有管用的模型，突出显示每个模型的独特之处或不同于其他模型的部分。然后，学生会写一段简短的文字，描述他们认为能让猪最安全地撤离的模型及其原因。

评估将基于猪是否能够安全地渡过河流，以及学生是否有能力突出自己的模型和其他模型的优势和劣势进行。最后，告诉学生不同类型的工程师会设计相似的解决方案或模型来解决某个问题——在本例中的是建筑工程师。修改这节关于力和运动课程，帮助我们保留了力和运动内容的原始意图，同时融入了工程的重点。

📝 案例 2：某一流域的点源污染

在小学高年级阶段，用一个流域表或流域模型来教授学生关于流域水土流失和径流污染物的问题。在某些情况下，老师可能建立（或购买）这些模型供学生观察，或者给学生提供机会来亲自观察这些现象。例如，在"科学星期五教育"博客（Science Friday

Education blog）上发表的一节课程，指导学生用沙子建造两个模型：第一个是平坦的、倾斜的地形，第二个是一个丘陵的模型，用以观察河流的形成。另一个来自《国家地理》（*National Geographic*）的例子，指导学生用黏土建立一个模型，重点是帮助学生观察点源污染和非点源污染。这些活动有明确的教学目标，也可能有着围绕建模的不太明确的目标。在与职前教师和非正式教育工作者的合作中，我们修改了这堂课，使其更加专注于工程设计。下面我们将介绍如何改编一节关于流域的经典小学课，重点关注流域的点源污染，并且结合工程设计。

尽管我们可以对这节课做几次修改，但我们特别确定了污染的点源如何进入和通源过某个流域。我们说的点源污染，指的是来自单一点的污染，如污水排放管道或工厂。这与非点源污染形成了鲜明的对比，所谓非点源污染，是指污染物从一个更分散的地区进入流域，例如，来自农业或居民区的过量肥料或农药、建筑工地的沉积物，以及城市地区道路上的油污和油脂。

提出特定的标准和约束条件

这里面临的挑战是，将教学重点转向如何将点源污染和非点源污染通过某个流域转移到一个重点调节污染的流域之中。

一开始，我们选择了学生在"城市化"流域中第一次观察到点源污染运动的活动。这个流域模型类似于"科学星期五教育"博客中所描述的，利用岩石、土壤和沙子的混合物在锡箔纸上建造一座小山。然后，山被部分地覆盖上箔片，代表一个"铺好的"区域。食用色素被引入山顶作为污染，浇水则可以模拟流域中的降雨。学生很快就会观察到，污水沿着铺好的表面进入流域。现在的挑战是让学生探索他们要怎样修改流域，以控制污染源。

制定解决方案：研究和探索

接下来，学生将获得一些资源来制定可能的解决方案。环境保护署（Environmental Protection Agency，EPA）网站被证明是管理雨水最佳实践的最有效的信息来源。学生选择了 1~2 种策略，探索了它们如何工作并在我们现有的锡箔纸托盘的模型中进行测试。学生检查了可用的材料和怎样用它们模仿环境保护署网站上的策略，或者用来激发他们自己的想法来控制雨水并找到点污染源。可用的材料多种多样，如海绵、秸秆、锡箔和沙子。例如，一组学生可能选择铺设可渗透的路面（如在其中插入小洞），以作为污水的初始过滤器。然后，学生把他们的原始草图交给同班同学进行修改并反馈。

优化：改进解决方案

经过讨论和修改，学生根据修改后的草图建立了他们的模型，然后进行测试，记录污染是如何被控制的，以及他们的解决方案在哪些方面失败了。

学生向同学分享了这些结果。接下来，老师要求他们重新考虑解决方案及他们如何修改在测试中所得的原始草图。老师根据模型的有效性对学生进行评估，以控制特定区域的污染、设计修订的质量，以及与环境保护署支持的解决点源污染的措施之间的联系。通过修改这一课程，我们既能保持教学的初衷，也能让学生了解点源污染在某一流域内的运动，并且提高了对工程设计的关注程度。

修改课程的方法

选择一门合适的课程

选择一门能让自己深入研究现实生活中的问题的课。你选择的应该是学生能够合理解决的问题。有以下两件事情要予以考虑。

1. 考虑学生可以在多大程度上理解和观察这个问题。

在第一个例子中，把动物移到河对岸的想法是年幼学生能够理解的。在第二个例子中，我们首先需要在某个流域中对点源污染的移动情况进行建模，然后进行设计。这种建模会使问题变得清晰起来。

2. 需要证明这门课是可测试的。

课程的材料应该容易获得，这样学生就有机会建立模型和测试他们的设计，最好是在设计和优化的多个周期中进行测试。

考虑工程设计流程

工程设计包含了提出问题、制定解决方案和优化设计方案的过程。考虑一下你将如何让学生参与到与等级水平相当的活动中。在整合这些活动时，重要的是要记住，这些都是工程设计的组成部分，而不是一系列的线性步骤。在这两个例子中，学生都参与了设计和优化的循环。

保留科学内容

当我们重新设计课程时，工程设计的一个强大的方面是它为学习科学提供了一个真实的环境。尽管这一课的改编是对工程设计的预先考虑，但也不要忘记支持学生对基础科学思想的概念理解。在流域的例子中，除了对工程设计有更丰富的理解，学生在走出课堂时，还应该对点源污染源有一定的理解。

许多很好的课程可以改编成工程设计。考虑选择你最喜欢的课程之一来进行这样的改编。你会发现，随着时间和经验的积累，将工程设计融入你已经拥有的课程中，将变得更加容易。

联系《新一代科学教育标准》

本章概述的材料、课程和活动，只是实现表 12.1 列出的期望表现的一个范例。学生们还需要更多的支持材料、课程和活动。

表 12.1　与标准的联系 1

K-2 力与相互作用：推力和拉力	联系课堂活动
期望表现	
PS2-2：分析数据，以确定设计方案是否能够以推动或拉拽的方式改变物体的速度或方向	计划并设计了一条道路，然后进行调查，以便将受困的猪运送到安全的地方
科学与工程实践	
计划并进行调查	计划和建造一个将猪安全运送到河对岸的道路模型
分析并诠释数据	记录并分享成功地把猪带到对岸的模型的观察结果 分析信息，以确定道路是否如预期的那样管用
学科核心理念	
PS2.A：力与运动 • 推力和拉力可能有不同的强度与方向 • 推或拉某个物体，可以改变它的运动的速度或方向，并且可以使它动起来或者停下来	探索他们需要不同力度的力来推着猪动起来，使之沿着道路走下去，并且走完整个距离
ETS1.A：提出并界定工程问题 • 人们想要改变或创造的一种局面，可以作为一个需要通过工程知识来解决的问题	计划，设计，并且建立他们自己的模型（作为一个小组）来拯救这些猪
跨学科概念	
原因与结果	确定了他们需要使用多大的力来使猪沿着这条路走下去：如果用力过大，猪会从小路上掉下来；如果用力太小，猪可能无法到达目的地

资料来源：《新一代科学教育标准》领先实施的州，2013.

联系《新一代科学教育标准》

本章概述的材料、课程和活动，只是实现表 12.2 列出的期望表现的一个范例。学生们还需要更多的支持材料、课程和活动。

表 12.2 与标准的联系 2

5-ESS2 地球系统	联系课堂活动
期望表现	
5-ESS2-1：用一个例子来描述地球圈、生物圈、水圈和/或大气相互作用的方式	观察水和土地的相互作用，研究并探索了改造流域以控制污染源的方法
科学与工程实践	
开发和使用模型	计划和建造的雨水径流模型
构思解释并设计解决方案	对模型中污染物的运动进行了解释并寻求同伴的反馈
	观察锡箔纸托盘模型中污染物的特征
学科核心理念	
ESS2.A：地球材料与系统 ● 这些系统以多种方式相互作用，以影响地球表面的材料和过程	评估锡箔纸托盘中污染的例子
ETS1.B：制定可能的解决方案 在开始设计解决方案之前，应该对问题进行研究	研究环境保护署管理暴雨水的最佳实践 设计控制点源污染的策略
跨学科概念	
系统与系统模型	用模型来绘制和解释如何控制污染及他们的设计方案在什么地方失败了

资料来源：《新一代科学教育标准》领先实施的州，2013.

第 13 章　迈入数字时代

学生将 STEM 日志转换成电子日志，同时将科学、技术与读写能力结合起来

| 作者：珍妮特·贝拉文斯（Janet Bellavance），艾米·特鲁顿（Amy Truchon）

我从来没有想过自己会是一个懂技术的人，一旦你了解了我的学生能够完成的事情，这可能让你感到惊讶。考虑到我有 31 年的教学经验，我可能更适合被归入"数字恐龙"的类别。在这个项目工作中，我与一位年轻同事合作，他是一个"数字原住民"。但标签并不能定义我们。作为科学教育工作者，到最后，我们的判断才是最重要的。我多年的课堂经验是基于儿童发展的坚实基础及对写作过程和科学内容的理解。我知道我可以继续提高教学水平。在大约一年前，我开始教一门"基础工程学"的课程，它让小学生参与简单技术（如降落伞或一个简单的太阳能烤箱）的工程设计。他们设计、测试，然后基于测试结果，使用一个与学生年龄相适应的五个步骤的工程设计流程（见图 13.1）。结果，这个简单的过程（提问、想象、计划、创造和改进）为我提供了一个有效的结构，因为作为一名老师，我正在努力重新定义学生创建科学日志的意义。

📝 提问

"如果我们二年级的'小科学家'可以使用数字技术（视频、录音、照片）来回顾他们的测试结果，并且做出有深度的设计改进，那会怎么样？"这是我在准备教"基础工程学"单元时问自己的问题。最近，我和一些同事一起参加了一门专业课程的开发，在课堂上使用了平板电脑，我们每个人都收到了"六包"平板电脑。我决心用这种技术来改变学生的课堂学习。

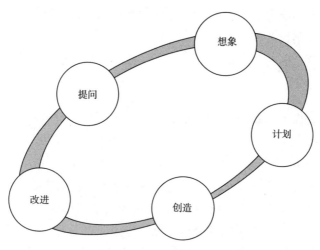

图 13.1　工程设计流程

　　从我的学生之前接触"基础工程学"的经验来看，他们已经能够很熟练地创建日志（收集数据、记录观察，并且利用这些信息来改进他们的设计工作）了。这段经历将我们引到了他在工程设计流程中的下一个步骤："对于一个二年级的学生来说，创建一份电子的 STEM 日志会是什么样子？"我认为电子日志有可能做更多的事情，而不仅仅是替代书面日志——它们还为重新定义写日记的教育经历提供了一些优势。

📝 想象

　　我计划教一个"基础工程学"单元，它将工程与关于风和天气的科学课程结合起来。学生将利用他们学到的东西来设计一艘模型船的风帆。我找到了我们地区的技术集成专家（我的共同作者艾米），我们一起设想，平板电脑可以怎样增强这一体验。

　　平板电脑很适合科学和工程课程。孩子们不仅可以通过画画或做笔记来记录他们的观察，还可以通过录像、拍照或录音来记录。当他们回顾、讨论和改进设计时，可以很容易地参考这些观察结果，也能与更广泛的受众（同伴、父母、社区或其他任何地方的学生）分享他们的学习成果。与此同时，在回顾自己的视频和照片时，学生会把自己看作从事实践的科学家。我们设想孩子们把平板电脑当作 STEM 日志的电子版。我们设想年幼的学生拿着他们的设备在教室里四处走动，在他们挑选材料和建造风帆的时候拍下自己的照片，并且记录自己从事科学和工程设计的过程。我们还设想，年轻的小工程师们在讨论他们为航行设计所选择的材料及基本原理时，记录下谈话的内容。

　　我们设想学生绘制和标记他们的风帆设计。我们设想他们在团队中工作，将其航行试验录下来，然后一次又一次地观察，以便做出有深度的设计改进。这种方法增强了审查试验的能力，并且能看到正在发生的事情，将会促进学生在科学和工程方面的学习。而协作性的对话和解释性的写作，将会达到信息文本写作的二年级《各州共同核心标准》。

作为教育工作者和学习者，提问和想象促使我们重新定义学习。然而，最终的计划是确保这些愿景在课堂上成为现实。

计划

在平板电脑上制作电子日志，对二年级学生来说似乎是一项不同寻常的任务。我们选择了"图书创造者"（Book Creator）和 Explain Everything 这两个 App 切入，因为这些App 是非常实用的儿童工具，它具有多种功能，一旦教会孩子使用，他们便可以反复使用，同时满足新的内容和用户需求。主要包括录音工具，绘图工具，编辑工具，视频编辑、照片编辑和导入工具，在不同的平台上发布和共享图书的工具，以及其他更多。

我们决定使用故事板，这是任务分析领域一个常见的计划工具，以便将过程分成离散的部分，并且为学生的工作创建一个结构。我们运用了好几次的"计划"环节在"图书创造者"中设计故事板模板（见图 13.2），使用了工程设计流程的步骤（提问、想象、计划、创造、改进）作为电子日志的每一页的标题。为了进一步支持学生的学习，我们以问题或指示的形式在模板中嵌入了以下提示：

- 计划：画一个图，并且在相应位置标记材料。
- 制作：制作并测试风帆，把第 1 次测试的风帆的照片和视频放在这里。
- 改进：你可以做出怎样的改变，为什么？把第 2 次试验的视频放在这里。

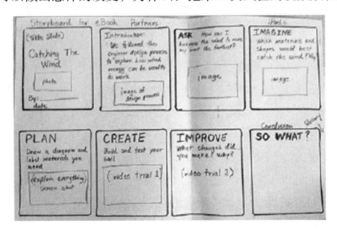

图 13.2　电子日志的故事板

最后，我们将来自《各州共同核心标准》的必要元素合并到故事板中：介绍、事实和定义，以及结论。

我们还想让学生熟练地使用平板电脑，所以，我和艾米做了计划，设计了一些课程教他们拍照、拍摄视频，以及创建文件夹来保存作品。在我们开始工程活动之前，所有学生都在练习拍摄视频和拍照。所有的平板电脑都用衬垫的保护套保护，并且我们会指导学生安全地为这些设备充电。

"图书创造者"这个 App 有许多不同的工具，我们也教学生如何使用它们。然而，我们发现，我们经常只是站在那里，看着学生探索这款应用，并且讨论他们发现的新东西（"哦，你可以裁剪那张照片。我来告诉你怎么做"或者"如果你按下这个按钮，可以移动你的文本或加粗一个单词"或者"'试验'是一个重要的科学词汇，你应该把它放在词汇表中"）。

这个项目的另一个好处是，它向学生介绍了负责任的"数字公民"。我们查阅了"国家教育技术标准"（National Educational Technology Standards），并且教授了数字公民的课程，以及如何在不违反社会道德的条件下使用在线信息。学生在拍照前就学会了请求许可，同时，他们还了解到，在互联网上随意复制任何图片是不合适的（相反，他们选择了版权友好的图片，如 Haiku Deck 这个 App 的图片）。学生还学习了如何为他人的想法提供支持，特别是使用"基础工程学"的工程设计流程的图形，这是在所有学生的电子日志中所包含的重要视觉要素。

创造

现在，我们已经准备好了放权。当学生准备开始设计风帆时，将他们分成两个团队进行工作。我们根据互补能力和社会技能等因素来给学生分配合作伙伴。

学生考虑并选择了不同的材料，包括毛毡、箔纸、薄纸、蜡纸和卡片，所有这些都很便宜，而且容易找到。除了选择材料，他们还可以决定风帆的大小和形状。对于船体，我们使用的是那种超市装水果和蔬菜的泡沫聚苯乙烯托盘，桅杆则用木棒代替。

在设计了风帆并将其安装在船上后，学生在受控条件下进行了测试，以确定其航行距离。我们不需要将这些船放到池塘或河流中去试航！我们用两根粗大的钓鱼线做了一条轨道，每艘船都用吸管连接在轨道上（见图 13.3）。我们用一台家用电风扇来吹风，发现精心设计的风帆可以使船快速地移动。在这个活动的所有阶段，学生都需要保护眼睛（不论是安装、动手操作还是拆卸）。一定要将风扇固定好或压紧，以防掉落。提醒学生不要把任何东西（如手指、铅笔或钢笔）粘在移动的刀刃上，同时，要将松散的物体从风扇前移开。

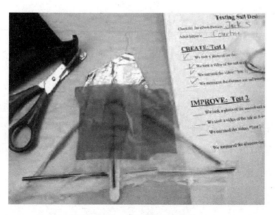

图 13.3　一名学生的风帆

可以在教室里进行多次试验，我们招募了一些家长志愿者帮助完成任务，如安装轨道上的船只、打开和关闭风扇，为帮助学生收集有效数据（船只航行的距离）。我们用红线来预先制作间隔 1 英尺（约 30.48 厘米）的轨道，由学生用卷尺测量。

学生拍下风帆，以记录它们的形状，然后轮流录下这些试验过程，给每一段录像贴上他们的名字和试验编号（如"汉娜和雅克的第 2 次试验"），以便在他们的电子日志创作过程中快速识别。他们还收集了测量数据，帮助改进设计。

涉及数字技术，我们制定并实施了一项严格的"成年人不干涉政策"，由孩子们自己动手拍照和录视频。这只是应用工程设计流程的一个例子。如果拍照片或视频不怎么好，学生可以拍摄更多，并且在此过程中提高他们的摄影水平。

当合作伙伴坐下来评估测试结果时，他们很容易就能重新播放视频，就像他们想要回顾自己设计的风帆的表现一样。这是电子日志在教学上的一项主要优势——学生可以重新播放他们的测试结果（如船倾斜、不动、移动缓慢，或者从轨道上拉下来），仔细地反复观察，看看是什么因素影响了航行距离。他们可以将航行距离（数据）与自己的设计选择（材料、大小、形状）联系起来。

合作伙伴对设计进行了改进——根据他们的发现改变了风帆的材料或形状，然后重复试验。在整个过程中，学生用数字方式记录了一切。他们使用一个名叫 Explain Everything 的 App 标记了风帆的各个组成部分，对其性能、记录的观察结果和测试过程中的数据进行了预测，并且将结论作为对学习的总结评估。

学生在设计风帆和使用照片、视频和故事板（见图 13.4）的过程中形成了协作技巧。他们经过协商，轮流处理页面、打字、录音和处理布局决策（如放置文本，为照片创建标题，添加声音，使用"绘图"工具来标记或澄清，并且解释颜色选择）。电子日志使学生摆脱了擦铅笔字迹的负担，如果需要的话，他们可以寻求帮助。

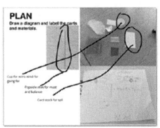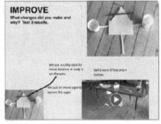

图 13.4　电子日志页面示例

学生使用基于《各州共同核心标准》中的电子日志评分准则来评估他们的电子日志（见表 13.1）。通过使用 AirPlay 和 Reflector 这两个镜像软件包，学生可以轻易地在教室的大屏幕上分享自己平板电脑上的内容。我们鼓励这种分享，这样一来，不同的团队就可以互相学习了。

表 13.1　电子日志评分准则

1分 初学者的标准	2分 几乎达到目标	3分 达到目标	4分 不可思议
我的日志有封面	我的日志有封面，上面还印有书名、作者名字和照片	我的日志有封面，上面还印有书名、作者名字和表现主题的照片	我的日志有封面，上面还印有书名、作者名字和表现主题的照片
我的日志有照片	我的日志有一些照片，但它们与主题不相关。这些照片还不清晰	我的日志至少有四张清晰的照片，它们可以帮助读者理解内容	我的日志超过五张清晰的照片，它们可以帮助读者理解内容
我的日志没有视频	我的日志有一则视频，视频不清晰	我的日志有一则图像清晰的视频，关于我的主题读者可以通过它来了解更多	我的日志有一则图像清晰且有声音的视频，关于我的主题读者可以通过它来了解更多
我的日志有一些关于我的主题的信息，但这些信息没有回答我的问题	我的日志有一些关于主题的信息，并且回答了我的问题	我的日志介绍了一个主题，使用事实和定义来说明观点，并且提出了一个总结陈述	我的日志介绍了一个主题，使用多个事实和定义来说明自己的观点，并且提出了一个总结陈述
我的日志没有文字材料	我的日志有 1~2 段文字材料，可以帮助读者理解我的主题	我的日志有 3~4 段文字材料，可以帮助读者理解主题（标题、图表/标签、黑体字、比较、词汇表、目录、地图）	我的日志有 3~4 段文字材料，可以帮助读者理解主题。我的日志有一个术语表

这种积极分享和"孩子们从其他孩子身上学习"的氛围弥漫在教室里，老师是真正的促进者，与学生团队一道，都在以自己的速度前进。我觉得，学生高水平的参与和创造力，是他们掌握流程、理解内容和技术，能够按照自己的节奏移动，并且让自己对科学行为深深着迷的直接结果。所有学生（英语学习者、个性化教育项目的学生、在行为方面存在困难的学生、有天赋的学习者，等等）都能成功参与这个科学项目。

"图书创造者"这个 App 让学生可以轻松地在 iBooks 这个图书共享 App 中分享他们的作品，或者将其导出为视频，在各平台进行分享。因此，在我们完成了这个单元之后，邀请家长和社区成员参加一个"电子学习冒险"的庆祝活动，在活动中，每一个学生团队都分享他们的 STEM 日志。如今，我们的电子日志可供所有人查阅了。

改进

我们从哪里开始呢？我们的下一个研究单元称为"个人兴趣项目"（Personal Interest Project，PIP）。孩子们选择一个他们感兴趣的科目，学习更多的知识，提一个探究性的问题，进行研究，并且选择一种方法把他们的学习过程呈现给同伴。一些孩子正在制作传统的海报和模型，但令人兴奋的是，许多学生选择使用电子日志。例如，向别人分享钻石是怎样形成的，或者制作一个关于袋獾的电子测验。从手写的 STEM 日志到学生指引他们自己学习，并且使用电子日志来分享他们的学习，这是一个自然发展的过程。总而言之，电子日志会继续存在。我们的课堂正处于一个转变的状态中，我们正在重新定义学习，这要归功于一项新技术，再加上学生要愿意问："如果……该怎么办？"

联系《新一代科学教育标准》

本章概述的材料、课程和活动，只是实现表 13.2 列出的期望表现的一个范例。学生们还需要更多的支持材料、课程和活动。

表 13.2　与标准的联系

K-2-ETS1 工程设计 2-PS1 物质及其相互作用	联系课堂活动
期望表现	
K-2-ETS1-2：绘制一张简单的草图、图画或创建一个物理模型，以例证某个物体的形状如何帮助它在必要时解决特定的问题	设计一个风帆，并且测试它使一艘船移动了多远的距离
K-2-ETS1-3：分析来自两个物体的测试结果中设计用于解决同一个问题的数据，以对比每个物体的优势与劣势	使用测试结果来改进风帆设计
2-PS1-2：分析从不同材料的测试过程中获得的数据，以确定哪些材料具有最适合预期目的的特性	评估可用于制作风帆的不同材料
科学与工程实践	
计划并进行调查	作为一个团队，合作完成设计挑战
分析并诠释数据	测试不同的材料以了解它们的特性；选择材料并设计风帆；基于测试数据重新设计风帆并重新测试
构思解释并设计解决方案	对设计选择进行观察并提供解释；以书面和视频形式交流选择和解决方案
学科核心理念	
PS1.A：物质的结构与性质 • 物质可以根据其可观测的性质来描述和分类 • 不同的属性适用于不同的目的	检查、评估和描述不同种类的材料 使用材料制作一片风帆，测试什么材料能最有效地"捕捉"风

续表

K-2-ETS1 工程设计 2-PS1 物质及其相互作用	联系课堂活动
学科核心理念	
ETS1.B：制定可能的解决方案 ● 设计可以通过草图、图画或物理模型来表现。这些表现手法十分有益于向他人分享问题的解决方案	使用平板电脑作为通信设备，将设计过程和解决方案以书面和视频形式进行沟通交流
跨学科概念	
原因和结果	选择的材料基于它们对风帆的作用的影响，并且使用选择的材料来制造能够最有效地"捕捉"风的风帆形状；通过分析数据，对设计进行调整，使用收集的证据来支持观点

资料来源：《新一代科学教育标准》领先实施的州，2013.

第14章　发明神秘机器

合作改善老师的 STEM 准备工作

作者：雪莱·康塞尔（Shelly Counsell），费莉西娅·皮特（Felicia Peat），蒂凡妮·约翰逊（Tiffany Johnson）

　　呼吁开展 STEM 教育，就一定需要教师的培训计划，以培养高素质的教育工作者。非正规教育是解决方案的重要组成部分。与当地博物馆合作，可以最大限度地提高在职教师和职前教师的学习经验和成果，并且提供实际应用（改善 STEM 教育和儿童学习）。根据孟菲斯大学早期儿童教育（Early Childhood Education，ECE）项目和孟菲斯儿童博物馆项目（the Children's Museum of Memphis，CMOM）的工作，我们的项目可以用来改善任课老师在小学阶段的实践。这种合作给职前教师（同时参加了早期儿童数学和科学方法课程）提供了一个独特的机会来设计科学教学单元，并且在当地博物馆和指定的教室里进行实习。这种安排增加了职前教师的 STEM 知识、技能和教学实践，最大限度地利用了他们的实践机会，超越了直接的实践经验。此外，大学、博物馆和当地学校之间的合作，有可能建立和加强重要的 STEM 合作关系，从而进一步弥合和协调以改善儿童 STEM 学习结果的 STEM 教学工作。

　　在一个名为"运动中的车轮：神秘的机器"的学习物理学 STEM 单元中，由 4 名职前教师组成的团队专门补充孟菲斯儿童博物馆项目的一个名为"运动混乱"（Motion Commotion）的推广计划，这是一个快节奏的计划，给孩子提出的挑战是以团队为单位设计一辆重力驱动的汽车，使之能够行驶最远的距离。"运动中的车轮"活动扩展到"运动混乱"计划提出的物理科学运动概念（现在作为"运动混乱"扩展模块的一部分）。

　　"运动中的车轮"鼓励幼儿探索和研究轮子的运动，以加强和扩展他们对运动的基本理解，然后制造重力驱动的汽车。幼儿早期学习的三个关键方法（和相关的实践）被充分用于改进教学实践和学习成果：

- 学习周期方法
- 探究方法（卓有成效的提问）
- 工程设计方法

学习周期教学法和探究实践

每一位参与的职前教师都设计了一节课，并且将其组织起来，整合成一个综合单元，使用改编的学习周期教学法，分为三个不同的阶段（探索、概念发展和应用）。这个综合单元强调积极的、以儿童为导向的调查。课程计划使用熟悉的物品和材料，这些材料可以很容易地由课堂老师来安排。

老师使用 6 种类型的卓有成效的提问来支持儿童的推理。卓有成效的提问为老师提供了一个实用的框架，帮助提高孩子的科学思维和参与积极性。必须承认和尊重儿童的思考和想法，这也至关重要。只有通过仔细地观察，老师才能决定何时提出问题以促进学习，而不会影响孩子的思考或干扰他们的议程。

工程设计流程

运用科学思维来创造或发明某种有目的或特定功能的东西，运用一个基本的工程设计流程（如提问、想象、计划、创造和改进），同时老师可以强调，要进一步加强科学学习。这种方法同样适用美国基础教育《K-12 科学教育框架》，该框架推荐 8 种科学和工程实践。"运动中的车轮"教学单元包含多个让孩子们计划和执行调查和分析结果的机会，这是由《新一代科学教育标准》推荐的。本着设计的目的或功能和创造新事物的机会，可以充分利用儿童的批判性思维（这是布鲁姆分类法的最高层次的创造力）。其他关于卓有成效的提问和详细阐述的例子，有助于向老师强调他们如何使用学习周期阶段、探询过程和有幼儿参与的工程设计流程。所有的课程都包括"前言"和"后记"。

第 1 课：车轮和运动的引入及探索阶段

老师准备一些大容量的容器，里面装满了不同的几何形状和几何体（三角形、圆形、正方形、球体、立方体、锥体和圆柱体），供孩子们检查和探索。老师在孩子们检查这些形状时提出卓有成效的问题，帮助孩子比较和对比每个几何形状和几何体的不同的数学属性（这些属性与《各州共同核心标准》中的"幼儿园数学"相关联），如大小、角的数量、点、形状及面的数量（如一个正方体有六个正方形的面）。老师，使用卓有成效的提问（你注意到每个圆柱的末端有什么？你能在圆柱上数出多少个面？圆柱体和球体有什么相同或不同？）引导和促进儿童的探索和数学逻辑思维。在这次调查中，《各州共同核心标准》中的"数学"和"英语语言艺术"涉及计数和基数，测量和几何，以及培养孩子提问和回答问题的能力。

接下来，老师引导孩子们通过讨论和最终的调查来探索常见的不同类型的轮子，如三轮车、仓鼠轮、旱冰鞋、玩具车和玩具拖拉机，以及仓鼠球。要提醒学生注意，如果几何形状和几何体恰好落在地板上，就要先观察它们在哪里，再行走，以避免绊倒或摔跤。提醒学生谨慎处理玩具上的轮子，因为它们可能有锋利的边缘，另外上面可能还有油。学生应在完成探索活动后用肥皂和水洗手。

在研究不同形状和运动之间的关系时，用卓有成效的提问来指导和促进儿童的逻辑数学和科学思维。

- 注意力集中的问题（如，"你注意到不同的轮子的哪些方面？"）。孩子们可能的回答包括："玩具车和玩具拖拉机轮子是黑色的，用橡胶做的。仓鼠轮没有橡胶。"
- 测量和计算问题（"三轮车有多少个轮子？"）。孩子们回答说："三轮车有三个轮子。一个大轮子和两个小轮子。"
- 比较问题（"仓鼠轮和仓鼠的球是一样的还是不同的？"）。孩子们回答说："仓鼠轮和仓鼠球都是圆的（圆形的）。仓鼠球是球状的。仓鼠轮的形状就像一个扁平的圆筒。"
- 操作问题（"你能让仓鼠轮像仓鼠球一样在各个方向旋转吗？"）。孩子们回答说："推的时候，仓鼠轮和仓鼠球都会滚动。仓鼠球会向各个方向滚动。放在地面上时，仓鼠轮不会滚动。仓鼠轮只会沿着它的圆形边缘滚动。"
- 引出问题的问题（"如果我们拿走三轮车的前轮，会怎样？"）。孩子们回答说："前轮没有了，三轮车就坏了。踏板无法工作。三轮车被卡住了。"
- 推理问题（"如果三轮车使用球而不是轮子，会发生什么？"）。孩子们回答说："球会滚向四面八方。如果三轮车用球来代替轮子，会更难引导（转向）。"

第 2 课：车轮和运动概念发展阶段

老师可以继续使用办公椅来指导孩子们对运动和相关概念的研究（特别是力、运动和摩擦）。可以给孩子们两种类型的椅子：一种有轮子的办公椅，一种是有四条腿而没有轮子的办公椅。孩子们检查这两种椅子，注意到它们的相似之处和不同之处（"你注意到办公椅的支架腿是哪些了吗？""有一条支架腿的办公椅有多少个轮子？"）。当孩子们在一个平面（水平）的表面上推拉每一把椅子时，就会知道发生了什么（随后的动作）。

孩子可以通过将平面从瓷砖地板换成铺着地毯的区域，以探索运动与表面之间的关系。在户外，老师帮助孩子们找到两个有斜坡的地方：一个长满青草的山丘和一个水泥斜坡。在把椅子放在草地和水泥的斜坡上之前，一定要和孩子讨论安全问题。讨论与操场滑梯相关的安全规则（如后面的孩子在滑下来之前，已经滑下去的孩子要离开滑梯），并将这些规则与这次调查活动联系起来（"当椅子放到了斜坡上时，我们要站到哪里？"）。为了确保孩子的安全，老师可以示范给他们看，自己坐上椅子，由另一名成年人来移动椅子，以证明这一点。学生必须在成人的直接监督下才能在平面和斜坡上推拉各种类型的椅子。提醒学生，要慢慢地移动椅子，以防绊倒或滑倒受伤。提醒学生，要确保其他学生在平面和倾斜的表面上清楚地看到椅子的运动和方向。

根据孩子们之前的经验，他们应该预见得到，当老师将每把椅子放在一个小的草坡（山）和水泥斜坡（入口坡道）的顶部，然后推下来时，会发生什么。

- 注意力集中的问题（如"在把没有轮子的椅子放到水泥斜坡上时，会发生什么？"）。孩子回答："会打滑，椅子会倒。"
- 测量和计算问题（"有轮子的办公椅能走多远？"）。孩子们通过计算，采用非正式的测量方法（用脚步）来测量距离。孩子们还可以用一根绳子（非正式的测量）或卷尺（正式的测量）来测量距离。
- 比较问题（"在把有四条腿的椅子放在每个斜坡的顶部时，分别会发生了什么？"）。孩子们回答说："在水泥的斜坡上，椅子会先滑下来，然后倒在地上。而在草丘上，椅子放不稳。它会从顶部滑下来。"
- 操作问题（"当它在草丘上被释放的时候，与水泥斜坡相比，椅子会有不同的滚动吗？"）。孩子们回答说："办公室的椅子在颠簸的草地上滚来滚去，在水泥坡上滚动得更快。"
- 引出问题的问题（"我们怎么能把四条腿没有轮子的椅子从斜坡上滑下来？"）。孩子们回答说："可以在每条腿上放一个轮子；可以把椅子放在一个压扁的纸箱里，然后滑下山坡；可以试着把它一直推到下面。"
- 推理问题（"在不同的室内地板上，我们可以制定什么规则？"）。孩子们回答说："在坚硬光滑的地板（表面）上，椅子的滚动会更容易、更快。地毯和毯子使得轮子更难滚动。你必须更加努力地让轮子移动。"

第 3 课：不同的运动应用阶段

为了扩展孩子们对斜坡和坡道的理解，老师在教室的中央为他们分别提供了 1 英尺、2 英尺、3 英尺、4 英尺长（1 英尺约为 30.48 厘米）的木制小湾造型的多个部分[1.75 英寸（约 2.54 厘米）宽，平底的设计，可以在任何一家家装用品店购买]，正如物理科学模块"斜坡和通道"（Ramps and Pathways）中推荐使用的那样。孩子们用积木（木头、泡沫和纸板）、盒子、家具和其他可用的物品来支撑小湾造型部分，以创造出斜坡的轨迹和坡道。孩子们从坡顶滑下各种各样的物体（如火柴盒汽车、弹珠、蜡笔、假球、乒乓球、方块、铃儿响叮当和硬币），以观察每个物体都如何遵循着构造的斜坡结构运动。进行眼睛保护（清洁的安全眼镜或护目镜）是建立、动手探索和记录活动各个阶段的必要条件。提醒学生不要把弹珠、硬币和其他小物件放在嘴里，并且不要在弹珠上行走。在活动结束后，让学生用肥皂和水洗手。

孩子们在研究运动时，继续使用卓有成效的提问（"你怎么比较小卷轴和弹珠在安装的斜坡上的运动？在你增高坡度的时候，用火柴盒做的汽车会发生什么变化？物体是滚动还是滑动，重要吗？"）改变斜坡的高度，让孩子们有机会再次测试他们的想法。

✍ 第 4 课：神秘机器的应用阶段

老师和孩子们收集各种各样的轮子（纸板的、塑料的、橡胶的、木制的，等等）、混杂的物体（洗衣机、小纸板盒子和纸箱、木棒、管道清洁剂、线或纱线、棉球和橡皮筋），以及胶水（无毒的、低 VOC 的）。进行眼睛保护（清洁的安全眼镜或护目镜）是建立、动手探索和记录活动各个阶段的必要条件。棍棒和管道清洁剂有锋利的末端，这些都要提醒学生小心处理，以免划伤或刺穿皮肤。提醒学生不要将垫圈、棉球和其他小物件放到嘴里。在活动结束后，让学生用肥皂和水洗手。

让孩子们用轮子制造他们自己的神秘机器。在最后的这个学习阶段，还将运用同样的卓有成效的提问，促使孩子们用科学思维和工程设计来制造神秘机器。

- 注意力集中的问题（"如果你重新调整轮子，会发生什么？"）
- 测量和计算问题（"你需要在多大程度上调整车轮？"）
- 比较问题（"与橡胶车轮相比，木轮在瓷砖地板上的运动效果如何？"）
- 操作问题（"在铺着地毯的平面上，橡胶轮子会移动得更快还是更慢？"）
- 引出问题的问题（"你能制造出只使用一个轮子的神秘机器吗？"）
- 推理问题（"你认为哪种类型的轮子会在不同的平面上最有效地移动？"）

在整个单元中，孩子们可以在电子日志上对不同的调查进行数码摄影、绘制或写作。维恩图（Venn diagram）用于比较和对比观察到的物体和运动。KWL 图和图表可以帮助组织和总结基于运动和形状的科学概念与关系。学生制造的这些产品是学生科学投资组合中持续学习、理解和表现的重要证据。要使用形成性评估调查来评估孩子对物体形状与其运动之间关系的理解（见图 14.1）。

它会怎么运动？

以下是导致物体以不同方式移动的一些情况。物体是斜着放的。在斜着放的
物体会发生滚动时的情况表述之前打×。

_____ A. 在铺着瓷砖的地板上推一把带轮子的办公椅。
_____ B. 把一个空的塑料碟子（雪橇）推下草坡。
_____ C. 松开滑梯顶部的橡皮球。
_____ D. 撞击气垫曲棍球桌上的塑料圆盘。
_____ E. 把一只仓鼠放在铺着地毯的地板上的仓鼠球里。
_____ F. 在积木块的中央的木制斜坡上释放一个木制的正方体。
_____ G. 将一罐汤放在水泥人行道（水平地）上轻轻地踢一下。
_____ H. 用拇指在木制桌面上弹弹大理石。
_____ I. 将一枚硬币正面朝下平放在一个撑起的纸板（纸巾）管的顶部。

图 14.1　形成性评估调查

"车轮与运动：神秘机器"研讨会展示了两类机构（大学和当地博物馆）如何结合他们的项目优势和资源，为合作实践创造基础。这一基础是为了帮助强化对幼儿教师的

STEM 教学成果，从而最终使儿童的科学学习经验最大化。老师应该联系当地儿童博物馆和大学教师教育项目，以获得 21 世纪高质量 STEM 经验的可用服务和资源。

联系《新一代科学教育标准》

本章概述的材料、课程和活动，只是实现表 14.1 列出的期望表现的一个范例。学生们还需要更多的支持材料、课程和活动。

表 14.1　与标准的联系

K-PS2 运动和稳定性：力及相互作用 K-2-ETS1 工程设计	联系课堂活动
期望表现	
K-PS2-1：计划并进行调查，比较作用在物体运动上的不同强度或不同方向的推力和拉力	研究圆形物体、常见的物体（办公椅）和没有轮子的办公椅如何在不同的斜坡和平面上移动
K-PS2-2：分析数据，以确定设计方案是否能够以推动或拉拽的方式改变物体的速度或运动方向	测量不同的办公椅在不同表面上移动的距离，并使用分析过的数据来设计一个新的物体（"神秘机器"），通过推动或拉拽，它在不同的表面上改变了速度或方向
K-2-ETS1-2：绘制一张简单的草图、图画或创建一个物理模型，以例证某个物体的形状如何帮助它在必要时解决特定的问题	制造的神秘机器模型演示了物体的形状如何帮助它在不同的表面通过推或拉动进行移动
科学与工程实践	
开发和使用模型	完善了神秘机器模型；用这些模型来比较它们是如何在不同的表面被推动或拉动的
构思解释并设计解决方案	每台神秘机器将如何移动，哪种神秘机器会在不同的表面上移动或拉出最大距离，有什么证据可以支持这些说法
计划并进行调查	计划并进行调查以收集不同的神秘机器在不同表面上移动的距离
学科核心理念	
PS3.C：能量与力的关系 • 更大的推力或拉力使物体加速或减速更快	有很多机会观察、探索和研究不同的常见物体（办公椅）和没有轮子的办公椅及新创造的物体（神秘机器）在不同的表面移动或拉动
ETS1.A：提出并界定工程问题 • 人们想要改变或创造的一种局面，可以作为一个需要通过工程设计来解决的问题	探索、研究各种不同的材料和形状，以制造这个神秘的机器，观察它是如何在不同的表面被推动或拉拽的，并根据需要进行修改

续表

K-PS2 运动和稳定性：力及相互作用 **K-2-ETS1** 工程设计	联系课堂活动
跨学科概念	
原因和结果	比较各种形状、材料，以及轮子和球的运动来理解它们是如何影响运动的 使用不同的表面使轮子移动得更快或更慢 增高或降低斜坡，使弹珠加速或减速

资料来源：《新一代科学教育标准》领先实施的州，2013.

第15章 我真的是在为小学生讲授工程学吗

一年级和二年级学生环境工程夏令营的经验教训

作者：希瑟·麦库拉尔（Heather McCullar）

随着《新一代科学教育标准》日益强调工程学，许多小学老师都在想，在小学阶段，工程学教学会是什么样子。"我怎么才能让小学生像工程师一样思考和学习？"在我们学校，学生可以通过学校的 STEM 课程来定期体验工程学。这所学校的 STEM 项目已经进入第三个年头，在这个项目中，任务是"通过发现来学习，以性格为导向"。作为这个项目的一个特殊部分，学校在夏天举办了一个为期五天的工程夏令营，目的是向一到五年级的学生介绍工程设计，并且达到在《新一代科学教育标准》中确定的工程设计标准。

夏令营的课程改编自"工程学基础"课程单元，这些单元名叫"捕捉风：设计风车""现在你当大厨：设计太阳能烤箱"。这一章的重点是用 5E 格式教授课程，以及一、二年级的学生体验，这些孩子们来自该地区的各个学校。

📝 参与

作为老师，我希望我的一、二年级学生在离开夏令营时，对工程学有了一些基本的理解。首先，我希望学生开始提出"工程师"和"技术"的定义。我让学生画一张工程师的画像，并且相互分享。博德津（Bodzin）和格林格（Gehringer）建议，用学生对科学家的画像来挑战我们一直以来对科学家的刻板印象。许多学生画了一些修理物品或驾驶汽车的人像，这表明他们对工程师没有太多的背景知识。

这些画像为我们讨论工程师的问题提供了一个起点。显然，我们需要在一周内对工程师的工作有一定的了解。在我们探索工程领域和完成工程挑战的过程中，夏令营帮助我们做到了这一点。画完之后，学生填写了一份名为"什么是技术"的清单。他们选择了所有自己认为是技术的东西。然后，老师将学生分组，给他们一个袋子，里面有一个物体（如订书机、铅笔、计算器）来观察和画素描，然后让他们写下这个物体可以解决什么问题。在小组讨论这项任务时，学生开始注意到，所有东西都是技术的例子。我让他们考虑第一幅画像，并且想一想他们画出的工程师是否使用了技术。许多学生说没有。我解释说，我们会重新审视和完善我们对工程师的定义和理解，同时，我们在一周内探索了工程的不同方面。我们提出了技术和工程师的定义，并且将它们展示在教室里：

- "技术是用来解决问题的。"
- "工程师是用数学、科学和技术来解决问题的人。"

📝 探索

通过讨论，学生有了他们对工程师和技术的基本理解。下一步是通过学习工程设计流程来帮助学生发展《新一代科学教育标准》中的某些科学和工程实践，其中包括识别问题、提出问题、进行观察、收集信息和设计解决方案。我们给学生出难题，让他们设计和建造这样一个物品：它能在 4 秒或更短时间里把一个乒乓球从拉链的顶端移动到底部，使用的材料是一只小的塑料杯或一个大的泡沫杯，一些纸夹、一卷胶带、一台打孔机及一个垫圈。

学生按照事先的分组开展工作，画出一幅详细阐述他们的设计细节的草图，如形状、材料和大小。通过勾勒出材料、形状和大小，学生可以画出他们认为最适合自己的设计的材料、形状和大小来展示自己的应用，从而体现他们对幼儿园到小学二年级工程标准的应用。然后，学生努力构建模型，并且在教室的后面用一根预先制作的拉链来测试它。学生在测试他们自己的设计时，我提了一些问题，鼓励他们做一些修改，以改进设计。在和团队交谈时，我会用像"你如何修改它，让它跑得更快"这样的问题来"检验"他们。或者问他们："什么东西可能阻碍你设计的东西下滑？"在课程结束时，学生分享他们完成工程设计的过程。

为了拓展学生对工程师的新理解，我向他们介绍了各种工程领域。我设计了一些活动中心，在那里学生可以探索五个工程领域（建筑、航空、海洋、民用和化学）。学生有15~20 分钟时间来组成各自的小组并开展工作，同时探索每个工程领域。我介绍了每个工程站，向他们解释了各自的任务和材料。每个工程站也被贴上了工程场地和任务的标签。我在各小组间来回走动，提出问题并观察他们的工作。学生通过设计一个带有积木的"摩天大楼"来学习建筑工程。他们设计了一个降落伞，防止纸夹直接摔到地板上，以这种方式探索航空航天工程（见图 15.1）。在海洋工程方面，他们设计了一种潜水器，从一只水桶的底部收集一块磁铁，然后水桶就重新浮出水面。这些研究小组通过建造一个大坝来研究土木工程，用不同的瓦片来蓄水。他们将原料组合成自制的"黏液"来探索化学工程。在这些活动结束时，全班作为一个团队聚集在一起，回顾了工程领域和他们完成的任务。

图 15.1　在航空航天工程站设计降落伞的学生

📝 解释

这个年级的夏令营的环境工程焦点是风力和风车。该项目允许学生应用他们对工程设计流程的知识，并将《新一代科学教育标准》中概述的科学和工程实践应用到一项新任务之中。我通过《雷夫捕捉到了风》（*Leif Catches the Wind*）一书来介绍这个概念，这本书是在"工程基础"课程中提供的一个故事。我向学生介绍了故事的主人公雷夫和达娜，他们决定设计一些东西，把氧气放回达娜的池塘，这样鱼就可以更轻松地呼吸了。这一设计要求雷夫和达娜了解风力及如何利用风力来转动风车。

在读完这个故事之后，我给了学生一个新的挑战：设计一个风帆，它能"捕捉"到足够的风，把一艘船从我们的测试站的一侧移到另一侧。目的是让学生探索各种不同形状、大小和材料的风帆设计对风力大小的影响。我想让他们看到，通过测试各种材料，他们可以确定哪一种最适合自己的航行设计。我要求他们选择航行设计的以下材料：小型的白色读书卡片、一张蜡纸、一块毛毡、一块铝箔、纸巾、一个小纸杯、胶带、一张普通的打印纸及一种用作桅杆的工具。作为一个团队，我们制作一个属性图表，帮助学生确定在设计他们的风帆时应使用哪种材料。在学生开始他们的工作之前，我向他们展示了一台风扇，它将是风力的来源，并且讨论了测试站的安全注意事项（在风扇和测试站周围安全行走，在其他人测试的时候站着，只允许成年人触摸风扇）。学生设计了他们的风帆，在我们的模型船上进行了测试，并且进行了修改。在这一课的最后，学生分享了他们的风帆设计和测试与修改结果。

最后的挑战是设计一个风车，它可以用一根绳子旋转和举起一些垫圈。作为一个团队，我们回顾了对风帆设计的了解，这些了解将帮助我们设计风车。我们给学生提供了材料：一个半加仑的果汁容器、一些石头（给纸箱增加重量并固定）、刀片上的 2~4 根工艺棒、前一天使用过的用来粘贴工艺棒的风帆材料、一个小纸杯、一个传力杆、一根事先切好的绳子，以及胶带和剪刀。学生开始设计、测试和修改他们的风车。任何一名设计了能举起垫圈的风车的学生，我们都要求他们修改，以使风车能够举起更多的垫圈。并不是所有的学生都能设计出可以举起垫圈的风车，但是，所有学生都成功地设计出了风车。学生不同程度的成功，是这一过程的重要组成部分。我们讨论了修改设计的重要性，并且指出，即使他们的风车是第一次运行，每个人也都必须做出改变。在设计风车时每个人取得的成功各不相同，也教会了学生一个重要的道理：所有工程师都会遇到问题和挫折，这是工程设计流程的一部分。

✒ 扩展

我们的夏令营活动的最后一步是举行班级庆祝，让家长们来看看我们学到了什么。我让每个学生分享在这一周中学到的一件事情。学生分享了我们的工程现场站、拉链挑战、风帆挑战，以及风车设计。他们在学习中积极主动，并且在父母面前扮演老师的角色。许多家长告诉我，他们的孩子开始谈论家里的工程挑战。在夏令营结束时，学生都成了"工程专家"，敢于和任何一位在工程站停留的家长进行分享。

✒ 评估

重要的是衡量在这个夏令营的第一年里学生学到了多少东西。在每周的学习周期的每个阶段，我对学生的学习进行了正式和非正式的评估。在参与阶段，我分析了学生对工程师的画像及对"什么是技术"这个问题的回答，这是"工程基础"课程提供的评估。在探索阶段，在学生着力解决拉链挑战时，我和各小组开会探讨，以监测他们的理解；在学生制订计划时，我观察他们，并且查看了他们的笔记条目。学生有自己的工程笔记本，他们在本子上画了工程师的画像、拉链和风帆的设计，写下了关于工程站的观察，等等。我可以在一周内浏览他们的工程笔记，快速监测每位学生的理解。为了评估解释阶段的成果，我在学生设计、测试和改进风车设计的过程中和他们交谈，这些交谈和观察，让我了解到他们学到了哪些技能和概念。

为进行扩展阶段的评估，我使用了"工程基础"课程的两项评估来评估学生参加夏令营之前和之后的情况。"技术是什么"的评估提供了证据，证明学生对技术的看法如何因参加夏令营而改变。到本周结束时，大多数学生表示技术是解决问题的任何方法，而且他们意识到，技术并不必须是电子的。第二项评估是"工程师都做些什么"，要求学生指出哪些是工程师完成的工作。考试的积极结果及学生在最后的展示中独立分享他们的工程站的能力，表明他们开始将自己对工程的理解应用到可能执行的不同任务上。

本章小结

　　没有多少小学生有机会了解工程师，更不用说从事工程活动了。在我们学校，我们认为工程是基础教育的关键。在夏令营里学到的经验只是一个开始。在这里，孩子们都感到兴奋，这表明工程是所有学生都能学习和成功的领域。《新一代科学教育标准》包括初级阶段的工程标准，因此，我们必须在课堂教学中包含这部分内容。我认为，把工程方面的东西融入日常课堂教学，对小学教师来说必不可少。通过教学生如何识别问题、计划和设计可能的解决方案、进行修改，并且分享他们的设计，我们正在让他们在可能选择的任何职业道路上取得成功。更值得一提的是，我们正在教会学生如何通过发现来学习，并且把自己学到的关于工程学和工程设计流程的知识应用到实践中去。

联系《新一代科学教育标准》

　　本章概述的材料、课程和活动，只是实现表 15.1 列出的期望表现的一个范例。学生们还需要更多的支持材料、课程和活动。

表 15.1　与标准的联系

2-PS1 物质及其相互作用	联系课堂活动
期望表现	
2-PS1-2：分析从不同材料的测试过程中获得的数据，以确定哪些材料具有最适合预期目的的特性	建立模型来确定什么形状、大小和材料最适合用于制作风帆或风车叶片
科学与工程实践	
开发和使用模型	设计、制作风帆，并且收集关于风帆的信息
计划并进行调查	计划、设计、测试和修改了一个拉链运送装置
构思解释并设计解决方案	设计、建造和解释一个模型风车叶片来展示和测试所选材料的有效性
获取、评估和交流信息	向合作伙伴交流细节
学科核心理念	
PS1.A：物质的结构与性质 • 不同的属性适用于不同的目的	设计一架风车，它使用的材料、大小和形状都最适合用来"捕捉"风和提升垫片
K-2 ETS1.B：制订可能的解决方案 • 设计可以通过草图、图画或物理模型来传达	画出草图并制作一个叶片和风车模型
跨学科概念	
结构与功能	评估所选择的风帆的形状、大小和给定任务的材料的有效性

资料来源：《新一代科学教育标准》领先实施的州，2013.

第16章 探寻 STEM

作者：佩吉·阿什布鲁克（Peggy Ashbrook）

许多早期的儿童科学课程都让孩子们观察某个物体或某种现象，并记录观察结果（科学）。计算和测量可能涉及数学知识，而且学生可以使用工具来观察和记录（技术）。然而，工程概念通常包含在其中，但往往被遗漏。将一个工程过程作为调查的一部分，可以帮助我们了解工程是如何成为调查的重要组成部分——而不只是为了满足 STEM 中的"E"而进行的短期活动。

孩子们提出许多相关的问题，调查收集数据并谈论他们的想法，科学和工程调查可能随着时间的推移而成为一种探寻。久而久之，对概念的深入探索将使学生能够运用科学和工程实践，并在理解成熟时逐渐掌握。当孩子们在老师的支持下能够探索感兴趣的领域时，他们就会更深入地学习。像科学调查中可能出现的其他问题一样，工程设计流程也是迭代的，也就是说，在学生继续提问、想象、计划、创造、改进时，这个过程可以循环地进行下去。

"工程基础"项目有一些专供小学生使用的资源，幼儿园老师可以利用这些资源来学习工程设计流程。在了解年龄较大的孩子如何探索工程设计问题时，考虑一下什么适合你的学生。从幼儿园到二年级的工程设计学科核心理念指出，展示了自己的理解的学生，能够"提问、观察，并且收集关于人们想要改变的状况的信息，以提出一个简单的问题，这个问题可以通过开发新的或改进的物体或工具来解决"以及"绘制一张简单的草图、图画或创建一个物理模型，以证明某个物体的形状如何帮助它在必要时解决特定的问题。"策划一项活动，它可以激励你和你的学生在很长一段时间内着手解决某个问题或难题，如果给你和学生留出足够的时间来充分探索问题，会让年幼的孩子感到满意。孩子们承担了许多解决问题的任务——例如，当所有的大块积木都被别人使用了，要求他们用小积木建造一座塔。他们提出的一些问题，可能为整个班级的调查活动提供一个主题。

举起重物

目标

孩子们将调查如何搬运和运输一个重物，包括设计和使用一种工具。

程序

（1）了解这项或另一项活动，以弄清楚科学、技术、工程和数学概念是如何起作用的。计划将此活动作为更大的调查或项目的一部分，例如关于简单的机器、动作或交通工具。

（2）把该重物介绍给你的班级，让学生围成一圈来观察。对学生提出挑战，让他们描述它，你可以把描述寄给他们的家人。在寄给孩子家人的信中，不要说出该物体的名称；他们可以猜测孩子描述的物体是什么。提醒孩子们，这个名字会是一个秘密。孩子们可能描述的只有颜色、形状和其他熟悉的属性。提示他们，还要描述纹理、气味（如果有的话），以及重量和大小（相对的或测量的），并且要求他们在轻轻推的时候仔细观察物体会发生什么样的移动。

（3）孩子正在工作，当你发现他们正在运用他们的感官进行发现和描述时，大声地告诉他们，他们就像科学家一样在工作；同时，当他们在测量时，大声告诉他们，他们正在运用数学。根据孩子们的探究情况，用文字和图画记录或让学生记录自己的描述和测量结果。

（4）引入另一个挑战：将物体安全地（没有破损、剐蹭、溢出）从一个地方移动到另一个地方（由你选择的地点），而不是简单地把它放在他们的手中。发表评论，工程师们会为解决诸如此类的问题而把他们的想法画出来。通过绘图，孩子们可以考虑额外的设计理念，这是一种可以带来成功的设计习惯。

（5）提供各种各样的材料，学生们可以用这些材料来制作一个运送装置，将东西运送给小组或中心。协助学生切割或捆绑材料，支持他们关于什么有用或什么没有用的想法（但不告诉他们怎么去做），并鼓励他们重新设计和重新制作，如果他们看起来很沮丧的话。要求学生解释他们对材料的选择，以引导他们考虑别的材料和其他替代物。

（6）孩子们可以通过向小组展示或通过图画、照片或视频来记录的方法，分享自己关于怎样移动重物的想法。

如果某一设计没有成功地移动这个重物，就问他们："移动这个物体有什么问题吗？""你的运送工具的某个功能或某一部分是不是可以改变一下，让它发挥作用？"注意到设计中的问题，并且使每个新的测试做出改变，将有助于学生理解重新设计是意料之中的事情，可以决定需要改变什么来让运送工具发挥作用。检查孩子们的图画或照片，并讨论每个运送工具的设计是如何安全地运送物品的。将学生的描述写封信，寄给学生家长。读一本书，扩展学习观察的知识，测量、制造或改进工具，或者解决一个问题。

材料

- 重物（如一个南瓜、一个大的水球、一袋沙子），每个小组 1 件。
- 放大镜、测量工具（标准或非标准）、称重秤、照相机（可选）。
- 写作和绘画材料。
- 学生所熟悉的各种材料和工具，可作为运送重物的系统的一部分（例如围巾、板子、篮子、纸板盒、滑板车、玩具车、胶带和剪刀、短绳或纱线）。

第17章　打印游乐设备

幼儿学生使用 3D 打印机设计一款游乐设备

作者：斯蒂芬妮·文特（Stephanie Wendt）和杰里米·文特（Jeremy Wendt）

位于田纳西州库克维尔的普雷斯科特南小学的老师们获得了一笔资金，于是计划寻找创新的方法，让学生参与新的、令人兴奋的 STEM 体验。其中之一是购买一台麦扣波特（MakerBot）公司制造的 3D 打印机。这台打印机为学生完成以前不可想象的项目提供了可能。老师在达到标准和学校目标的同时，提交了关于如何让学生参与 3D 建模过程的想法。学校的 STEM 咨询委员会提出了一个挑战老师和学生的愿景。他们要求幼儿园和一年级的学生设计一款新型游乐设备来解决学校操场需要额外的游乐设备的问题。学生抓住这个机会解决他们每天都在接触的问题。

这个项目让学生参与科学和工程实践，《新一代科学教育标准》对这些实践做了描述。几名精通技术的老师（及两名中学生）接受了使用打印机和诸如 SketchUp 等 3D 建模程序的培训，之所以选择这个程序作为主要的执行软件，是因为它易于使用，而且对老师免费。相应地，这几名老师和学生成了其他学生学习项目的主持人和协调员。

游乐设备项目从一个为期一周的跨学科计划开始。跨学科计划由幼儿园到一年级的老师制订，制订完成后，要用一周的时间来实施。在最终的项目中，学生向校长展示了从他们的设计中选出的游乐设备的 3D 打印模型。校长最后为学校订购了这一设备。在整个实践学习过程中，学生从事科学和工程实践。他们提出问题和界定问题，开发和使用模型，计划和进行调查，并且形成解释和设计解决方案。这个跨学科计划包含了识字、科学、数学和体育教育。此外，在整个单元中，老师报告的参与度有所提高。

值得注意的是，尽管这个工程设计挑战最终以 3D 打印机的使用而达到目标，但对于那些无法使用这种技术的学生来说，挑战过程仍然是有价值的。如果学区内不能提供 3D 打印机，那么，当地的大学和 3D 打印机公司则提供培训和支持性的其他可能的资源。对于这个项目，3D 打印机是通过一个 STEM 基金会获得的，但是也可以通过其他的来源购买。学校的家校联系组织是可以为 3D 打印机提供资金支持的合理途径。与当地的企业和大学合作，也可以为使用 3D 打印提供机会。一所拥有 3D 打印机的企业或大学，可以很容易地接收文件并打印出物品。视频会议甚至可以让学生观看打印过程，并在过程正在进行时与操作员对话。3D 打印软件正在快速发展和改进。根据本章所讨论的当地学校和大学的经验，各公司通常会积极响应援助请求，并渴望在基础教育环境中扩大其实施的用途范围。5E 模型是推进该项目的基本方法之一。

📝 参与

为了引起人们对这个项目的兴趣，校长给幼儿园和一年级的学生写了信，希望他们帮忙为学校设计新的游乐设备。在收到这封信之后，学生在各种各样的游乐设备上播放视频、图片和案例，以便开展头脑风暴。首先是单独的思考，然后是小组的头脑风暴，学生记录下他们想要的特定设备和活动。他们把想法创造性地用纸和笔记录下来，并且画了一些带注释的图（见图 17.1）。注释中包括一些评论，如"它需要更宽的底部，以容纳更多的人。""这些条条需要紧紧地连在一起，使我们能够摸得到。""如果我们都站在彼此的旁边，那么需要多大的力量来支撑我们呢？""我们应该在我们的发明中使用塑料或金属吗？我们希望它能支撑很长一段时间！"

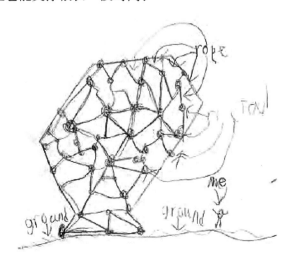

图 17.1　学生绘制的带注释的图

3D 打印

3D 打印机到底是什么？它是如何工作的？小规模的 3D 打印机已由大规模的"加法制造"演变而来。对于公共部门的使用来说，这意味着要在不同的层中添加材料，以构建一个固体的三维物体。从本质上讲，一旦你创建或下载了 3D 数字模型，就可以通过 USB 或以无线的方式将其发送到打印机。然后，打印机将线轴上的绳状塑料加热并融化在一个平台上，以创建模型。该设备类似于喷墨打印机，会将塑料材料存放起来。这个过程可能需要几分钟或几小时才能完成，但可能性是无限的。

根据佩奇·基利（Page Keeley）的说法：学生"带注释的图是带有标签的插图，可以直观地表明和描述学生对科学概念的思考。"这个概念，是基利的书中除了思考—分组—分享（Think-pair-share）的 75 个科学形成性评估课堂技巧之一。学生全神贯注于设备设计和工程理念，同时运用了更高层次的思维能力。在 5E 模型的参与阶段，老师向学生介绍工程设计流程的初始步骤，他们在想象自己想要玩的设备的同时，提出并界定问题。

探索

老师们引导和主持讨论，以帮助学生理解建筑师和工程师遵循的复杂过程，从而使项目理念成为现实。《新一代科学教育标准》的"科学与工程实践的开发和使用模型"这样表述："在工程中，模型可以用来分析一个系统，看看在什么地方或在什么条件下可能出现缺陷，或者测试某个问题的可能的解决方案。模型还可以用于可视化和细化设计，与他人交流设计的特性，以及作为测试设计优劣的设计雏形。"在这个阶段，学生开始绘制和设计更复杂的模型。在整个 5E 过程中，特别是在探索阶段，老师们引入了迷你课程来解决学生的问题，如几何形状、加减法和其他需要的科目。例如，在迷你课程中提到了用图形块和几何形状的操作来满足"CCSS.MATH.CONTENT.K.G.B.4:.C 分析、比较、创造和组合形状"的要求。学生描述了二维和三维形状的相似性、差异和属性，这些都在小组和班级中进行。在一年级时，老师和学生讨论了"CCSS.MATH.CONTENT.1.G.A.1:.C 形状及其属性的原因"，同时运用课堂外的材料并构造了三角形、矩形和其他几何形状。学生单独或在小组中定义形状的特定属性。老师将挂图及网上的资源与互动白板结合起来使用，作为全班教学的一部分。

一旦学生展示了他们对基本几何形状与概念的理解，他们就获得了将所有课程内容整合到一个工作模型中的机会。学生把来自挑战、课程和活动过程的所有信息整合到一个物理现实中。这是通过使用诸如软糖、棉花糖和牙签之类的配件来实现的，进而开发出游乐设备草图的物理模型（见图 17.2）。在调查过程中，学生们像工程师一样，为模型探索不同的高度和基础。他们试着去了解哪些设计是最坚固的，并且和他们的小组成员以及老师讨论他们的想法。

解释

在老师提出的问题的指引下，学生评估了当前的游乐设备。他们对改进现有游乐设备的创新的可能性进行了头脑风暴，包括最好的材料、结构设计、安全考虑及创意的成本。在项目的解释阶段，学生继续按照"思考—分组—分享"的模式进行规划。根据基利的说法，"思考—分组—分享"将思维与沟通结合在一起。老师提出问题，让学生有时间单独思考这个问题。然后，学生与合作伙伴分组配对，在小组或全班讨论中讨论并分享他们的想法。

图 17.2　学生用配件开发物理模型

每个小组都有一名成员为小组做笔记，以总结他们的集体想法。他们确定了当前学校操场的优势和劣势，通过各种各样的设备来解决这些问题。学生的进步是由老师通过提出指导性的问题来监督和引导的，例如，木头、金属或塑料，是你设计的最佳材料吗？有多少孩子可以同时在这个模型上面玩？你的模型对幼儿园和一年级的学生来说是不是太高了？在这一阶段，学生总结了想法，设计了解决方案，以满足游乐设备设计几个方面的要求：可以同时在设备上玩耍的学生的数量、安全问题、需要的材料、合适的尺寸和基于学生年龄的设备类型、美观性和耐用性。老师引导学生在计划的过程中仔细考虑每个要点，并记住最终的结果。

3D 打印的交互式资源

低年级学生可以使用平板电脑的设计 App，它可以将设计模型输入 3D 打印机上打印。不同的 3D 打印机都有特定的产品软件，而一般的设计软件可以导出到单独的打印机上。Blokify 是一款能让用户通过指导的建筑体验或自由形式创建大块模型的 App。接下来，用户将完成的模型发送到 3D 打印机上进行打印。学生可在网站上寻找可供下载的模型，转移到 3D 打印机上进行二次创作。

SketchUp 是个 3D 建模程序，可供建筑师、工程师、室内设计师和许多其他专业人士使用。该软件有一个在线的、开源的存储库，叫作 3D 仓库，有免费下载的模型。"SketchUp 制作"是这个程序的免费软件版本，对公众开放。老师可以申请免费获得该软件的全功能版本 SketchUp Pro。

📝 详细阐述

在对模型进行小组讨论之后，小组向全班展示他们的设计。老师要求学生解释他们设计背后的想法、创意和过程。通过以下评论，可以观察学生的思维过程：

- "如果我们把它建得很高，我可以站在顶部看到我所有的朋友。"
- "如果我们用金属来建造它，它的使用寿命会比用木头的要长。"
- "我们不能同时在同一个游乐设备上玩耍，因为如果我们都在上面，它就会倒塌。"

这一步骤使学生能以一种真实的方式体验工程设计。在他们完成展示后，一位参加了 3D 打印研讨会的老师将学生的计划转移到 SketchUp 的 App 中，使学生能够在数字环境中查看他们的概念设计。学生的设计是根据最现实可行的新设备来选择和建造的。这些样本在教室里被分发给学生进行分析和观察。从许多几何设计和图形中，校长选择了三个较为可行的方案，学生投票选出了一个二十面体的变体作为他们的最终方案。

📝 评估

整个项目都使用了形成性评估。老师向学生提问："你是否达到了这个项目的目标？""你有没有停下来思考自己能做的改进？""你有遵循指示吗？"并且以这种提问的方式要求学生根据小组的合作和老师的反馈来改变和调整他们的设计（见图 17.3）。评估如下：

- 使用数十个框架，有助于评估学生的加法和减法能力。
- 通过使用 NCTM 的图示互动网站，对学生的活动进行正式评估。
- 通过使用科学儿童互动模拟来确定材料的性质，对学生活动进行正式评估。
- 在开发模型之前，要求学生清楚地定义这个问题。
- 通过使用模型和图纸，学生成功地与小组成员交流解决方案，然后向全班同学分享。
- 学生制作条形图来展示从学生投票中收集的数据。
- 学生对几何形状和测量技能的知识进行了总结。

图 17.3　学生评估游乐设备模型

展望游乐设备建设的最终结果及其对学校的影响，学生参与其中，并获得了该项目的所有权。校长在整个过程中向学校宣布了通知，并定期更新课程。学生每天都渴望听到这个项目下一步的进展，同时，他们在无意中听到了其他人对这个项目和新的游乐设备的使命感和兴奋之情——"作为一名工程师，尽管这很难，但很有趣！""我哥哥不会相信我们是那些创造了游乐设备的人。"项目的高潮是校长挑选学生为学校的游乐设备进行订购和购买。几个月后，我们在小学操场上安装了一种带有几何形状的大型绳索攀爬设施，其中就包含了幼儿园和一年级学生的设计。学生和老师们以揭幕和题词的方式来庆祝他们的成功。

反思

作为第一个项目，从计划到实施的阶段是短暂的，可以分配更多的时间来进行实践和探索模型的创建。有大约两周的时间是专门用于这个项目的，但三周会更好。为学生提供更多的支持和外部条件，对项目是有益的。例如，工程师或架构师的参与和协作将有助于学生理解设计过程。如果当地大学的职前教师在场的话，可以通过增加对学生的个人关注来推进这个项目。通过在大学课堂上复制这一过程，职前教师可以为这类项目做好准备。他们将会理解并能够在很多情况下实施这个项目，但是，拥有经验和知识会让他们为课堂教学做好准备。

机会

在推进高级项目时，老师通常会忽略幼儿园到小学一年级的学生。设计游乐设备的项目表明，这个年龄段的孩子同样可以受益于这一实践过程。这种批判性思维和解决问题的技能，可以建立在早期学习的基础上，以使后期开展高级处理和打好知识基础成为可能。在更高的层次上，问题可能变得越来越复杂。例如，四年级学生在 3D 打印机上设计了隔音瓷砖样本，解决了食堂的噪声问题。3D 打印机帮助创建了这些模型和许多其他类型的模型。即使没有使用 3D 打印机，让学生参与这个过程也会创造一个令人兴奋的学习氛围，为学生的未来打开一扇门。老师和学生可以使用他们可用的一切资源来帮助解决问题，比如黏土、牙签、糖果、小玩具、乐高玩具及其他诸如此类的课堂小配件。从事 STEM 教育的专业人士每天都在努力解决类似的问题。还有什么比在童年引发孩子对 STEM 的喜爱更适合的呢？

联系《新一代科学教育标准》

本章概述的材料、课程和活动，只是实现表 17.1 列出的期望表现的一个范例。学生们还需要更多的支持材料、课程和活动。

表 17.1　与标准的联系

K-2-ETS1 工程设计 2-PS1 物质及其相互作用	联系课堂活动
期望表现	
K-2-ETS1-1：提问、观察，并且收集关于人们想要改变的状况的信息，以提出简单的问题，这个问题可以通过开发新的或改进的物体或工具来解决	提出问题，并且参与解决某个直接影响学生的现实世界中的相关问题，从而产生一个学生自己制订的解决方案
K-2-ETS1-2：绘制一张简单的草图、图画或创建一个物理模型，以证明某个物体的形状如何帮助它在必要时解决特定的问题	在学生更改概念时勾勒创新的草图、修改图纸，并构建模型来观察和测试游乐设备的设计方案
2-PS1-2：分析从不同材料的测试过程中获得的数据，以确定哪些材料具有最适合预期目的的特性	测试各种各样的材料，以确定哪种材料最适合项目的需要
科学与工程实践	
开发和使用模型	用小配件构建游乐设备模型
提出并界定问题	在分析诸如力量、耐用性和安全性等变量时，对游乐设备的设计和材料进行提问和观察
分析并诠释数据	探索一系列的材料来比较不同的游乐设备设计的解决方案
学科核心理念	
ETS1.A：提出并界定工程问题 ● 人们想要改变或创造的一种局面，可以作为一个需要通过工程解决的问题来解决	介绍了学校校长的工程设计挑战来解决游乐设备问题
ETS1.B：制订可能的解决方案 ● 设计可以通过草图、图画或物理模型来表现。这些表现手法十分有益于向他人分享问题的解决方案	通过日志、简单的草图、带注释的图纸、物理模型和 3D 打印模型来传达设备的设计和解释 用小配件构建游乐设备模型
ETS1.C：优化设计方案 ● 由于某个问题总是有不止一个可能的解决方案，所以，比较和测试设计是极其有益的	在比较和测试设计的同时，使用了思考—分组—分享的方法来集中讨论和探索 用小配件构建游乐设备模型
PS1.A：物质的结构与性质 ● 不同的属性适用于不同的目的。 ● 许多不同的物体可能由众多的较小组成部分构成	研究了各种材料对操场结构的适用性
跨学科概念	
结构与功能	观察和分析几何形状和尺度模型的属性，形成尺度大小和功能的概念

资料来源：《新一代科学教育标准》领先实施的州，2013.

第18章　蔡斯家的狗舍

二年级学生调查材料属性

作者：梅根·E.马雷罗（Meghan E.Marrero），阿曼达·M.冈宁（Amanda M.Gunning），克里斯蒂那·波拿曼诺（Christina Buonamano）

从很小的时候起，孩子们就会接触不同的材料，了解其颜色、硬度、质地和形状。把注意力集中在物体可观察的特性上，是一种让孩子们了解材料的很有吸引力的方式。在这次调查中，学生使用观察和工程设计来决定哪些材料可以成为建造狗舍屋顶的最好的材料。我们使用了 5E 模型来设计一项基于查询的活动，以满足标准，并且与物理科学内容建立真实的联系。我们二年级的学生喜欢这种活动，并开始了解物理属性怎样决定材料的使用方式。

物质属性是物理科学内容的重要基础部分。随着学生的成长，这些早期的联系将建立在化学、地球科学和物理学的基础上。在这个年龄，学生正在了解材料有不同的用途，因为它们具有不同的特性。根据这种分析，孩子们应该能够分析与属性相关的数据，并且对材料进行分类。适合这个年龄段的孩子了解的一些物质属性是强度、柔韧性、硬度、质地和吸收性。早期对属性和分类的探索，有助于支持孩子们到小学高年级后继续进行工程研究。

课程目标

我们有两名从事研究生教育的教授和一名小学老师，与学前儿童和小学生一起开展这一活动，他们改变了提供的支撑物的数量，这在发展中是适当的。这一章描述我们如何在同一间教室里与一群小学生一起开展这项活动。我们向学生介绍了工程设计流程的《新一代科学教育标准》的模型，并提供不同的材料来测试，以确定最佳解决方案，建造一个可以经受雨水冲刷的屋顶。我们首先向学生演示一些活动，让他们有机会体验适当的科学和工程实践，但仍然要在一堂课的时间内完成活动。

最后，学生能够：（a）利用个人经验和先验知识解释屋顶的功能是保护人类和宠物免受各种因素的影响，尤其是降水；（b）比较不同材料如何抵抗雨水的冲刷；（c）使用可观察的数据比较屋顶材料；（d）根据其工程调查的证据，决定哪种屋顶材料是最好的。

参与

在下雨的时候，动物和人都会去哪里？我们用这个问题作为讨论的起点。在我们班上，学生说下雨时他们会进入家里、汽车里和学校。从这个问题引申开来，我们问，为什么去那些地方（保持干燥）很重要，以及这些地方如何帮助你（或动物）在雨中保持干燥。孩子们很快意识到，所有这些地方的屋顶，都得把雨水排出去。

接下来，我们向全班同学展示了一位同学家新买的狗狗的照片，并且询问学生家里是否有狗，以及他们的狗是否喜欢待在外面。我们向学生解释，我们需要他们的帮助，同时，我们一起了解了下面的场景：

蔡斯（Chase）家的狗狗喜欢待在外面。虽然它有家，也有一间温暖、干燥的狗舍，但不管天气如何，它都喜欢在后院闲逛。蔡斯一家有两个可爱的孩子，他们担心他们的宠物。两个孩子认为要让狗狗保持快乐和安全，最好的办法是设计一间完美的狗舍来保护他不受这些因素的影响。你们的任务是开始测试屋顶设计，并且回答问题：在狗舍的屋顶上，能使狗狗在下雨时保持干燥的最好的材料是什么？

我们还向学生介绍了工程设计流程的一个例子，并且分享了来自《新一代科学教育标准》的工程设计流程（见图 18.1），讨论了流程的每一步，解释了工程师设计、创建和测试问题的解决方案。我们询问学生是否认识工程师，是不是知道工程师做些什么。讨论工程，通常有助于解释工程师在我们的世界中所扮演的角色。

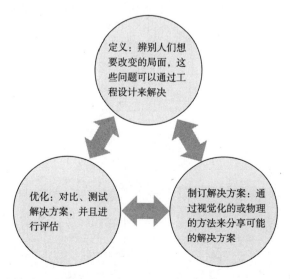

图 18.1　来自《新一代科学教育标准》的工程设计流程

探索

　　就像所有幼儿的实践活动一样，这种活动应该在材料分发给学生之前进行建模。在开始任何实际的探索之前，一定要让学生明白安全问题十分重要。一定要将所有的牛奶盒清理干净，并且为学生的活动做好准备。首先展示牛奶盒"狗舍"的，其次要解释说明这只是一个模型。我们引入了这样一种观点，即科学家们一直使用模型来发现更多的研究对象。例如，你可以谈论过去让学生所做的活动，比如在不同的"道路"上驾驶玩具车（如地毯和瓷砖），以便模拟摩擦。向学生解释，工程师使用模型来测试他们的设计。对于这项活动，我们不用别人家后院的大狗舍的材料测试，而是使用牛奶盒做底座。问学生一些问题，如"为什么认为使用模型是个好主意？"向全班展示不同的屋顶材料，并讨论："为什么它能成为好的屋顶材料？　'下雨天'（水雾）在的不完善的屋顶上，我们能发现些什么？"为视觉学习者在黑板上记录相关讨论的评论。

　　为学生示范如何在"狗舍"的顶部放置方块材料，如果需要的话，可以用橡皮筋固定在牛奶盒的"口"上。请注意，学生可以用不同方式来设计他们的屋顶，这些设计可以作为以后讨论的基础（如有的学生可能选择将材料弄皱，以建造有尖顶的屋顶）。一旦为学生建立了测试过程的模型，展示预测、观察和解释（Predict, Observe, Explain，POE）的图表，解释一下，对于学生测试的每一种材料，他们需要预测在测试时会发生什么。对预期要发生的事情进行模拟，是一个好主意，可以让学生在开始之前明确他们的测试方向。我们还发现，在分发水之前让学生对他们的屋顶设计进行预测是有益之举。如果你的学生对在小组中工作感到陌生，那么，一定要让他们对如何协同工作进行模拟，并且继续讨论、写作或阐明想法，直到你让他们停下来。

材料

三名学生为一组，每组需要以下材料：

- 预先切成带状的牛奶纸盒
- 杯子
- 水
- 装满水的喷雾瓶
- 滴管（每小组 1~3 个）
- 薄而大的橡皮筋
- 铝制烤盘

以下材料应当剪切成 10 平方英寸（约 64.5 平方厘米）大小：

- 蜡纸
- 海报纸

- 硬纸板
- 铝箔纸
- 建筑用纸
- 衣服（如旧的 T 恤衫）
- 浴帘

其他需要的材料：

- 锋利的剪刀（供成年人使用，用来剪切硬纸板和牛奶纸盒）
- 孩子们使用的安全剪刀（用来剪切其他材料）

准备

- 把每种材料为每个小组大约切下 1 个方块，面积大约是 100 平方英寸（约 645 平方厘米）。二年级的学生可以自己测量和切割材料，这是一项包含数学知识的学习活动。如果学生自己动手切割材料，那么成年人只需切割更厚的材料就行，如纸板或牛奶盒。
- 为班级收集足够多的一夸脱（约 0.946 升）大小的空牛奶盒，并在离底部大约 3 英寸（约 7.62 厘米）处把每个牛奶盒切成两半。这就是"狗舍"的基础。
- 在铝制烤盘里为每个小组制作一个装置，在那里，你可以放置一个切割好的牛奶盒、滴管、杯子（为滴管注满水）、橡皮筋和喷雾瓶。

　　如果可能的话，学生应该分成三组。我们通过每个孩子的认知发展阶段来分组，满足了初级阶段的学生的需求及那些准备进行更深入、更高层次思考的学生的需求。这种分组方法考虑了学生应对课程不同程度的能力。孩子们每天都要进行分阶段的学习和区分，以避免在准备就绪的时候仍不知道分组方法。对于认知水平较高的小组，要给他们提供具有相似特性的屋顶材料，或者通常都是较好的屋顶材料（如纸板、浴帘、箔纸）。通过这种方式，高认知水平的小组将不得不区分观察结果，并根据其特性来决定哪种材料最好。对于认知水平较低的学生，要给他们提供易识别和分辨的屋顶材料，如建筑用纸、布和浴帘。你也可以选择根据学习风格来分组，或者用你认为能让学生受益的其他方式，同时，为他们提供同样的材料来完成课程。

　　一旦学生拿到了他们的材料（而不是水），他们就可以确认可能的屋顶材料，并在他们的 POE 图表的第一栏中列出每个选项（见图 18.2）。然后，学生预测他们认为在雨中每种材料会发生什么，并在第二栏中记录他们的预测。经过多次预测，给学生分发喷雾器和杯子，水和滴管。应该提醒学生，不要互相喷洒，还要注意湿地板打滑的危险。提醒学生，作为观察的一部分，可以用眼睛看屋顶和用手指触摸屋顶。他们还可以看看房子里面的情况。观察的结果应当记录在 POE 图表的第三栏。学生也可以考虑绘制他们自己的观察结果。

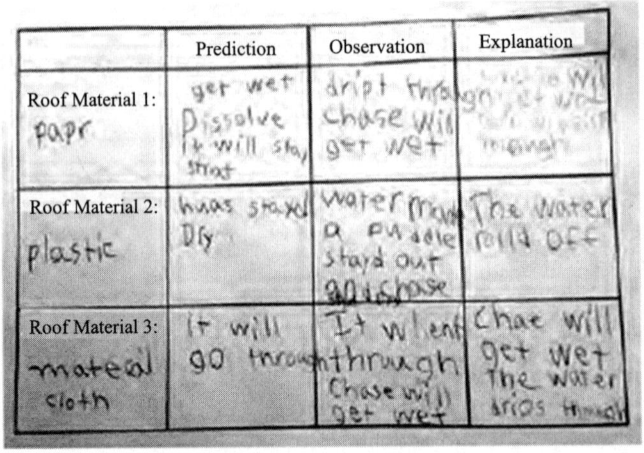

图 18.2　POE 图表

解释

在记录每一个观察结果时，学生应该同时填写"解释"栏来决定某种特定的材料是否具有成为好屋顶的特性及其原因。对学生来说，为他们的断言提供证据十分重要。在实验结束后，学生把他们的 POE 图表带过来，围坐在地毯上分享发现，讨论他们认为哪种材料最适合做狗舍的屋顶，并分享他们的支持证据。《新一代科学教育标准》提醒我们，我们必须让学生解释他们所开发的解决方案，"要求学生展示他们自己的论点……他们所开发的模型，使他们参与概念变革的关键阶段"。我们帮助学生在材料的结构和性质之间建立联系（如蜡纸上有涂层，具有防水作用）。我们使用类似表 18.1 中的问题来引导学生讨论。并且摘取了部分学生的回答示例。

表 18.1　老师提问和学生回答示例

老师提问	学生回答示例
哪种材料最能经受雨淋 为什么	学生讨论了浴帘为什么是最好的，因为水从里面滑下来，而且，铝箔纸也很好，因为水没有进到房子里
你怎么知道这些材料能不能做成一个有效的屋顶	"狗舍会被弄湿。雨会渗透进来" "当蜡纸被弄湿时，我的手指就可以穿过去了" "纸撕开了。这不是好屋顶"
在你用浴帘的时候发生了什么	"水停在屋顶上，没有进去" "水流下去了"
布在实验中的表现如何	"水会从布里渗出来"
你的预测与观察结果有多一致？对自己的发现感到惊讶吗	一个小组的学生讨论说，他们注意到只要不下雨，建筑用纸就能起作用。当雨下得很大时，它就变软了，你可以在上面打个洞，这促使我们讨论屋顶能够承受几次暴雨

向学生强调，他们正在使用科学观察结果（数据）来支持他们的想法。科学家和工程师必须依靠数据来决策——在这个案例中，有关于哪种类型的屋顶最好的数据。屋顶材料的物质属性决定了它们的性能（光滑的、无孔的材料，如浴帘和箔片可以使水珠滚落）。其他多孔的材料（如布等）会被弄湿，最终可能使水滴漏。指导团队分享他们的发现。因为他们每个人都测试了不同的材料，可以询问他们如何选出最好的屋顶材料。向学生解释，这个问题不一定有唯一的答案，但学生应当有论据来支持他们设计的解决方案，在这里，论据就是他们观察得到的数据。这直接与《新一代科学教育标准》科学和工程实践相联系，即"构建解释"（用于科学）和"设计解决方案"（用于工程）。

问学生，为什么有些材料比其他材料更管用。学生应当能够解释，不同的材料有着不同的特征或属性。例如，有些材料具有吸水或防水的特性。我们问学生："屋顶材料的重要特性有哪些？"回答有耐用、坚固、防水。根据属性的概念来讨论学生的发现。记录学生分享和解释的属性，是描述材料或物质的一种方式。学生应当认识到，不同的材料属性可以使材料有不同的功能，这突出了《新一代科学教育标准》中"结构和功能"的跨学科概念。

通过提问，帮助学生理解不同材料的属性使其适合不同的用途。问："为什么布比浴帘更适合做 T 恤衫？"（因为这种面料更加"透气"和舒适。）如果可行的话，讨论也可以转向学生设计屋顶的形状。一些学生团队可能将其屋顶设计得更加倾斜，而另一些更加平坦。利用这些差异作为进一步讨论结构和功能的契机，让学生分享不同的结构如何使雨水远离房子，并确保屋顶的坚固性。

📝 详细阐述

让学生描述所在地区的房屋或建筑物的材料。询问学生是否去过不同的地方，以及房子看起来是否相似或不同。问他们是否认为房子是用同样的材料制造的，为什么。向学生展示一些不同类型的房屋照片（如非洲的泥房子，美国西南部的土坯房，内蒙古的蒙古包）。让学生分享他们为什么认为房子是由不同的材料制成的（也就是说，让他们考虑不同地区和不同气候条件下选用的材料）。向学生提出以下问题："这些房子有什么样的屋顶？为什么这些特征对屋顶的功能很重要？"

为了进一步探索材料的特性，请在互联网上查阅相关知识，以测试金属、玻璃、橡胶、纸张和织物的透明度、灵活性、强度和耐水性。在部分网站上，如果点击了扬声器图标，机器就会大声读出文本，这对英语学习者来说是极大的支持。这也是一项学生可能尝试参加的测验。该活动可以由一个完整的班级或由单个学生或学生小组来探索，但是老师应该先进行模拟。

✍ 评估和扩展

　　在整个活动过程中都有机会开展形成性评估。从学生对住所及其功能的预先理解开始，从全班讨论部分开始。在进行活动的同时，观察学生团队如何测试这些材料，并注意学生的谈话及他们在工作表中的观察和解释，以便评估他们如何进行工程实践。在课堂讨论中，每个团队应该分享想法并用论据来支持这些想法，最后，由老师评估学生如何构建他们的解释和设计解决方案。

　　作为家庭作业和活动的延伸，让学生思考他们在课堂上测试的材料。使用这些材料，学生可以在院子里设计一件能在下雨时穿的衣服。学生应当能在家里找到设计团队的合作伙伴（他的父母、兄弟姐妹或其他监护人）帮他们完成这项任务。他们应该解释在学校里做的屋顶测试及不同的材料的防水性能如何。使用这些信息，他们应当确定哪些材料或物质最适合给蔡斯家的狗做一件外套。学生应该特别地说明他们设计中使用的材料的属性，并解释为什么选择这些材料。

联系《新一代科学教育标准》

　　本章概述的材料、课程和活动，只是实现表 18.2 列出的期望表现的一个范例。学生们还需要更多的支持材料、课程和活动。

表 18.2　与标准的联系

2-PS1-2 物质及其相互作用 K-2-ETS1-3 工程设计	联系课堂活动
期望表现	
2-PS1-2：分析从不同材料的测试过程中获得的数据，以确定哪些材料具有最适合预期目的的特性	测试了各种材料，使用观察结果来决定哪些材料最适合作为屋顶来防雨
K-2-ETS1-3：分析来自两个物体的测试结果中设计用于解决同一个问题的数据，以对比每个物体的优势与劣势	比较不同的屋顶材料在模拟降雨下的表现，并分析了它们的优点和缺点
科学与工程实践	
分析并诠释数据	在一个图表中收集定性数据，同时在喷雾瓶"雨量"下测试不同的材料 和团队成员探讨观测结果 解释数据，以确定每种屋顶材料是不是有效 探索某个在线测试不同材料及属性的软件
构思解释并设计解决方案	解释了为什么屋顶是重要的，以及一个好的屋顶需要什么样的功能 设计解决方案，以建造最好的屋顶抵御降雨

续表

2-PS1-2 物质及其相互作用 K-2-ETS1-3 工程设计	联系课堂活动
学科核心理念	
PS1.A：物质的结构与性质 • 不同的属性适用于不同的目的	测试材料是否适合用作屋顶材料 讨论在活动中观察到的材料的性质 观察各种各样的房屋设计，并讨论用于建造它们的不同材料的性能 讨论哪些属性更适合做浴帘或 T 恤
ETS1.C：优化设计方案 • 由于某个问题总是有不止一个可能的解决方案，所以，比较和测试设计是极其有益的	测试不同的材料并比较它们如何抵御降雨 讨论不同的屋顶，测试并确定最佳的屋顶材料和它们共有的特性
跨学科概念	
结构与功能	研究不同材料的特性如何影响它们的功能，同时测试在降雨时的特性 讨论为什么刚性屋顶在降雨时很重要（可以延伸到降雪） 比较材料并解释是什么使它们适合或不适合用作屋顶材料

资料来源：《新一代科学教育标准》领先实施的州，2013.

第 19 章　测量成功

二年级学生设计、建造、测试和改进绘制航道的工具

作者：托里·齐斯曼（Tori Zissman）

实地考察是拓宽学生视野的好机会，但乘坐公共汽车可能是一大挑战。坐在第一排的老师一边试图引导司机，一边不断提醒后排的学生注意安全，这不可避免地会让他们感到慌乱，甚至晕车。我和我的同事们把二年级学生的探究活动集中在离孩子家更近的地方，使孩子能够步行上学，解决了令人紧张的公共汽车出行问题。我们研发了一个系列的单元，将科学、社会研究、数学和读写能力融合在我们当地河流的单一焦点上。我们的第一要务：找到那条河！

我们开始学习一年一度的河流单元，收集学生关于河流的问题。学生想知道的事情通常包括以下几点：河流的发源地在哪里？最终注入哪里？最接近我们学校的地方又在哪里？这些问题启动了一个映射单元，在我们的第一个工程设计挑战中达到高潮：制作一个测量长度、宽度或深度的工具。学生在设计、制作、测试和改进他们的工具时，对掌握工程流程的挑战和成就有了深刻的理解。他们学习如何收集、分析和评估数据，并在尝试创建特定位置的地图或模型时，更加深入地了解了遇到的问题。这一设计挑战让学生讨论"可测量"的含义，并鼓励他们检查"可测量的"河流的"可测量性"。这种指导的探寻活动也促进了合作，并为一年的实际应用探索奠定了基调。

一个包含五个步骤的设计流程为我们的活动提供了结构。根据波士顿科学博物馆（Museum of Science in Boston）开发的名为"工程基础"的工程课程，这些活动指导学生通过连续的 4 节课来提问、想象、计划、创造和改进他们的测量工具设计（见图 19.1）。这些课程涉及《新一代科学教育标准》提到的工程设计的期望表现。K-2-ETS1-1 明确指

出，那些具有理解能力的学生可以"提问、观察，并且收集关于人们想要改变的状况的信息，以提出一个简单的问题，这个问题可以通过开发新的或改进的物体或工具来解决"。这些期望是通过标准的成功水平来实现的，使年龄大一些的学生获得了特异性和深度。将工程的期望表现应用于对河流结构的深入研究，也证明了在《新一代科学教育标准》中科学、工程和技术相辅相成的跨学科概念。本章详细描述我们的设计活动，它们是在 5 年时间里发展而来的，为那些希望在自己的环境中复制这个流程的小学老师提供了一个模型。

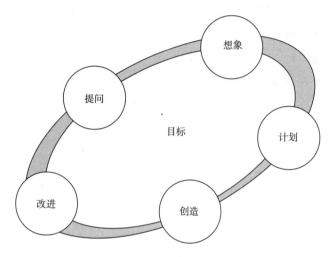

图 19.1　工程设计流程

🗹 做好准备

为了解决准备测量工具设计的问题，学生通常需要复习地图的概念和使用技能。随着人们越来越多地使用 GPS 和互联网资源，学生对纸质地图的接触变得越来越少。在设计活动的前几天，我们让学生参与到课程中来，以激活背景知识，重新审视在早期学习中所学到的概念，并引入新的词汇。学生查看并对比了我们家乡的各种地图。他们比较了不同类型的地图，如俯瞰图和地形图。此外，还通过大声朗读由洛琳·里迪（Loreen Leedy）撰写的《佩妮的世界地图》（*Mapping Penny's World*）一书来回顾地图的使用惯例，这样一来，他们自己也成了制图员，与同伴一起绘制教室的俯瞰图。

当我们把交互技术引入课堂时，就是为这个单元增添了一项新的活动。学生使用白板，访问了波士顿公共图书馆诺曼·B. 利文萨尔地图中心（Norman B. Leventhal Map Center）。借此我们可以查看一张绘制于 1900 年的我们正在研究的那条河流的鸟瞰图。学生对这条河的蜿蜒形状进行了评论，并学会了一个新的单词——曲流（meander）。大多数网站有"图片放大"功能，可以让学生更近距离地观察地图的某个小部分。学生特别兴奋地想要找到我们的学校。他们讨论了关于地图绘制应该包含哪些内容和忽略哪些内容的选择。学生对地图的制作方式感到困惑，因为在那个时候，飞机和谷歌地球还没有问世。

📝 参与

一旦我们完成了评审活动，向学生介绍工程设计活动的时机已经成熟。设计流程很容易进入 5E 的参与、探索、解释、详细阐述和评估的教学模式。我们告诉学生，我们得绘制一张地图，反映学校附近这条河流的某一段的情况，以此来调动学生的积极性。为了绘制地图，我们需要了解这个地点的河流的状况。我们让学生知道，测量工作将由三个小组完成，我们引入了新的词汇，包括长度、宽度和深度等单词，用来描述可测量的河流的状况。其中一组将测量这条河在两个容易辨认的地标之间的长度，另一组测量河流的深度，第三组则测量河流的宽度。此刻，我们为学生提供了一些常见的测量工具。讨论了使用尺、米尺或卷尺来收集数据的优点和缺点。学生很快意识到，我们的工具都不适合这项任务，需要设计新的测量工具。老师们解释说，成年人可以通过一个包含五个步骤的设计流程来指导每个小组，包括询问有关任务和地点的相关问题，设想一些不同的可能性，并选择在河中建造和测试的最佳选择。老师还告诉学生，他们需要使用现成的材料来制作工具。

老师要求学生对任务的偏好进行排序。多年来，指导这些活动的老师发现，当学生对自己的参与有一定程度的掌控时，动机和学习能力都会提高。例如，有的学生可能喜欢在测量河流宽度时弄湿自己的手，有的学生则可能更喜欢在干燥的土地上测量河岸的长度。老师们根据这些偏好，组建了 3 个由 6~8 名学生组成的小组，这意味着将具有不同能力的学生混在一起。其他的成年人是从支持学习的工作人员中招募来的，目的是为每个小组配备一名成年的辅导员。因为这个项目在学年的早些时候就开始了，并且需要合作，我们发现，让那些通常帮助纠正学生行为和社会问题的工作人员参与进来，尤为有益。老师向所有与学生一同工作的工作人员简要介绍了对该项目的期望。

📝 探索

在第二节课中，学生深入研究了工程设计流程。他们继续提问，同时通过头脑风暴（想象）来拓展思维，并且选择一个设计活动来详细地制订计划。在激动人心的探索阶段，学生卷起袖子开始工作。成人辅导员解释说，每组学生必须在课程结束前上交四份文档：第一份是对打算制作的工具的书面描述；第二份是使用工具的图纸或图表；第三份是如何该工具的使用说明；第四份是材料列表。图 19.2 和图 19.3 分别显示了一个小组完成的材料清单和工具的使用说明。尽管整个团队可以一起完成工作表，但我们发现，将工作表的制作任务分到各个工作团队是很有帮助的。诸如作家、艺术家和供应商等特定的工作可以事先分配好，或者学生可以根据兴趣来志愿选择。

图 19.2　小组的材料清单　　　　　图 19.3　工具的使用说明

当每个小组专注于特定的测量任务时，会出现更多的问题。测量河流宽度的小组进行了头脑风暴，探讨的焦点是用什么方法将一根绳子从河岸的一侧牵到另一侧。一个特别有创意的提议是用小苏打和醋火山把绳子的一端发射到对岸去；另一个小组想知道他们是否可以将一艘船开到河中央来测量水深。该小组讨论了测量是不是必须在河中央进行，与在河岸附近测量的结果，是不是会相同。随着问题的出现，老师和成人辅导员引导学生获得额外的资源。例如，仔细观察该地址的照片，就会发现河上有一座桥，学生可以用它来连接河流的中心和河岸。各个小组愉快地将这些新信息纳入了他们的计划中。

这些活动与"学科核心理念 ETS1.B：制订可能的解决方案"相关联，它可以在《新一代科学教育标准》"幼儿园至小学二年级工程设计标准"找到。该标准指出："设计可以通过草图、图画或物理模型来表现。这些表现手法十分有益于向他人分享问题的解决方案。"此外，在课程结束时，老师对这些计划文档进行了审查，这为评估提供了重要的数据，使得老师可以监督各小组的进展，并且重新指导任何偏离目标任务的学生。

调查与解释

一旦老师们收集了每个小组所需要的材料，就该到网站上去制作和测试工具的设计了。在离开之前，我们讨论了行为预期和安全规则，强调学生不能下水。我们还确保学生能够识别出毒葛，因为我们知道这个地方有这种植物。老师还建议学生在实地考察的当天穿长裤，以防皮肤接触毒葛。因为这条河离学校很近，老师可以对我们提议的工作区域进行安全检查，选择适合学生活动的河段。现场提供了洗手液，学生也可以在返回学校后用温水和肥皂洗手。请遵照学校的指导方针进行实地考察，并从互联网上了解更多关于野外旅行安全的常识。由于这个项目的实践性质和学生的年龄，我们还为这次旅行安排了成人辅导员。

在现场，每个小组回顾其计划文档，并开始制作测量工具。在这条河上，与水打交道的特殊挑战更加明显。在探索河的宽度时，一组学生用教室里的标记物来测量绳子的固定间隔。但是，绳子一旦弄湿，标记就被冲掉了，他们最终决定通过在绳子上系结来解决这个问题。另一组测量水深的学生因为水流不断地移动他们的绳子而感到困惑。绳子松散的一端一直漂浮在下游。老师记下了学生对这个问题的讨论。

学生 1：看！这是走对角的。太长的绳子都落在水里了。我们需要一个浮筒。

学生 2：也许有什么东西堵在了河的底部？

学生 3：也许绳子碰到了一条鱼！

最后，他们在河岸上搜寻重物，并试着将不同的物品绑在绳子上，直到最后沉下去。在他们的讨论中，小组的每一名成员都能描述他们的观察，识别和解释问题，并制订新的解决方案。每个小组的学生继续提问、想象和计划，他们通过共同努力来创造和改进这些工具。这类活动与《新一代科学教育标准》的科学和工程实践计划和开展调查一致，特别鼓励学生"合作策划和开展调查，以提供数据作为回答问题的证据"，并且与期望表现 2-PS1-2 一致。2-PS1-2 是这样说的："分析从测试不同材料中获得的数据，以确定哪些材料具有最适合预期用途的特性。"

在这个阶段，成人辅导员介绍了这一流程的新内容。每个小组都需要考虑如何记录他们收集的测量数据。尽管这个活动的主要焦点是工程设计流程，但是，数据收集是测试阶段一个重要的组成部分。测试记录是团队工作的流程图。它们作为一种评估工具也很实用，供任课老师监控学生使用工程设计流程。鼓励小组回答关键问题：这个工具的效果如何？你们对这个工具做了什么修改？这些修改解决了问题吗？其中一个小组尝试了两种方法来测量长度，得出的结果有很大的差异。他们意识到这种差异是对其设计有效性的重要线索，需要进一步探索。

详细阐述与评估

回到学校，团队反思了他们在河边的经历。其中一组学生在绳子标记的使用上也有问题，他们对图表进行了调整，以体现他们选择使用胶带的方式，这是他们在河边做出的决定（见图 19.4）。有些小组利用这段时间在更熟悉的地点拓展他们的测量工具，以获得比较大小的感觉（例如，相对于操场上的攀爬者）。有一年，负责测量河流宽度的小组发现，他们用的绳子拉了半个停车场，比他们预想的长得多。因为在那种环境下很难安全地测量绳子的长度，学生们于是决定把绳子均匀地叠成四次。这样的话，绳子的长度正好可以放在学校的前廊上。学生们在标准单元中测量了这个长度，然后将测量结果叠加了四次，以获得他们的最终数据。作为反思过程的一部分，每个团队都和全班同学共享测量数据和经验。学生也被鼓励提问并提出建议。

姓名_____
画出实际运用的工具图，并且必须给工具的各个部位
画上标签，以使我了解工具是如何工作的。例如，如
果把工具从桥上移下来，就应该给桥也画上标签。

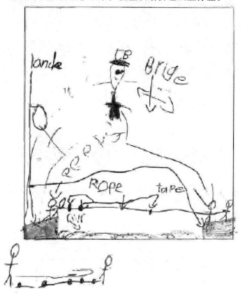

图 19.4　工具图

在这个阶段，学生很容易将书面提示与科学笔记结合起来。在我们的例子中，老师给学生提供了单独的项目报告表格供他们填写。这些表格再与科学笔记结合起来，为学生对这个项目进行评估提供了基础。关于反思形式的一个问题是，要求学生描述他们如何改进他们的测量工具。一名学生写道："别把石头绑在绳子上，用胶带把它粘起来，并且打个结。我们还必须把它放进水流之中。"这名学生记录了对工具的两种改进，以提高其有效性。另一名学生回答了同样的问题，他写道："为了节省时间，我们没有用胶带，而是做了标记。"他不仅描述了所做的改变，还解释了为什么需要改变。这两名学生都展示了自己对设计过程的深入参与。

结语

我们通过告诉学生要绘制一条河的地图，向学生介绍了设计活动。因为两个教室同时在进行设计活动，学生可以将他们的发现与另一个也在测量河流的小组进行比较。这两个组的数据通常并不匹配。最后，学生得出结论：我们的工具不能胜任这项任务，没有足够准确的数据供我们制作地图。学生惊奇地发现，有些时候，尽管工程师们非常认真努力，也可能无法在第一次——甚至是第二次——尝试就取得成功。通常使用的最佳方法是让科学家或其他专家来讲述他们的工作。有一年，我们幸运地请到一位从事卫星制造和发射工作的家长来课堂参观，他为世界各地的公司提供地理数据。

这个活动的真正目的是向学生介绍一个包含五个步骤的工程设计流程。我们将在学年中使用同样的流程来解决两个额外的设计挑战。这个项目为科学学习提供了兴奋感，让学生互相交谈、互相倾听。学生利用他们的调查，在协作的环境中找到了回答现实世界的问题的答案。他们收集数据，确定重要信息，并且修改他们的解释以获得新的见解和知识。他们还锻炼了数学技能，加深了对地图的视觉表现与互联网图片之间的联系的理解。尽管对这项工作进行了规划——而且有时很混乱——但积极的作用是多方面的，而且很值得投资。

联系《新一代科学教育标准》

本章概述的材料、课程和活动，只是实现表 19.1 列出的期望表现的一个范例。学生们还需要更多的支持材料、课程和活动。

表 19.1　与标准的联系

2-PS1 物质及其相互作用 K-2-ETS1 工程设计	联系课堂活动
期望表现	
K-2-ETS1-1：提问、观察，并且收集关于人们想要改变的状况的信息，以提出一个简单的问题，这个问题可以通过开发新的或改进的物体或工具来解决	收集和研究信息，计划并进行了一项关于附近河流测量的调查 结论是在水中测量时必需使用一种新型的工具
2-PS1-1：计划并进行一项调查，以根据可观测的性质来描述和区分不同类型的原材料	提问、观察、探索材料，并且测试它们解决问题的可行性
科学与工程实践	
开发和使用模型	绘制可用于测量的工具的草图和图纸
计划并进行调查	利用专门为河流设计的测量工具进行一项调查，以收集数据
分析并诠释数据	记录关于工具和结果的可测量数据，与同学分享结果，分析数据并确定最成功的策略和组成部分
学科核心理念	
ETS1.A：提出并界定工程问题 ● 提问题、观察和收集信息，有助于思考问题	提问、观察、探索材料，并且测试它们解决问题的可行性 调查并考虑在设计和制造测量工具时使用的适当材料
PS1.A：物质的结构与性质 ● 物质可以根据其可观测的性质来描述和分类	研究并确定材料的特性，这些材料提供制作测量工具所需的属性，以便在河流中使用

续表

2-PS1 物质及其相互作用 K-2-ETS1 工程设计	联系课堂活动
跨学科概念	
结构与功能	分析每种材料的结构和功能特性，确定如何将这些材料结合起来，制作一个用于测量河流的工具

资料来源：《新一代科学教育标准》领先实施的州，2013.

第三部分

三年级到五年级

第 20 章　思考、设计、建造、测试、优化

以水过滤工程设计活动结尾的关于水质的学习单元

作者：芭芭拉·埃勒斯（Barbara Ehlers）和珍妮·考芙林（Jeannie Coughlin）

　　它狂野、疯狂、喧闹，但是一种好的噪声——学习的噪声。这是我们在共同教授"保存和保护水资源"单元时的感受。我们的四年级学生在了解了可供使用的淡水量并研究了水质问题之后，开始关注水污染问题，并且对如何清洁水感到好奇。他们设计、建造和测试自己的水过滤装置，投身于工程。将工程知识融入水质研究之中，是该单元学习的期望表现。学生能够将他们学到的关于水质和水污染的知识应用到这项工程挑战中。

背景

　　通过大量的实践活动，学生探索了水的性质，如密度、表面张力和溶解度，以及水的三种形态——固态、液态和气态。对于这些四年级的学生来说，了解地球上的水量和可供我们使用的少量淡水会让他们大开眼界，这可以从一个学生的评论中看出："在我 35 岁之前我们可能就将水用完了！"

　　为了说明地球的水覆盖面积，学生参加了一个简单而有趣的游戏。他们向空中抛出一个充气的地球仪，记录他们在抓到地球仪时左手的小指是触到了地球仪上的陆地还是海洋。他们的发现与地球表面被水覆盖的实际比例 70%一致。湿地组织的水循环游戏"难

以置信的旅程"(The Incredible Journey)增强了他们关于蒸发、蒸腾、降水和冷凝的知识。

接下来,学生研究了目前存在的问题和水质状况,并对如何保护可用的珍贵水资源产生了浓厚的兴趣。学生阅读了《河滨之河》(Riparia's River)和报纸上关于艾奥瓦州当地水质问题的文章。(老师们可能希望学生从他们自己所在的区域进行研究和查找文章。)他们能够结合来自不同课本的信息,旁征博引地撰写和谈论主题,恰如《各州共同核心标准》中的"英语语言艺术"表明的那样。他们用图表记录了对水质问题的比较和分析,并能从文学或信息文本中提取论据来支持分析、反思和研究。表格的填写为我们提供了形成性评估的途径,以衡量学生对水质问题的理解。

学生阅读了这些材料产生了我们没有预料到的结果。通过阅读,学生能够获得并综合单个社区运用科学思想来保护地球资源与环境的信息。新闻报道指出了艾奥瓦州的水质问题及正在采取的保护措施。这促使学生开始谈论水的清洁问题。在研究中,他们发现我们拥有的水量是恒定的——水一直被反复使用,但是由于各种原因,很多水都无法供人类使用。学生想知道水是如何在被清洁后再利用的,并决心找出更多关于怎样清洁水的知识。我们意识到,这将是一个将工程设计活动纳入科学课程的完美机会,于是开始思考可能的方法,以便允许学生探索和设计、建造并测试水过滤系统。课堂上充满了各种想法和建议,比如:"我们应该用什么来建造过滤系统?""我们有很多塑料瓶,就用那些吧。"

📝 开始

2013 年 10 月发表在《科学与儿童》(Science and Children)杂志上的一篇题为《小心设计失误》(Minding Design Missteps)的文章,为我们的工程设计提供了一个起点。在文中,作者指出了一些常见的失误,这些失误通常是新手设计师会有的。因为我们四年级的学生之前没有体验过工程设计,所以,我们在组织第一次工程冒险时让他们一直牢记这些失误。其中一个失误是学生还没有理解问题就着手设计。为了了解学生对水过滤知识的掌握程度,我们决定用学生的想法来构建"了解、渴望了解、学会"(Know,Want to know,Learned,KWL)模型中的"了解"(K)部分。他们最初的想法包括"水通过不同的步骤得到清洁""过滤器就像有些人放在他们泳池里的设备一样,可以帮助保持泳池的水质清洁""木屑可以把水和污染物隔开"。意识到了解问题的重要性,学生在 KWL 图表的"渴望了解"(W)部分填写了他们渴望了解的内容。他们想知道的问题包括:"它的工作效果如何?""我们怎么知道水有多干净呢?""细菌到哪儿去了?"这种形成性评估为我们提供了更多关于他们对过滤的最初想法和先验知识的信息。

《小心设计失误》的作者克里斯芒德和他的同事强调的工程设计中常见的另一个失误是,学生往往在完全理解问题的约束条件及如何衡量他们的设计是否真正起作用之前,就着手修改材料。这些因素,加上学生想知道的一些问题,必须在我们开始设计之前解决。我们讨论了常见的水污染物类型。学生参考了他们的研究,发现当他们知道被污染的水看上去和闻起来都令人十分恶心时，他们怀疑水过滤到底能不能改善水的外观和气味。他们也知道自己必须能够提供证据，气味的改变很难用明显的证据来证明，但水的外观会更容易看出来。一些人对家里的水过滤装置十分熟悉，用于饮用和供宠物使用。换句话说，我们对这个问题的定义，比清洁水源更加详细。

思考

学生开展头脑风暴，讨论如何使用塑料瓶来设计过滤系统。他们的计划是设计一种过滤污水的方案，并测试当污水通过时，他们的水过滤装置如何工作。他们带来了各种形状和大小的塑料瓶，思考着这些设备是如何工作的。"思考"的部分开始于学生与同学分享关于怎么设计和建造水过滤装置的想法和建议。在建造方面，他们意识到，需要在塑料瓶里放置一些材料，以便水通过，但污物和其他污染颗粒无法通过。他们的一些想法包括在塑料瓶底部打洞，使用咖啡过滤器、海绵、毛巾和纱窗。

通过这些头脑风暴会议，很明显，学生对他们要做些什么有了一些共同的理解。这些成为我们设计的约束条件。学生一致认为，所有的过滤系统须遵守下列约束条件：

- 设计可以使用工程师想要的任意数量的水瓶。
- 过滤材料必须装入水瓶内。
- 水必须从顶部灌进去，在重力的作用下从底部流出。

最具挑战性的问题是我们如何判断水是干净的。接下来的问题是，什么是成功的水过滤装置。我们不告诉学生如何测量水的清洁程度，而是让他们自己决定。学生有很多想法，包括：

- 我们可以通过水的外观来判断（在过滤前和过滤后画一张图，在纸上画一个杯形，然后把过滤前和过滤后的水涂上颜色，或者拍照）。
- 我们可以亲眼核实过滤开始时和结束时水有多清澈。
- 我们可以看看过滤装置里有些什么。
- 我们可以使用浊度管。
- 我们可以闻水的气味。科学家如何测试气味？
- 我们可以用 pH 试纸来检测酸碱度。

在单元学习的早期，当一位客座演讲者在课堂上展示了学生学到的关于浊度管的知识时，他们记住了。但是，大多数学生都不知道如何用 pH 试纸测试水的酸碱度，所以我们研究了 pH 试纸，并探索了如何使用。学生收集了液体样本——水、肥皂、番茄汁、猕猴桃饮料和洗衣液，以测试它们是酸性的、碱性的还是中性的，并用 pH 试纸来检查结果。关于 pH 值和刻度如何工作的知识，肯定有助于确定过滤装置是否成功。在教室里使用任何液体时，一定要戴上防溅护目镜。

一个学生问："我们测试水过滤系统的 pH 值，目的是什么？"另一个学生回答："我们希望水能接近中性。"最后，学生就以下成功标准达成了一致：

- 我们最终获得的水量越接近我们最初放进来的水量，设计就越好。
- 水的 pH 值越接近 7，设计就越好。
- 最终得到的水越干净，设计就越好。

他们还确定了几条人人都必须遵守的安全规则：

- 不喝过滤前和过滤后的水。
- 使用水过滤装置时戴上护目镜。
- 在剪切塑料瓶时要格外小心——用剪刀而不是刀。只有在成年人的监督下才能剪切塑料瓶。

以下是学生在制作过滤器时确认需要的且希望获得的材料清单：

- 塑料瓶
- 咖啡过滤器
- 活性炭
- 棉球
- 通心粉
- 碳酸钙（其中一名学生提出这个建议，因为他发现在家里用它过滤水）
- 碎石
- 沙子
- 纱窗
- pH 试纸和指示标尺
- 量杯
- 胶带
- 勺子

设计

在理解了约束条件、确定了成功标准和制定了安全指南之后，我们的下一步是开始设计过滤装置。首先，每个学生画一幅自己想要建造的水过滤装置的图，用过滤材料标记它。然后，学生与老师指定的搭档会面，讨论他们将在设备上使用什么设计。正如《新一代科学教育标准》中所提到的，与同学沟通建议的解决方案，是设计过程中的一个重要部分，同时，分享各自的想法，可以改进设计（3-5 ETS1-1：提出一个简单的设计问题，反映需要或需求，包括规定的成功标准和对原材料、时间或成本的约束条件）。这也很好地结合了"共同核心数学标准"中的数学实践，以构建一个可行的方案和反驳其他人的推理。教室里又开始了讨论。起初，大多数学生试图说服他们的搭档使用他们的设计。经过进一步的讨论，他们开始协商将每个人的设计综合起来，以根据他们认为可能最有效的方案来生成一个设计。他们的个人作品图、协商后的作品图及课堂讨论，作为另一种形成性评估，帮助我们理解他们关于过滤过程的想法，也让我们有机会用另一种

《各州共同核心标准》的数学实践——数学建模来思考。随后，他们关于设计水过滤器的讨论，给我们留下了深刻的印象。他们的讨论发言类似于："我认为，如果我们把大的过滤材料而不是小的放在最前面，效果会更好。""我们应该在所有的材料层之间放置咖啡过滤器。""让我们先把棉球拿出来，再把棉球上附着的那些东西取出来。""我们不能把小苏打放在底部，它会马上出来。""过滤材料应该靠得很近，还是应该有空隙？""怎么才能把水瓶装进去呢？""如果漏水怎么办？"

学生对过滤材料的先验知识有助于他们的设计进程。学生的意见包括：

- "我知道咖啡过滤器允许水通过，但咖啡渣会留在过滤器里。我想咖啡过滤器会把水里的东西过滤掉"。
- "我用鱼缸里的过滤器。它看起来像棉球，我必须在它看起来脏了的时候更换它。它真的会带走很多黏糊糊的恶心的东西。"
- "我妈妈在冰箱里放了小苏打来吸收气味。"
- "我妈妈把小苏打放在水槽里，这可以把水槽下面的味道去掉。"
- "碳酸钙袋子上的用法说明显示，它能清洁水族馆里的水。"

学生似乎对活性炭一无所知，所以他们研究了一下。根据物质的工作原理，"活性炭是经过氧化处理的炭，它能在碳原子之间打开数百万个小孔"。这些信息有助于学生理解，活性炭通过黏附某些化学物质的方式，可以去除这些物质，但并不能去除所有的化学物质。当活性炭上的小孔被填满时，它也会停止工作。一个最好的学习机会是，学生通过综合考虑合作伙伴的想法来协同学习。他们的完全投入带来了更好的设计，因为他们在设计过程中进行了深入思考！

建造

在每组的两名学生就某项设计达成一致并有了初步想法后，他们开始建造自己的系统。然而，他们"纸上谈兵"的东西在建造的时候并不一定可以成功。有些过滤系统不像他们在纸上画的那样。有时它会散掉，他们不得不重建，这使得他们在《各州共同核心标准》的"数学实践"中尝试理解问题并坚持解决问题。许多学生希望他们能用强力胶布而不是遮盖胶布，因为强力胶布是防水的。我们讨论了科学家和工程师经常如何改变他们最初的设计。学生再次修改了他们画出来的系统。当完成建造时，他们非常渴望用污水来测试一下自己的设计。

测试

学生用一杯含有沙土、盐、肥皂或醋的污水测试他们的设计。一些小组几次将水灌入他们的过滤系统。他们在 KWL 表格的背面画出一个杯子，给杯子涂上污水的颜色，做完后再重复一遍刚才的步骤（见图 20.1）。他们还检测了过滤前和过滤后水的 pH 值，展示他们战略性地使用工具的知识，如《各州共同核心标准》中的"数学实践"中提到的那样。正如他们的成功标准所述，他们的目标是使水变得清澈和 pH 值为中性。尽管他们意识到可能无法实现这一目标，但肯定希望水质得到改善。他们还测量了过滤后的水，以确定在过滤过程中是否出现了流失。当他们宣布结果时，声音满含激情。有些学生谈到他们让水通过过滤器的次数："我们让水过滤了 15 次，水差不多清澈了，没有气味了。""我们过滤了 10 次，水很清了。""在第一次过滤的时候，水的变化很大，但之后就没变了。我想我们需要更多的活性炭。"另一些学生描述了水的 pH 值的变化，他们还注意到了过滤开始和结束时的水量，这与《各州共同核心标准》中的"数学"标准相联系，可以解决涉及测量和数据表示和解释的问题。最重要的是，学生开始思考他们为什么得到这样的成果。"我们需要更多的过滤材料。水很快就通过了我们的过滤器。那气味令人作呕。我们过滤前是 8 盎司水（约 0.24 升），过滤后水变成了 7.5 盎司（约 0.22 升）。"他们的下一个想法是优化他们的设备，这与《新一代科学教育标准》"跨学科概念"中的"原因与结果"一致，它表明了他们辨别和测试了其中的因果关系，并且用来解释变化。过滤之前和之后的水的图片、pH 值的变化、表示水量变化的数据，以及学生写出的评论，等等，都作为另一种形成性评估模式来确定他们在这个过程中学到了什么。

图 20.1　污水和过滤后的水

优化

在对学生的水过滤系统进行多次试验之后，是时候让他们解释做了什么、什么方法管用和什么方法不管用。学生关注的是他们作为一个集体所确立的成功标准。水在过滤前和过滤后的 pH 值是多少？过滤前有多少水，过滤后还有多少水？它看起来像什么？学生将衡量他们成功与否的数据写在了他们的 KWL 图表的背面。我们还要求他们写一些关于如何优化设计的想法。当我们围绕优化设计而进行头脑风暴讨论时，同学们提出了很多想法。他们正在思考如何改进水过滤器。

为了结束我们的工程设计冒险，学生填写了他们的 KWL 图表的 L 部分，解释了他们在设计、建造和使用水过滤系统的过程中所学到的东西。让我们感到惊讶的是，学生能够主动地将设计活动中所做的和所学到的东西与现实生活中对水进行过滤的一些实际情况联系起来。作为总结性评价，学生回答了以下问题：

（1）这个设计项目的目的是什么？

（2）你和你的合作伙伴是如何协商水过滤装置的设计的？

（3）在真正建造水过滤装置时，你对最初的设计做了什么修改？为什么？

（4）过滤器的过滤效果如何？

（5）在试用了原始设计后，你又做了哪些修改？为什么？

（6）你用来衡量成功的标准是什么？

（7）你如何确定哪些过滤材料效果最好？

（8）你想要哪些过滤材料？不想要哪些？

（9）你可以从这个设计实验中得出哪三条结论？

（10）你如何将这堂课中学到的知识运用到现实生活中去？

本章小结

从老师的角度来看，这对四年级学生来说会是一次记忆深刻的学习经历。在我们的水研究学习单元中开展一个工程设计活动作为最终体验，取得了双赢的效果。学生在学习了水的性质和水质问题之后，已经非常好奇地想要了解水过滤相关问题。他们开始思考，如果没有干净的水，他们的未来会是什么样子。让他们积极参与设计和建造一个模型，这个模型确实改变了被污染的水。帮助他们了解更多的不仅是过滤装置，还有工程设计。每个学生都积极参与学习。教室里洋溢的兴奋感使人精力充沛。两名学生正在写下他们在过滤系统中使用的所有东西，这样他们就可以在今年夏天收集这些东西并尝试另一种设计。他们表示："我们可以用一整天来过滤小溪里的水！我打算今年夏天在家里建一个水过滤系统，尝试不同的想法。"对于我们第一次涉足工程设计，这正是我们想要的结果。我们将在未来寻找将工程学融入更多科学单元的方法。

联系《新一代科学教育标准》

本章概述的材料、课程和活动，只是实现表 20.1 列出的期望表现的一个范例。学生们还需要更多的支持材料、课程和活动。

表 20.1　与标准的联系

5-ESS3 地球与人类活动 3-5 ETS1-1 工程设计	联系课堂活动
期望表现	
5-ESS3-1：获得并综合单个社区使用科学思想来保护地球资源与环境的方式的信息	研究分析水质问题及水资源的状况问题 发现可能的解决方案

续表

5-ESS3 地球与人类活动 3-5 ETS1-1 工程设计	联系课堂活动
期望表现	
3-5 ETS1-1：提出一个简单的设计问题，反映需要或需求，包括规定的成功标准和对原材料、时间或成本的约束条件	设计、制造水过滤装置 应用可用的材料，遵循时间限制
科学与工程实践	
提出并定义问题	学习如何净化水 受材料与时间的限制 确定成功的标准，包括 pH 值、外观和最后的水量
学科核心理念	
5-ESS3.C：人类对地球系统的影响 • 人类在农业、工业和日常生活中的活动对土地、植被、溪流、海洋、空气甚至外层空间产生了重大影响。但是，个人和社区正在做一些事情来保护地球的资源和环境	调查了水质及其目前存在的问题，发现水质问题频发，认识到过滤是一种改善水质的方法
3-5ETS1.A：定义并界定工程问题 • 可用的材料和资源限制了问题的可能解决办法（约束条件）。设计的解决方案的成功，取决于考虑到的解决方案的期望特性（标准）	限于他们开发的可用材料清单 将由 pH 值、水量及过滤后的水的外观来确定过滤的成功
跨学科概念	
系统与系统模型	画出水过滤装置的模型
标尺、比例和数量	对过滤前和过滤后的水进行称量 在过滤前和过滤后检测水的 pH 值 通过过滤后的水的称量值、pH 值和颜色来解释学生对水过滤实验的发现
科学、工程和技术对社会与自然世界的影响	像工程师一样设计、建造、测试和修改过滤设备

资料来源：《新一代科学教育标准》领先实施的州，2013。

第21章 基于社区的工程

一项帮助学生识别并找到校园问题解决方案的设计任务

作者：特贾斯维妮·达尔维（Tejaswini Dalvi），克里斯汀·温德尔（Kristen Wendell）

如果我们花一分钟想想："我是怎么学会开车或烤蛋糕的？"那么，不管我们年龄多大，都会一致认同"从实践中学习"这个答案。作为成年人，无论是为某种特定的职业做准备，还是培养新的兴趣爱好，我们都通过冒险和实践来学习。对孩子来讲，学习使用勺子、骑自行车或打字，诸如此类，同样需要通过实践来学习。"做"的经历可以让孩子参与、变得主动和为之兴奋，并且允许其"合法参与"，这是有意义学习的关键。

作为一个与当地小学合作的科学教师教育团队，我们一直探索在城市小学社区的特殊背景下科学与工程学科中"边做边学"的机会。意识到城市学生和老师面临的独特资源和特殊挑战，我们正在开发一种以研究为基础的基于社区的工程（Community-Based Engineering，CBE）方法，此方法可以纳入现有的基础科学项目。基于社区的工程学习是城市小学课堂的一种教学策略，为孩子提供了一个积极参与问题解决和构建新的理解与实践的平台。它涉及在学生本地的环境中发现和解决工程问题，如他们的社区、社区中心或学校。举例来讲，小学生可能注意到附近的空地，于是设计和建造一些技术和工具，为城市园艺准备土壤。这些工程体验使得学生有责任感地设置问题、构建解决方案、设计设计雏形和测试结果。此法也顺应了《新一代科学教育标准》关于整合工程与科学学习的呼吁，让青少年学生在所有社会文化背景下都能接触到工程的实践和理念。基于社区的工程体验可以联系学校科学课程的一个或多个单元，加强《新一代科学教育标准》的学科核心思想，让学生参与关键的科学和工程实践。

📝 模块概览

我们对两所不同城市的公立学校的四五年级学生进行了试点教学，开发了基于社区的工程模块样本。在与基础科学专业教师的合作中，我们关注到他们学校社区内的两个主要问题：在取水艰难的情况下给植物浇水，以及在开放空间非常有限的情况下种植植物。我们的老师和研究人员希望这些社区问题的选择能够帮助学生理解，科学和工程是他们社区生活的一部分，而不是纯粹的学术或抽象内容。我们还确立了符合《新一代科学教育标准》实践的正式学习目标，包括：（a）提问并定义问题；（b）构思解释并设计解决方案。它们还与《新一代科学教育标准》工程设计标准的"期望表现"和"学科核心理念"相联系。我们希望学生在四个领域提升他们的能力：

（1）明确问题。识别问题、理解解决它的必要性，并且了解约束条件和标准。

（2）研究和设计解决方案。对可能是解决问题的办法的创意进行头脑风暴，运用资源和探讨来设计解决方案。

（3）建立和测试设计雏形。通过构建设计雏形或工作模型来测试设计的解决方案。

（4）解释和重新设计。向同伴解释和传达想法，接受反馈。根据测试结果和反馈意见重新设计建模的解决方案。

我们在连续四周的时间里花了 4 节 90 分钟的课程来建立我们的模块，这 4 节课的内容如下：

- 第 1 节课：预览模块，用热身设计挑战来介绍工程学。
- 第 2 节课：确定和探索基于社区的工程问题。
- 第 3 节课：建立和测试解决方案。
- 第 4 节课：解释和重新设计解决方案。

📝 基于社区的工程模块：设计一个水运系统

第 1 节课

> **老师参与**
>
> 识别社区可能存在的问题

我们在为第一堂课做准备时，陪同学校花园俱乐部的老师在校园里散步。我们向她询问了一些关于花园的问题，并记下了我们看到的问题。我们一同决定，将学生的努力集中在给花园上层的花圃浇水的问题上。因为上层的花圃位于篱笆的后面，要登上楼梯，还要穿过操场才能走到水龙头那里，所以，学生不能方便地给花圃浇水。老师们预计，学生会很有兴趣来设计一个水运系统，以解决这个问题，对此，老师们感到兴奋。我们认为，这一任务为科学推理和学生设计工作模型提供了许多机会，也是一个真正应用科学来建造一些确实能够发挥作用的东西的机会。

将介绍工程设计作为热身活动

我们在第一堂课开始时向学生宣布，他们将共同努力解决学校花园中的一个问题，并简要介绍了项目的不同阶段。我们解释说，这个活动的目的不仅是帮助他们学习使用工程学来解决问题，而且是让他们密切协作，从而帮助他们的学校。然后，我们促成了一个非正式的全班讨论，围绕"做工程意味着什么"。我们用它作为简单的工程介绍和平台，让学生辨析工程与工程师的概念，即工程只是指需要电力、电脑或新技术的产品，而工程师是"修理"和"建造"东西的人。在讨论结束时，我们和学生确定了工程设计的工作定义：一个通过创造力和利用数学与科学知识为人类问题制订解决方案的过程。

然后，学生完成了一个热身工程挑战，准备解决学校花园中的一个大问题。学生听着我们讲的故事，内容大致是这样的：儿童读物 Muncha！Muncha！Muncha！里一位名叫麦克格里利先生（Mr. McGreeley）的园丁在菜园里种了一片蔬菜，但在他每天早上去摘菜的时候，都会发现一些被吃了一半的蔬菜，还有一些被毁掉了的植物。他看到动物的足迹，意识到兔子和松鼠可能进入了他的花园。我们问学生："麦克格里利先生的生活有什么问题吗？他的问题是什么？我们能用工程学来帮助麦克格里利先生吗？"

学生以小组为单位开展头脑风暴，想出解决问题的办法。他们绘制图纸，为菜园设计了一个保护系统。然后，每个小组向全班同学展示他们的设计。在这里，我们向学生介绍了"加号/德尔塔/问号"（+/Δ/?）方法以方便他们提供反馈。这是对+/Δ课堂反馈评估方法的一个修订，该方法可以帮助识别课堂的进展情况和需要更改的内容，帮助学生思考，他们应该继续做什么（+），以及哪些方面需要改进或改变（Δ）。在展示完每份设计后，班上每个学生在便条上记下三件事："+"，即告诉别人，那份设计的一个优点；"Δ"，意味着完善该设计的一次更改；"?"表示自己注意到这份设计还有一些不清楚的地方。学生把他们的便条交给展示他们设计的小组。学生使用"+/Δ/?"的同伴反馈来改进他们的设计，然后用可连接的积木块建造他们的花园保护系统模型。我们有针对性地将材料作为工程设计流程的一部分，用于向学生介绍约束条件。

最后，在全班同学的帮助下，我们重新思考了这个问题：在他们所做的活动中，"什么是工程？"学生确定了他们为帮助麦克格里利先生而采取的工程步骤，即识别问题、考虑解决问题的不同想法、绘制草园、提出设计方案、交换意见、改进设计，以及创建和测试模型。

在第 1 节课的最后，我们让学生仔细观察学校操场上的花园。当学生穿过校园时，列出了他们观察到的不同园艺问题的清单。在每次参观操场时，我们都会确保他们受到充分的监督，并且在上课前强调操场安全规则。

第 2 节课

与学生一同指出社区的问题

第 2 节课的目的是帮助学生学习如何提出工程问题。这包括提出一个核心工程问题和定义解决方案的标准。我们首先讨论了学生在学校花园中观察到的各种问题，以及他们认为可以通过工程设计来解决的问题。例子包括：

- "花圃需要更多的花。"
- "垃圾区周围很脏。"
- "球跑进了花圃。"
- "上层的花圃中没有水。"
- "上层的花圃中没有泥土。"
- "人们从前面的花圃里摘花。"
- "要把木屑放进花圃里。"

我们在教室前面的索引卡上用大字体列出了每个问题。然后，学生把问题分成不同的类别，如保护植物或采光的问题。接下来，我们讨论了选择某个需要立即解决的问题的重要性及他们的集体努力。我们一同将用水问题作为焦点。学生通过思考下列问题（学生的回答在引号内）来思考特定问题的本质：

- 为什么你认为这个问题很重要？"不然的话，就只能由花坛自生自灭了。即使种了植物，我们也不能在假期浇水，因为我们（学生）不能在那里轮流浇水。"
- 我们该怎样判定我们是否成功地解决了这个问题？"我们种的植物在花圃中长得很好。"
- 解决方案需要通过哪些测试？"必须为我们节省运送水的时间和精力。"
- 我们的设计工作有什么限制吗？"这件事必须在规定时间内完成。"
- 我们需要什么信息或材料来解决这个问题？或者在我们解决这个问题之前，有什么需要学习的吗？"首先我们要考虑建造什么，然后可以制作一个材料清单。"

围绕创意展开头脑风暴

随着核心问题的确定，学生开展头脑风暴，提出可能的解决方案，并制订了他们的第一份计划。在小组内，他们画图纸，写下描述。每个小组都向全班分享他们的想法，征求反馈意见，并且将他们最初的头脑风暴记录在索引卡上。

收集和记录数据

我们的下一步是让学生做好准备，设计一个能够安装在校园里的系统。在确定需要更多关于校园大小和形状的信息后，学生来到户外，用小白板和白板笔制作地图。

在测量和绘制户外空间图之后，学生为浇水系统绘制了设计图，并制作了一份材料清单，他们需要这些材料来建造设计雏形。我们利用绘图活动，让学生意识到其他学生在操场上的安全问题，并鼓励他们将此作为设计的安全标准。在接下来一周的课程中，我们收集了学生列出的材料。如果所需的材料不安全或太贵，我们就提供替代的材料，并向学生解释替换材料的原因。我们还增加了一些额外的材料来帮助学生。学生可以获得剪刀、硬纸板、纸、胶带、麻绳、粗绳、不同尺寸的滑轮、水桶、手摇水泵、橡胶片、空针线盒、塑料片、纸箱、薄纸卷管和塑料容器。

我们注意到，这是模块中重要的一点，可以用来支持有特殊需要的学生，给他们"量身定制"。例如，老师可以为问题提供初步的、功能最简单的解决方案，并要求学生设计和改进它。在设计过程中，根据学生的技能水平，材料和工具可以是简单的，也可以是复杂的。当学生完成设计时，可以要求他们运用不同的表达方式来记录他们的工作，如对老师的采访、视频、录音或平板电脑演示。

联系《各州共同核心标准》

英语语言艺术

说与听（四年级）

理解与合作

- CCSS.ELA-LITERACY.SL.4.1：与不同的伙伴就四年级的主题与课文进行有效的合作讨论（一对一的、小组的、老师领导的），在别人的想法的基础上清晰地表达自己的想法。

知识与创意的表述

- CCSS.ELA-LITERACY.SL.4.4：用适当的事实和相关的描述性细节来支持主要观点或主题；以可以理解的速度清晰地表达。

数学

测量与数据

解决涉及测量和度量转换的问题。（四年级）

- CCSS.MATH.CONTENT.4.MD.A.1：了解一个单位系统中各个计量单位的相对大小，包括千米、米、厘米；千克、克；磅、盎司；升、毫升；时、分、秒，等等。在单一的测量系统中，如何用更小的单位表示更大的单位。在一个两列的表格中记录等效的度量。

在特定的测量系统中转换类似的度量单位。（五年级）

- CCSS.MATH.CONTENT.5.MD.A.1：在特定的测量系统中转换不同大小的标准度量单位（如将5厘米转换为0.05米），并使用这些转换来解决多步骤的实际问题。

几何测量：理解体积的概念。（五年级）

- CCSS.MATH.CONTENT.5.MD..C.C.3：认识到体积作为立体图形的属性，理解体积测量的概念。

第3节课

解决问题：执行计划

这一节课以简短的设计小组的视频片段开始，向学生展示高中生解决另一个社区问题的工程解决方案。在看完视频后，学生自发地参考了我们之前讨论过的工程设计实践，并在视频中指出了这些实践。他们还将自己的设计过程与设计小组参与者的设计过程进行比较和对比，与后者的设计过程虽然结构相似，但后者是在当地农场而不是学校花园的工程问题背景下进行的。学生围绕设计小组的视频片段而开展的深思熟虑的分析让我们相信，这段视频给了他们灵感，也让我们有机会看到工程设计的过程。学生还观察了视频中各种工具和安全设备（包括护目镜）的使用情况。学生的设计不需要使用任何有潜在危险的工具或材料，因此无须专门的安全设备。不过我们认识到，在这方面，我们可以模拟与选定的社区问题、工具或材料相关的安全程序。我们向他们介绍了安全设备，如用来保护眼睛的护目镜。

接下来，每个小组与全班同学分享他们的喷水系统设计。作为老师，我们为每个设计确定了关键的基础科学概念，并且要求学生考虑如何将他们的科学知识和思维应用到他们的系统中。例如，我们讨论了滑轮及其作为简单机械的作用，为其中一个小组提供支持，这个小组的喷水系统设计包括滑轮。然后，学生回到小组，用我们提供的材料制作设计雏形。在告诉学生哪些材料可以替代列表上的材料（因为成本或安全因素）后，我们解释说，工程师在设计解决方案时需要考虑可用的资源，对资源的限制称为"约束条件"。

第一个学生小组创建了滑轮与水泵系统，将一桶桶的水吊到花圃的上层，通过塑料管轻松将水输送出去。他们的系统设计用于减少将大量的水提到楼梯上的工作量。第二个学生小组创建了一个微型的传送带系统模型，用来将盛满水的容器安全地穿过校园运到花园。

第4节课

讨论和修订我们的模型

在高潮部分开始时，每个小组分享了他们的设计雏形，并且与全班同学讨论了设计的优缺点。在这个反馈环节之后，学生改进了设计雏形，并记录了他们所有的修改。为了圆满完成设计活动，我们展示所有最初的索引卡（最初的建议解决方案），并且让学生将它们与他们当前的设计雏形进行比较。我们反思了他们设计的演变过程和工程设计流程的本质。

📝 多方面学习的证据

在学生专注于解决花园问题的同时，我们通过直接观察和收集学生作品，正式评估了学生在三个方面的进步：工程设计实践、科学和数学概念的探索和应用，以及承担社区问题解决者的角色。

我们评审了学生的设计方案（他们是不是创建了多个版本）、他们相互之间的反馈（他们有没有记录和讨论两者的优势和建议）、他们的设计雏形（是不是在测试和收到反馈时做出了改进），以及最终解决方案的记录（是不是创建了其他工程师可以照着做的标记图），借此评估他们在工程设计实践中的成长。

我们还要求学生明确地复盘他们所学的工程学知识。学生学习的有力证据是："当一名工程师，必须做一张图表，列出需要的材料，建造并试用，并且解决问题。"

怎样来评估基于社区的工程模块中的数学和科学联系，取决于所选择的社区问题的性质。在我们的问题中，物理科学和生命科学领域存在着相关的科学核心思想，并且在测量中有着重要的数学概念。学生在完成这个模块时，他们做到了以下这些：

- 了解了作为简单机械的滑轮，探讨了双滑轮系统，以改进其设计的可用性。
- 讨论了植物对水的需要，了解了浇水的数量和频次。
- 在他们问"我们需要输送多少水"和"如何输送"的时候，探讨了重量与体积的概念。
- 在测量学校操场的距离时使用了合适的长度单位，绘制了户外的空间地图，并使用这些测量结果和地图做出明智的设计决策。

最后，我们观察到学生越来越多地在他们的社区中扮演问题解决者的角色。他们发现了合作和诤友的力量。一名学生说："当我们互相给予反馈时，项目就会做得更好。"他们还提了共同坚持的重要性："老师应该知道，他们不应让孩子们放弃；他们必须帮助孩子们继续坚持，继续努力。"学生也注意到并讨论了校园里的其他问题，而且邀请其他年级的朋友一起合作。学生最初认为，所有这些问题都需要一个解决方案，但后来得出的结论是，某些问题可以通过简单的交谈和在其他学生之间建立共识来解决。

联系《新一代科学教育标准》

本章概述的材料、课程和活动，只是实现表 21.1 列出期望表现的一个范例。学生们还需要更多的支持材料、课程和活动。

表 21.1　与标准的联系

3-5 ETS 工程设计 5-LS1 从分子到有机体：结构和过程	联系课堂活动
期望表现	
3–5 ETS1-1：提出一个简单的设计问题，反映需要或需求，包括规定的成功标准和对原材料、时间或成本的约束条件	制订成功的问题解决方案的标准，确定对材料和时间的限制
3–5-ETS1-2：根据每个解决方案到底有多么出色地达到了问题的标准和满足了问题的约束条件，来制订并比较多个可能的解决方案	创建一个设计雏形解决方案，解释该方案，并根据结果和反馈重新设计该方案
科学与工程实践	
提出并定义问题	发现了校园里存在的一个工程问题
构思解释并设计解决方案	研究并策划了解决社区问题的方案
学科核心理念	
ETS1.A：定义并界定工程问题 • 可用的材料和资源限制了问题的可能解决办法（约束条件）。设计的解决方案的成功，取决于考虑到的解决方案的期望特性（标准）	考虑问题，选择一个来解决，辨别约束条件，提出解决方案，构建和迭代设计雏形解决方案
ETS1.B：制订可能的解决方案 • 不论在什么阶段，与同伴交流建议的解决方案是设计过程的重要组成部分，而分享各自的想法可以改进设计	解释他们的设计雏形，并与同学分享想法
LS1.C：生物体中物质和能量流动的组织 • 植物主要从空气和水中获得生长所需的物质	讨论并分析植物对水分的需求，以支持植物生长
跨学科概念	
科学、工程和技术对社会与自然世界的影响	设计并建造了一个灌溉系统，以满足学校社区的需要

资料来源：《新一代科学教育标准》领先实施的州，2013。

第 22 章　工程，学习

行动中的科学和工程实践

作者：凯茜·P.拉沙佩勒（Cathy P.Lachapelle），克雷斯汀·萨吉亚尼斯（Kristin Sargianis），克雷斯汀·M.坎宁安（Christine M.Cunningham）

今天，美国的孩子把大部分时间花在人造空间里：家和学校、操场和城市街道、公园，甚至农场。同时，孩子们也把大部分时间用在与科技的互动上，从以前只与铅笔和书桌打交道，到如今沉迷于新奇而华丽的平板电脑和手机世界。要想成为现代社会的公民，孩子们需要知道这些事情是如何发生的。当他们了解了工程设计技术的时候，也就是说，当他们搞懂了工程师们怎样应对各种各样的挑战的时候，就会敞开心扉，迎接新的职业机遇。

很显然，《新一代科学教育标准》中包含了科学，因为它被包含在美国基础教育《K-12科学教育框架》之中。国家研究委员会（National Research Council，NRC）指出，"工程和技术之所以能与自然科学（物理科学、生命科学、地球与空间科学）相提并论，有两个重要原因：（1）体现了理解人造世界的重要性；（2）认识到了将教学与科学、工程和技术的学习结合起来的价值。"

九年来，我们的团队一直在为小学生开发和测试工程学课程。我们之所以从事这项工作，是因为我们和国家研究委员会一样认识到技术素养的重要性。在本章中，我们将展示科学与工程实践如何通过提供某个 STEM 课程单元的活动来整合到小学课堂中。这个单元的主题是航空航天工程，要求学生为一艘飞船设计降落伞，使其降落在大气层比地球还要稀薄的行星上。

科学与工程实践

　　《新一代科学教育标准》规定,儿童应该从事八项科学和工程实践。在接下来的内容中,我们展现一间小学教室的场景,展示孩子们在设计降落伞的过程中进行的全部八项工程和科学实践。我们描述的活动,已经成功地将对这些实践有经验和没有经验的学生联系了起来。我们还列举了一些孩子在从事工程设计时运用了科学与数学的知识和技能的例子。我们这么做是为了说明科学、技术、工程和数学都可以像《新一代科学教育标准》提倡的那样进行整合学习。

提问并界定问题

　　美国基础教育《K-12 科学教育框架》指出,科学和工程有着不同的目标。科学的目标是创造一些理论来解释世界如何运转,所以,科学家们首先解决与这个主题相关的问题。工程的目标是找出需要或需求的解决方案,因此,工程师首先界定问题,描述成功是什么样子的,并确定解决问题的约束条件是什么。《新一代科学教育标准》指出,小学生应当明确这两种问题。

　　在设计降落伞的学习单元中,学生提出了科学和工程方面的问题。他们询问与降落伞有关的科学现象,并且问到了降落伞设计的标准与约束条件(期望表现 3–5 ETS1-1:提出一个简单的设计问题,反映需要或需求,包括规定的成功标准和对原材料、时间或成本的约束条件)。现在,让我们进入教室,看看到底发生了什么。

　　A 老师问她的三年级学生:"你们需要什么信息来确保你们团队的降落伞设计'准备就绪'了?"学生思考着这个问题。一个女孩回答:"降落伞要降落到哪里?哪个星球?"另一个女孩跳了起来,问道:"我们能用什么来制造?"一个男孩提问:"它会和什么连在一起呢?我们要降落的是什么?"另一个女孩补充:"降落伞是如何让你减速的,就像跳伞运动员一样?"对此,A 老师并没有正面回答,而是抛出另一个问题:"大气层与降落伞的工作原理有什么关系?"A 老师告诉学生,在他们制造降落伞之前,将探讨所有这些问题。他们收集的信息将帮助他们设计更有效的降落伞。

开发和使用模型

　　科学家开发并使用模型来帮助他们理解世界是如何运转的。工程师则用模型帮助他们设计有效的问题解决方案。《新一代科学教育标准》希望孩子们使用具体的模型来交流他们的发现,强化他们的理解,并提出他们的创意。

　　设计降落伞的第三节课的指导问题是:"大气层的厚度和降落伞的设计会怎样影响降落伞下落的速度?"A 老师首先问三年级的学生对模型的看法:"模型是什么?为什么它们很重要?"

　　接下来,她给他们看了两个塑料的广口瓶:一个装满水和几滴食用色素,另一个只装了空气。她解释说，这两个瓶子模拟两种不同的大气，一种厚，一种薄。她问："我们怎么才能弄清楚哪个瓶子能够模拟哪种类型的大气呢？"一名学生建议："感受瓶子里的感觉。"另一名则说："往每个瓶子里放点东西。"A 老师确认道："这就是我要做的。"

她拿起两个高尔夫球，把它们同时扔进两个广口瓶里，随即问道："哪个瓶子代表更厚的大气？"学生回答："球掉得慢一点儿的那个！"一个女孩推测："因为球在瓶子里会撞到更多的东西。"A 老师说："很不错的想法！水比空气更厚，密度更大，所以对球的阻力更大。这个模型能模拟哪些行星？"学生回忆他们学过的太阳系知识："金星！""海王星！""木星！"

A 老师让学生总结他们从模型中学到的东西，这将帮助他们理解为什么降落伞在密度高的空气中降落得更慢。一个男孩回答说："它就像水中的食用色素，当物体穿过大气层时，它们会从大气中挤进去，并把大气向四周移开。"大气层模型帮助学生了解大气层的厚度或密度如何影响降落伞等物体的下落。

计划并进行调查

科学家计划并进行系统的调查，以回答关于自然现象的问题。他们辨别应该记录哪些数据及变量是什么。不过，工程师通过调查来收集数据，帮助他们指定设计标准并测试他们的设计。《新一代科学教育标准》指出，老师应该支持孩子参与这些实践。

在 A 老师的课堂上，孩子们研究降落伞的设计如何影响其下降速度。她让每组学生测试三种降落伞特性中的一种（伞盖材料、伞盖尺寸和悬索长度），同时保持另外两种特性不变。她问："你们要控制所有的变量，除了你要测试的那个。你觉得这是为什么？"一个女孩回答："我们都必须在降落伞底部使用同样的东西"。A 老师说："没错。"她解释，每一组同学都从相同的高度抛下降落伞，这样，他们就可以比较每个小组的降落伞下落的速度。A 老师问："你认为我们应该只把每个降落伞降落一次吗？"几个孩子喊道："不！"她继续试探地问："为什么不呢？"一个男孩回答："第一次可能降落不到正确的地方，你要确保它能够落到正确的位置上。"

每组学生制作三个降落伞用于调查，改变其中一个变量，并且控制其他量不变。例如，"伞盖材料"的小组使用三种不同的伞盖材料制作了三个降落伞，同时保持伞盖的尺寸和悬索的长度不变。

接下来，A 老师向全班展示如何记录数据。学生同时从相同的高度抛下三个降落伞，并且记录它们落地的顺序（见图 22.1）。每组进行三次试验，并将每次试验的结果写在记录表上。当所有的小组都完成了测试后，A 老师让他们向全班分享他们的发现。她把每个人的发现都记录在图纸的数据表上，这样每个人都能看到。因此，即使每个小组只关注一个降落伞的变量，所有学生现在也都可以获得一个更大的数据集，并且可以用这个数据集来得出关于降落伞特性和降落速度的结论。

伞盖尺寸
测试降落伞

说明：制作降落伞。将它们降落三次，分别记录每次降落的数据，然后回答下面的问题。

变量		常量	试验 1	试验 2	试验 3	观测结果
	小伞盖（8 英寸，约 20.32 厘米）	材料：纸 悬索长度：21 英寸，（约 53.34 厘米）				
	中号伞盖（14 英寸，约 35.56 厘米）					
	大伞盖（18 英寸，约 45.72 厘米）					

1. 哪种尺寸的降落伞下降得最快？ _____
2. 哪种尺寸的降落伞下降得最慢？ _____
3. 认为下降得最快或最慢的理由是什么？ _____
_____

图 22.1　降落伞设计数据表

分析并诠释数据

科学家分析和解释数据，为科学理论提供证据；工程师分析和解释数据，以便更好地理解设计缺陷和优点，以及如何改进它们。我们的小学生从事这些实践，因为他们收集数据，制表或画出图表与全班同学分享。老师在这些过程中要支持他们，特别是在分享和解释数据方面，这与《新一代科学教育标准》的要求一致。

在进行调查并分享数据后，A 老师的学生讨论了他们的发现。她问："为什么大伞盖的效果更好？"一个女孩回答："当它降落的时候，不得不把更多的空气推开。它就像一个装满水的罐子。"另一个女孩说："小降落伞开得没那么大，所以它降落得很快。"他们在数据中发现了清晰的规律，能够对正在发生的事情做出解释。

学生需要更多的帮助来解释不同长度悬索的调查结果。A 老师问："当我们降落用很短的悬索制成的降落伞时，发生了什么？"一个男孩回答："降落伞没有打开那么大；它像石头一样掉了下来！"另一个男孩说："悬索越长，降落伞就打开得越慢。"A 老师澄清说："这时空气阻力和拉力更大。"学生将在团队中使用他们从这堂课的讨论中学到的知识，对每个设计特性的优缺点进行权衡，从而制造不仅降落速度慢，而且适合航天器使用的降落伞。

进行基于论据的论证

科学家们从论据中进行论证，以检验和强调他们的观点；工程师进行辩论以比较和加强他们的设计。根据《新一代科学教育标准》，小学生应该实践倡导自己的想法。他们需要老师的支持来区分什么是自己的见解，什么是基于论据的观点。

为了帮助学生在设计和测试降落伞设计之前进行论证，A 老师要求学生根据伞的大小、材质和悬索的长度，分别想出至少两种不同的降落伞设计方案（见图 22.2）。然后，学生与他们的小组分享想法。

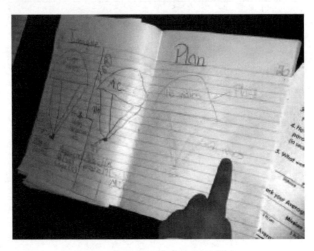

图 22.2　学生的降落伞设计方案

A 老师鼓励团队将多名学生的想法综合到他们的设计中。她还提醒他们，要使用有关设计变量如何影响下降速度的数据来指导自己的决策。

A 老师问一个小组："你们团队是怎么想的？"一个女孩回答说："我们认为应该用咖啡滤清器来做伞盖。"另一名小组成员说道："但是，我们看到上面有洞，所以空气可以通过。"A 老师又问："其他人怎么想？要记得回顾你记录的数据。"于是学生检查他们的笔记本。一个男孩说："塑料袋降落得最慢，我认为我们应该利用这一点。"

通过提醒小组成员运用在之前的调查中收集到的信息，A 老师帮助学生提升了考虑团队其他成员想法、根据数据和证据来辩论，以及在选择设计理念时妥协的能力，这些是工程设计的核心技能（期望表现 3–5-ETS1-2：根据每个解决方案到底有多么出色地达到了问题的标准和满足了问题的约束条件，来制订并比较多个可能的解决方案）。

构思解释并设计解决方案

为了满足科学和工程的目标，《新一代科学教育标准》要求小学生有机会（基于他们的观察）构建、测试和评估他们对世界的理解，并且设计、测试和评估问题的解决方案。

在"分析并诠释数据"部分，我们已经给出了某位学生如何构建解释的例子。这是另一个例子。每组学生在学校的楼梯间放下降落伞时，A 老师会为学生计时（同时确保学生在楼梯间的安全）。一个团队的降落伞摔到了地上。他们的悬索太短了，导致伞盖无法打开。Ａ 老师问："你们认为问题出在哪里？"一个孩子回答："可能是悬索太短，或者也可能是伞盖太小了。"当他们测试和观察他们的降落伞并与全班同学分享他们的发现时（见图 22.3），小组构建了关于降落伞如何工作及不同设计元素如何影响降落伞性能的理解。

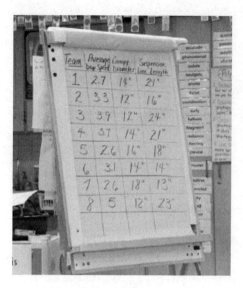

图 22.3　降落伞测试结果

获取、评估和交流信息

科学家和工程师通过科学文本、图表和数据及评估演示文稿和设计雏形来获取、评估和交流信息。《新一代科学教育标准》提倡，学习获取、评估和交流信息的过程，可以从最低的年级开始，因为孩子们可以阅读适合他们年龄的科学文本，在科学杂志上写作，并为自己、同学和老师制订设计计划（学科核心理念 ETS 1.B：制订可能的解决方案）。

运用数学和计算思维

数学和计算对工程和科学都至关重要。它们能使精确的思想交流和从数据中进行推断并得出结论成为可能。《新一代科学教育标准》指出，小学生应该通过测量、识别数据集中的模式并使用简单的统计数据，从数学上分析数据集，开始参与这些实践。

在降落伞设计单元中，学生测量并切割降落伞伞盖的圆和悬索的弦，求出三次计时试验的平均值，计算降落伞下落的平均速度（见图 22.4）。他们四舍五入，学习四舍五入在什么时候是合适的，为什么是合适的，将数学技能付诸实践。

设计一个降落伞
工程设计流程
制作！

降落伞包装得分

1. 在以下的数字条中用×来标记你们的降落伞包装得分：

奖励区

| 0 | 30 | 60 | 90 | 120 | 150 | 180 | 200+ |

2. 你们的降落伞包装得分是否已经"准备就绪"？ ＿＿＿＿＿＿＿＿＿

3. 你们的降落伞降落了多远的距离（单位：米）？
（从开始降落的地方到地板之间的距离） ＿＿＿＿＿＿＿

4. 你们的降落伞降落花了
多长时间（单位：秒）？

试验 1	试验 2	试验 3	平均

5. 你们的降落伞的平均降落速度是多少？

距离（米）÷ 3 次试验的平均降落时间 ＝ 平均降落速度

6. 在以下的数字条中用×来标记你们的降落伞的平均降落速度。

准备就绪					差一点点	需要重新设计得分
每秒 1 米或更慢	每秒 2 米	每秒 3 米	每秒 4 米	每秒 5 米	每秒 6 米	每秒 7 米

7. 你们的降落伞的平均降落速度是否达到了"准备就绪"的标准？ ＿＿＿＿＿

图 22.4　降落伞设计数据表

工程超越科学的价值

　　工程要求学生以有意义的方式应用科学知识并从事工程实践。然而，工程在课堂上的价值远远超出这种学科领域的交叉。通过应对工程设计的挑战，学生实践了 21 世纪的技能，如创造力、协作能力、批判性思维和解决问题的能力。工程设计的挑战本质上也是开放式的，存在许多种可能的设计解决方案。工程设计挑战的开放性鼓励学生发挥创造力，跳出思维定式。学生与他们的同学一道交流设计理念，并且与小组成员合作，最终完成设计。最后，工程的核心是解决问题的过程。当学生有了工程和科学实践的经验时，也会成为更有效率和创造性的问题解决者。

联系《新一代科学教育标准》

本章概述的材料、课程和活动，只是实现表 22.1 列出的期望表现的一个范例。学生们还需要更多的支持材料、课程和活动。

表 22.1　与标准的联系

3-5-ETS1 工程设计 2-PS1 物质和交互	联系课堂活动
期望表现	
3-5-ETS1-2：根据每个解决方案到底有多么出色地达到了问题的标准和满足了问题的约束条件，来制订并比较多个可能的解决方案	对降落伞的设计进行头脑风暴，并与小组中的其他人进行比较，利用他们所学到的关于伞盖尺寸、材料和悬索长度如何影响下降速度的知识，评估每个创意满足问题的标准和约束条件的可能性
3-5-ETS1-3：计划并进行公平的测试，在这些测试中，测试人员控制自变量并考虑故障点，目的是识别模型或设计雏形中可以改进的方面	对不同的伞盖材料、伞盖尺寸、悬索长度进行测试并生成数据
2-PS1-2：分析从不同材料的测试过程中获得的数据，以确定哪些材料具有最适合预期目的的特性	收集数据并制表，分析最适合制作降落伞的材料类型并与班级分享，以便指导接下来的设计
科学与工程实践	
提出并界定问题	提出问题，以确定如何设计降落伞，它能将有效载荷降落到另一个星球 辨别涉及降落伞如何工作需要调查的问题
开发和使用模型	用模型来描述当降落伞穿过其他行星上不同厚度的大气层时会发生什么
计划并进行调查	对影响降落伞降落速度的变量进行了公平的协作测试，生成数据，供全班同学决定如何规划设计方案
分析并诠释数据	将不同小组收集的数据制成表格，并且将其分享给全班同学分析，以确定这些变量如何影响降落速度，从而为设计提供依据
进行基于证据的论证	讨论了不同降落伞设计的相对优点，借鉴了之前收集的证据
构思解释并设计解决方案	构思了一种解释，用以诠释什么大气模式可以说明大气如何工作，并诠释在测试一些标准时为什么降落伞的性能表现得不同

续表

3-5-ETS1 工程设计 2-PS1 物质和交互	联系课堂活动
科学与工程实践	
获取、评估和交流信息	使用带有关键特征的标签和规格的图表，就降落伞的设计计划展开交流
运用数学和计算思维	测量和切割降落伞伞盖的圆、悬索的弦和降落伞降落次数，分析收集到的降落伞降落数据，并利用这些数据构建改进的模型
学科核心理念	
ETS1.A：定义并界定工程问题 • 可用的材料和资源限制了问题可能的解决办法（约束条件）。设计解决方案的成功，取决于考虑到的解决方案的期望特性（标准）。针对解决方案的不同的提议，可以根据每个方案到底多么出色地达到了规定的成功标准，或者多么周到地考虑了约束条件来进行对比	定义约束条件和标准，并确定那些与为另一个星球设计降落伞的挑战相关的约束条件和标准 为解决方案提出各种建议并进行比较，每组选择一个方案来设计和测试 对设计雏形进行测试分析，开发、改进和进行进一步测试
ETS1.B：制订可能的解决方案 • 在开始设计解决方案之前，应该先对问题进行研究。测试一个解决方案涉及调查它在一系列可能的条件下的执行情况 • 不论在什么阶段，与同伴交流建议的解决方案是设计过程的重要组成部分，而分享各自的想法可以改进设计	在项目开始前，在各个协同的小组中对材料进行测试，以研究大气厚度的影响 测试各种材料，确定哪种最适合制作降落伞，以满足特定的需求 在小组中分享和讨论想法，完善设计解决方案，然后测试降落速度和包装尺寸
ETS1.C：优化设计方案 • 在特定的标准和约束条件下，需要对不同的解决方案进行测试，以确定哪个解决方案能够最好地解决问题	测试后比较降落伞设计雏形，并根据标准和约束条件对它们进行评分，以确定哪种设计能最好地解决问题
PS1.A：物质的结构与性质 • 不同的属性适用于不同的目的	测试各种材料，以确定哪种最适合制作降落伞，以满足特定的需求
跨学科概念	
科学、工程和技术对社会与自然世界的影响	讨论了在火星上使用降落伞降落科学仪器、在其他星球上使用降落伞的可能性，以及工程师们如何帮助开发新的降落伞来适应这些新的条件

资料来源：《新一代科学教育标准》领先实施的州，2013.

第23章　设计一堵隔音墙

学生通过有趣的挑战来探索工程学

作者：坎德拉·埃尔克（Kendra Erk），约翰·伦姆克斯（John Lumkes），拉里·布拉伊莱（Larry Braile），安妮·布里克勒（Anne Brickler），安娜·马蒂斯（Anna Matthys）

我们在日常生活中遇到的许多结构和环境，都是为了以一种非常特殊的方式与声波互动而设计的。例如，图书馆或电影院铺了地毯的地板可以吸收声波，是为了营造安静的环境，而体育馆使用光滑的瓷砖地板可以反射声波，是为了形成一种有活力的环境。声学工程师利用他们对声音的知识来设计安静的环境（如教室和图书馆）和嘈杂的环境（如音乐厅和足球场）。他们还设计了隔音屏障，如在车水马龙的道路两旁设置隔音墙，以减小道路两旁的居民受到交通噪声影响。

为了帮助学生更好地理解声音，我们以一种有趣和引人入胜的方式，开展了一个基于工程设计的科学学习活动，适合在三年级或四年级的课堂上用一个小时的时间来开展。在这项活动中，老师要求学生设计、建造和测试一堵由普通材料制成的隔音墙。在开始活动之前，我们对学生描述了声波的基本性质，包括声波从声源（如闹钟）传播到附近听众（如睡觉的人）的能力，以及不同材料反射或吸收声波的能力。这项活动允许学生探索不同类型材料的吸收声波或反射声波的特性，提供科学概念与现实世界的经历之间的联系。在深入探索声音特性（包括声波和振动传递声音）的探究性活动之后，开展这项基于工程设计的活动可能是有益的。在隔音墙设计活动中，参与的学生展示了利用设计过程清晰表达解决问题的关键方面的能力，同时对实现、评估和交流他们团队努力的结果感到兴奋。值得注意的是，测试结果来自三年级的课堂，因为从历史上看，声音科学是印第安纳州三年级的学术科学标准。此外，还有机会通过联系《各州共同核心标准》中的"数学"，特别是记录、绘图和解释数字数据来扩展这一活动。

当声波与不同的物体接触时，声波的一部分通常会被反射和吸收。对于声波被反射的部分，波的运动方向被物体改变，会反弹回声源（如回声响应），或者朝不同的方向反射。大多数物体还从声波中吸收能量，导致反射波的声级降低。声音会显得更安静，或可能完全不在人们的听力范围内。

当声波的能量被物体吸收时，被吸收的能量使物体中的原子快速振动并与邻近的原子碰撞，使得声波能在物体中传播或穿越。这取决于物体是由什么构成的，能量要么在几乎没有被吸收的情况下快速高效地穿过物体，要么在大部分能量被物体吸收的情况下缓慢低效地穿过物体。例如，一个人敲木门产生的声音会穿过木头，在屋里的人很容易听到。用于制造门的密实木材吸收的声能很少。然而，一个人走在铺有地毯的地板上所发出的声音不能轻易地穿过地毯的多孔材料，声能被这种材料吸收。因此，一个人在二楼铺着地毯的房间内行走，一楼的人不容易听到。

课程概述

由于空间、时间和材料的限制，学生建造的隔音墙被缩放为标准鞋盒的大小（见图23.1）。隔声墙将鞋盒分成两间"房间"：一间是"嘈杂的"房间，里面有厨房定时器或电动蜂鸣器发出声音；另一间是"安静的"房间，里面有一个声音计，用来测量穿过墙壁的音量。对于声音计，一个外部麦克风（带有麦克风的耳机线，大多数智能手机都有）被放置在房间里，并连接到一个安装了声音计 App（如分贝音量）的智能手机上。对于设计良好的隔音墙来说，当蜂鸣器开着、隔音墙就位时，用声音计测量的声级与拆除墙壁时的声级相比，会有显著的降低。

图 23.1 由"安静的"房间和"嘈杂的"房间组成的两室测试模型

每个学生团队都建造了一堵隔音墙，该墙使用马尼拉文件夹的折叠部分作为"口袋"（见图 23.1），适合这个两间房的测试模型。老师为这个活动制作了一个测试盒，并为每个学生小组提供了一个空的挂墙收纳袋，可以使用不同的填充材料。在活动开始前，老师收集了各种各样的建筑材料，这些材料有不同的吸收或反射声音的特性。建议的墙体建筑材料包括：

- 建筑用纸
- 泡沫板
- 棉球
- 织物
- 外包装气泡膜
- 塑料薄膜

老师把建筑材料剪好，塞进收纳袋中。使用收纳袋和预制的材料来建造隔音墙的另一个好处是，学生不需要使用剪刀、胶带或胶水来将建筑材料制成坚固的墙壁；根据他们团队专门为墙壁选择的材料，只需将其放在口袋里或分层放置。建筑材料、口袋和两个房间的测试模型，还可以在未来重复使用。

📝 工程设计活动

表 23.1 概括了工程设计活动的阶段和时间。本次活动依托于通过工程设计模型的科学学习来进行工程设计。在该模型中，学生被分成 3~4 人的小组一同工作，首先确定设计问题或挑战的整体背景。这可以通过阅读并探讨设计概要来实现，由大学老师和实践教师组成的团队编写的一小段设计概要，介绍问题的背景和工程设计中必须达到的标准。

表 23.1　工程设计活动的阶段和时间

阶　　段	时　　间
阅读并探讨设计概要	10 分钟
头脑风暴和单独设计	5~10 分钟
在团队中设计并探讨	5~10 分钟
收集材料并按设计建造	10 分钟
测试设计（6 个团队）	10 分钟
对结果进行全班讨论和单独反思	10~15 分钟

下面是用于这一活动的设计概要：

一些学生正在组建一支摇滚乐队。其中一名学生的父母允许乐队在他们的房子里练习，但前提是，要在学生的卧室里安装一堵隔音墙。父母聘请沉默是金公司设计隔音墙。你是该公司的声学工程师之一，必须和你的团队设计、建造和测试一堵墙，尽可能减小学生卧室里的噪声。墙的厚度不能超过 4.5 厘米。

在全班一起阅读了设计概要后，老师帮助学生识别问题、目标、客户、使用者、标准和约束条件，这些都被识别出来并写在黑板上，并且让学生抄在笔记本上（见表23.2）。然后，老师向学生展示了两间房的测试模型、挂墙收纳袋和可用的建筑材料，并描述如何使用蜂鸣器和声波计测试墙壁的隔音效果。此刻，如果学生不熟悉"设计"的概念，也不熟悉在设计流程中设计概要、画草图、建造和测试的作用，就应当给他们更多的时间来讨论表 23.2 中列举的设计概要的许多不同方面（聚焦于目标、标准和约束条件），并且就时间分配问题进行头脑风暴和个别设计。

表 23.2　设计概要讨论的问题

问题	需要一堵隔音墙来减小乐器的噪声
目标	设计一堵隔音墙
客户	父母
使用者	父母和乐队中的学生
标准	墙应当尽可能地隔音
约束条件	1. 厚度不超过 4.5 厘米 2. 时间 3. 制作材料

接下来，根据所提供的信息和学生们相关的背景知识，分配一些时间让学生将单独的头脑风暴和构思的草图设计记录在实验室笔记本中。然后，学生将他们的设计理念与团队成员分享，并就最终的"团队设计"达成一致意见，再将其复制到所有团队成员的实验室笔记本中。在允许开始团队设计之前，老师检查每名团队成员的实验室笔记本，看是否画出了团队设计的草图。图 23.2 显示了学生的草图示例。老师告诉学生，一幅好的草图要画得工整、够大、页面居中，还要包含箭头和清晰的书面标记。

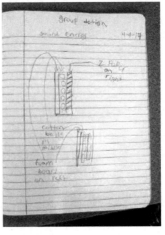

图 23.2　个人设计草图（左）和团队设计草图（右）

团队开始准备建造时，每个团队的一名学生根据他们最终的团队设计收集用于建造隔音墙的材料。然后，以团队设计为指导，团队共同建造了这堵墙，确保墙的厚度不超过 4.5 厘米。建造团队的墙壁花费了相对较短的时间（只有 10 分钟），因为老师组装了预制材料。

在测试所有学生设计的墙壁之前，要确定一个声级基准。为此，在两个房间的测试模型中放入一个空的挂壁收纳袋，打开蜂鸣器，并且紧紧地关闭盒盖。声音计上显示的值为基准声级，将该值记录在黑板上。接下来，在老师的帮助下，团队一个接一个地在两个房间的测试模型中测试他们的隔音墙，用团队的墙替换空的挂壁收纳袋。为使测试过程更具互动性，我们使用了投影机，将智能手机测音仪的图像投射到屏幕上，使学生参与到对声级测量的数据读取中。将每面墙的声级值都记录在黑板上，样本数据如表 23.3 所示。学生把这些结果抄到他们的实验室笔记本上。学生还可以创建，第三栏，在其中计算基准声级与团队建造的墙的声级之间的差异，如团队 1 的声级差异是 11 分贝（86−75 = 11）。

表 23.3　团队隔音墙的测试结果样本数据

测　　试	声级（分贝）
基准	86
团队 1	75
团队 2	82
团队 3	78

在测试结束后，老师领导小组讨论结果。首先，老师让安静的房间里声音最高和最低的小组分享他们用来建造隔音墙的材料。这些材料都被列在了黑板上，老师问学生，为什么这些材料能够制造好的或差的隔音墙。为了鼓励学生思考声音如何在不同的材料中传播，问学生哪些材料是多孔的（或密度最小的），以及在安静的房间里，低密度材料如何降低声级。此外，询问是否有某种材料看上去是特别擅长反射声能的。在他们的笔记本中，学生将通过吸收或反射声音来降低声级的材料从最有效到最无效进行排序。如果时间允许，团队可以重新设计隔音墙，利用他们对好的和差的降噪材料的新知识来建造一堵更有效的隔音墙。在活动结束时，给学生留出时间进行"自我反思"，学生在笔记本上抄写并回答以下五个问题：（1）我做了什么？（2）什么效果好？（3）什么不顺利？（4）我能改变什么？（5）我学到了什么？

在三年级的课堂上开展这项活动时，学生听了设计概要后，便理解并能够清晰地表达需求、目标、客户、使用者、标准和约束条件。学生非常投入地参与设计和测试过程。在测量每个团队的成绩时，全班同学都被吸引了，紧紧地盯着屏幕观看声音计，当一个团队的成绩很好时，他们会互相欢呼。列举每个团队设计的价值。即使是自己的隔音墙并没有像其他团队那样的隔音效果的团队，也乐于分享他们的设计，谈论他们为什么选择所用的材料，并讨论他们认为可以怎样改进设计。

　　当讨论作为一个团队，为什么他们认为每种材料会或不会在安静的房间里降低声级时，学生经常回答，他们认为"厚墙会更好地"减少噪声，"因为棉花球是最厚的（材料），所以隔音效果最好"。学生的这些基于过去的经验的预测是可以理解的，例如，他们在打雷时用枕头盖住头部，比用薄床单盖住头部更能减小听到的雷声。大多数团队都试图建造尽可能厚的墙，甚至导致一些学生放弃了他们的团队设计。例如，学生没有选择泡沫板，而是选择用更厚的棉球来建造隔音墙。

　　但学生很快发现，棉球并不能很好地降低噪声。相反，他们观察到，由泡沫板和塑料板制成的更薄的墙壁和由织物或棉球制成的更厚的墙壁相比，在安静的房间里能更有效地降低噪声。这是因为，为了有效地降低声音，声波要么被反射，要么被吸收。许多软而多孔的材料（如棉球和织物）能够吸收声音但不能反射，而硬而扁平的材料（如塑料板）反射良好但不能吸收很多声音。泡沫板是一种既能反射声音（在其平坦、坚硬的表面），也能吸收声音（在其多孔泡沫核心内）的材料的例子。在这种情况下，老师可以引导学生讨论，厚墙并不一定对降低噪声有好处；墙由什么材料构成，在降噪方面更加重要。如果时间允许，团队可以根据第一轮测试和测试后讨论的结果，制作一份新的隔音墙团队设计。这种拓展将允许学生直接应用他们从设计活动中学到的知识，并且评估他们对声音如何传播和与不同材料交互理解的整体水平。

✍ 评估

　　老师在整个设计过程中进行非正式的评估，同时在教室里来回走动，观察学生的设计笔记，听取团队讨论，并且对与科学概念相关的设计方案提出质疑。老师查看了学生的设计笔记，包括设计概要、个人设计草图和团队设计草图。老师为学生提供一个单独的评分规则，让他们检查自己的工程设计笔记本。然后，老师用评分规则来评估工程设计笔记，对学生的笔记本进行了设计概要、个人设计、团队设计、学生自我反思等方面的考核。在设计任务结束后，还对学生进行了正式的评估，以评估学生对科学概念和工程设计流程的理解。这项评估可以在测试前和测试后进行。此外，对于学生的理解程度，可以通过让学生根据他们对活动结果的观察制作一份草图或完全画出草图并重新设计一堵墙来评估。重新设计的隔音墙比原来的墙能更有效地降低安静房间的声级，这样的学生，将被归类为较好地理解了声音特性的学生。对于简单的草图（如果没有时间全部重新设计的话），如果学生在他们的画出草图的隔音墙中添加了一种既具有良好吸收声音（棉球）又具有良好反射声音（塑料板、泡沫板）性能的混合材料，将被归类为对声音特性有着很好理解的学生。

　　总体来说，这项科学活动让小学生接触到工程设计流程，包括头脑风暴、规划、建造和测试，同时展示声波如何传播和与不同类型的材料的相互作用。这项有趣的实践活动让学生成为当天下午的声学工程师，受到客户的聘请来设计和建造一堵符合特定标准和约束条件的隔音墙。隔音墙可以选择广泛的建筑材料来设计，激发了学生的创造力。

同时，通过老师提供的预先切好的材料和统一的测试模型，简化了实际的建造过程，使所有学生充分参与到建造和测试过程中。小组合作也能增加学生的信心和舒适感，他们可以分享想法，并且结合各自的想法来改进设计。

联系《新一代科学教育标准》

本章概述的材料、课程和活动，只是实现表 23.4 列出的期望表现的一个范例。学生们还需要更多的支持材料、课程和活动。

表 23.4　与标准的联系

3-5-ETS1 工程设计	联系课堂活动
期望表现	
3-5 ETS1-1：提出一个简单的设计问题，反映需要或需求，包括规定的成功标准和对原材料、时间或成本的约束条件	分析设计概要，确定问题、目标、客户、使用者、标准、材料和约束条件
3-5-ETS1-3：计划并进行公平的测试，在这些测试中，测试人员控制自变量并考虑故障点，目的是识别模型或设计雏形中可以改进的方面	建造、测量和测试的隔音墙 记录和分析声级数据 重新设计隔音墙
科学与工程实践	
提出并界定问题	分析设计概要
计划并进行调查	为他们的想法创作个人草图 作为一个小组来收集并分析定量结果
开发和使用模型	选择一个模型，建造并测试
构思解释并设计解决方案	根据制定的标准确定哪些材料是最好的
学科核心理念	
ETS1.A：定义并界定工程问题 • 可用的材料和资源限制了问题可能的解决办法（约束条件）。设计的解决方案的成功，取决于考虑到的解决方案的期望特性（标准）。针对解决方案的不同的提议，可以根据每个方案到底多么出色地达到了规定的成功标准，或者多么周到地考虑了约束条件来进行对比	经过测试和分析班级数据，给出了重新设计隔音墙的选项 在测试之后，讨论团队隔音墙的所有结果 确定了在降低声音方面最有效和最无效的材料
ETS1.B：制订可能的解决方案 • 不论在什么阶段，与同伴交流建议的解决方案是设计过程的重要组成部分，而分享各自的想法可以改进设计	团队讨论个人设计草图 制作一幅最终的团队设计草图 建造和测试模型 描述班级的设计，包括讨论他们为什么觉得隔音墙的制作是成功的（或是不成功的）

续表

3-5-ETS1 工程设计	联系课堂活动
学科核心理念	
PS3.A： 能量的定义 • 能量可以通过移动物体或通过声音、光或电流从一个地方移动到另一个地方	直接观察声音通过不同材料从一个空间传递到另一个空间的结果
跨学科概念	
科学、工程和技术对社会与自然世界的影响	改进现有技术，降低安静房间的声级

资料来源：《新一代科学教育标准》领先实施的州，2013.

第24章 叶片结构与风力涡轮机的功能

三年级和五年级学生共同研究和设计风力涡轮机叶片和电压输出

作者：帕梅拉·洛特罗-珀杜，M.安吉拉·德·路易吉（M. Angela De Luigi），特蕾茜·高伊特辛格（Tracy Goetzinger）

调查和设计技术、物体或"建成的系统"，引导学生参与工程实践和工程设计。这还使得他们能够获得支持"结构与功能"之间关系的直接证据，这是《新一代科学教育标准》中的七个跨学科概念之一。

在这一章中，我们介绍达灵顿小学（Darlington Elementary School）三年级和五年级学生对风力涡轮机叶片的研究与设计。老师将学生分配在同一个年级的小组中，让他们主导实验，以研究风力涡轮机叶片的结构与数量如何影响涡轮机的功能。在跨小组和跨年级分享实验结果之后，老师组建的跨年级的"混合"团队使用从调查中获得的知识来设计高效的风力涡轮机叶片系统。

背景

本章介绍的风力涡轮机课程，是让学生在掌握能源转化的基础上进行学习的，这已经成了现有课程的一部分。在整整一年之中，达灵顿小学开展了全校范围内的活动，将能源概念融入课程和特殊活动中，包括参观当地的科学中心。这一努力拓展了现有的三年级和五年级科学与工程综合课程单元，这些单元专门讲授能源转化问题。三年级初期的课程侧重于力与运动之间的关系及能量的类型与转化。接下来，学生设计了一个简单的风车叶片系统来旋转风车的轴，而这个轴反过来又举起了一个装满重物的杯子。五年级初期的课程包括设计一个电路，当杯子被倒空时发出信号。五年级的这项工程设计活动是建立在科学学习电能与能源转化、电力、电磁学的背景下的。

作为作者，我们怀着热情一同合作，渴望通过一种新的、跨年级的、鼓励团队合作的科学工程综合体验，将学生在这些能源单元中学到的知识与全校的能源主题联系起来。随之而来的是一项实验研究，再后来是一项设计高效风力涡轮机叶片系统的工程设计活动。这项研究受到"儿童风力项目"（KidWind Project）课程的启发，并使用"儿童风力"涡轮机底座、发电机和连接叶片的轮毂。整个单元历时五天，持续五个小时教学：两个半小时用于实验研究，两个半小时用于解决工程设计问题。

介绍风力涡轮机

为了让学生在第一天的学习中了解风力涡轮机的概念，我们要求五年级的学生回忆他们之前三年级时参与的风车设计活动。三年级的学生最近才开始参与这个活动，五年级的学生在三年级的时候就参与了这个挑活动。我们问了这样的问题，"是什么使风车的叶片旋转"（风），"旋转让风车做了什么"（举起杯子）以及"风车的预期输出能量是什么能量"（机械能）。然后，我们向学生展示安装了简单叶片的风力涡轮机模型。我们说："风力涡轮机的目的是将机械能转化为另一种形式的能量，而不是举起杯子或从井里抽水。"握着从涡轮机上伸出来的电线的两端，我们问了一个具有引导性的问题，"这种形式的能量是什么"（电能）。这次讨论加强了关于节约能源和能量转化的学科核心思想。接下来我们演示了如何将电线连接到一台数字万用表上，该万用表将读取电压——这是三年级和五年级学生在日常使用电池时都很熟悉的术语。虽然电压与功率不同，但我们都认为要使用电压来表示产生的功率：电压越高，功率输出越高。

实验调查

在介绍了风力涡轮机之后，第 1 天继续进行调查的第一步，也就是着手制订调查计划，方法是考虑当把涡轮机直接放置在由风扇产生的风中时，哪些与叶片相关的自变量可能影响涡轮的电压输出。三年级和五年级学生在各自的讨论中提出了以下自变量：叶片角度、叶片间距、叶片数量、叶片尺寸、叶片形状、叶片重量、叶片材质。

调查的第二步包括组建学生小组，分配或允许各小组选择他们的自变量。在三年级和五年级的教室里，学生都是 3~4 人一组；这些都是同年级的团队，在其他方面，他们的学习成绩参差不齐。虽然这两个班没有英语学习者，但都有特殊需要的学生。这些学生被安排在他们最愿意分享自己想法的小组中，他们的同伴可以就文档活动提供支持。

我们引导三年级的学生研究叶片的长度、宽度或数量这些最简单的自变量，同时保持纸板材料、矩形形状和角度为 20° 不变。注意，在测量角度时，0° 表示叶片与风垂直面，90° 代表与风平行。

我们让五年级的学生选择他们要调查的自变量。五年级组比三年级组探索的变量范围更广，包括叶片角度、叶片形状和叶片朝向。叶片形状是指叶片的整体形状，如在保持表面积不变的情况下比较三角形或矩形的形状。另一个研究形状的小组对边缘的形状很好奇：波流状、直线形或锯齿形的边缘会产生更高的电压吗？叶片朝向是指某一形状的叶片安装在销钉上的方式。研究叶片朝向的小组的问题是：方形的朝向——要么是菱形，要么是正方形（见图 24.1）——如何影响产生的电压？

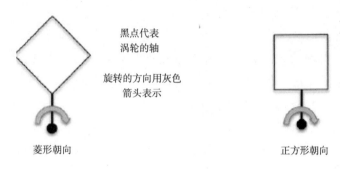

图 24.1　菱形与正方形的风力涡轮机叶片的朝向

单元学习的第二天从调查的第三步开始，学生在小组中合作规划他们的调查。学生用计划表和白板勾勒出叶片的尺寸和数量。五年级的几个团队使用剪刀、纸和尺子制作图案，以进一步规划他们的设计。研究小组决定在实验中改变三次自变量。例如，"叶片数量"小组决定分别测量三个、四个和六个叶片的电压输出。然后，每个小组在全班的讨论中预测，改变实验的变量将如何影响输出电压。

安全提示

- 叮嘱学生在用剪刀剪纸板时要小心谨慎，老师在必要时给予帮助。
- 老师或其他助理老师应使用热胶将叶片牢固地粘在销钉上。
- 应当由老师或其他成年人操作电风扇。学生应当戴上护目镜，站在离测试现场 0.5~1 米远的地方。

调查的第四步是制造叶片。每个小组的材料包括剪刀；3~6 块长度为 50 厘米、宽度为 30 厘米的长方形纸板，这种纸板要由老师事先从包装盒上剪下；每片叶片上有一个长为 18 厘米、直径为 0.6 厘米的销钉；每片叶片有两根 5 厘米的遮蔽胶带；一个轮毂，它有多个孔，销钉可以从其中一个孔中装进去，另一个孔则可以安全地装在风力涡轮机的轴上。此外，老师或其他助理老师有一根热胶枪和一些胶棒。各个学生小组谨慎地切割和组装他们的叶片，用胶带把它们粘在销钉上。把这些组装好的刀片带到热胶站，让老师把销钉永久地粘在叶片上。接下来，他们把每片叶片的销钉插入涡轮轮毂（见"安全提示"）。

调查的第五步是对风力涡轮机站的叶片系统进行测试。涡轮机站包括风机底座、数字万用表和风扇。"儿童风力项目"的基本风力实验套件包括底座和发电机，成本接近100美元。这个基本的套件还包括一个用来测量叶片角度的特殊量角器，25个用于将叶片固定在轮毂上的销钉，软木和基于聚合物的硬纸板片（制作叶片的材料），以及将风力涡轮机转换成能够举起一个杯子的能量的风车。一组五个轮毂的价格是35美元。简单的数字万用表大约10美元。所有商品都可以通过网站购买。测试站推荐使用箱式风扇，这些风扇可以在家装店买到，每个大约20美元。

每个小组重复测试三次，同时学生为各自变量的每个版本重新配置轮毂和叶片系统。在实验站，老师将轮毂固定在涡轮轴上，并将风扇打开到预定的设置；学生站在后面观察叶片的运动，并查看数字万用表（见图24.2）。调查的第六步包括学生在小组中和老师们讨论、了解并记录他们的结果。学生不仅在小组数据表上记录他们的电压数据，而且记录了一份主张，并且运用证据撰写了支持主张的陈述（也就是根据证据进行的辩论）。我们帮助学生理解他们的数据，问他们这样的问题："当叶片的长度增加时，电压输出会发生什么变化？""在每次增大叶片角度时，你看到电压输出有什么不同吗？"

图24.2 将轮毂固定到涡轮轴上

风力涡轮机的功率、能量和电压

风力涡轮机通过发电机将涡轮叶片的机械能转化为电能。由于涡轮内部的运动部件，一些机械能也被转化为热能。全尺寸工业风力涡轮机的输出功率通常以兆瓦（MW）来表示，1兆瓦等于100万瓦特。功率与能量有关，因为它就是能量的使用率。如果一台工业风力涡轮机在12小时内产生的功率约为1.5兆瓦，足够250户家庭使用，那么该涡轮机产生的电能为1.5兆瓦×12小时=18兆瓦时。

为了了解本章所介绍的风力涡轮机模型所产生的功率，小学生可以测量他们的简单风力涡轮机的输出电压。电压表示叶片和发电机轴旋转的速度。电压与产生的电能成正比：输出电压越大，输出功率也就越大，从而产生的电能越大。风力涡轮机产生的功率实际上等于涡轮机产生的电流和电压的乘积。电流是对涡轮中电子流量的测量，电压是驱动电流的电压力。

在某些情况下，当一个变量改变时，电压输出几乎没有差别。这种情况发生在五年级的"形状小组"，这个小组负责比较直线形、波流状或锯齿形的边缘的叶片。他们的数据差异在 0.01 伏特左右。我们问这个团队，"这些电压输出量之间的差异是大还是小？"（小）和"数字万用表上百分位的数字是固定的，还是从一个数字转移到了另一个数字？"（转移）。虽然我们引导学生来考虑，这种电压差异其实无关紧要，但我们一定要把他们的实验看作极其重要的活动：它让我们后来知道，当我们戴上我们众所周知的"工程帽"时，将纸板的边缘切割成锯齿形还是波流状，其实不值得费力。

实验结果表明，较高的电压输出与以下因素有关：

- 叶片较短
- 叶片数量较少（如 2 片而不是 4 片）
- 叶片的角度较小（如 10 度而不是 30 度）
- 叶片的大部分面积接近涡轮轴，这是从菱形（0.50 伏特）和正方形（0.68 伏特）的朝向实验中了解到的

与输出电压关系不明确的一个变量是叶片宽度。在将宽度为 5 厘米和 13 厘米的叶片进行对比时，电压随着宽度的增大而增加；然而，如果两种叶片的宽度分别为 5 厘米和 8 厘米，那么电压的输出是相同的。

我们和五年级学生讨论的上面最后一个要点中描述的较为复杂的一点，涉及转动惯量的概念。我们用一位成年人和一把旋转的办公椅来演示该概念，手臂紧贴身体快速旋转，然后随着手臂的伸展而速度变慢。就像当正方形的朝向重新改变为菱形时，它的材料用量没有变化一样，坐在椅子上的人的质量也没有变化。改变的只是质量的分布方式，当这个人的身体更多地向外伸展时，旋转将变得更困难。注意，虽然我们能够通过对实验结果和椅子演示的现象来引入转动惯量的概念，但并不强调对这个术语的深入理解。

使用数字万用表测量输出电压

小学生可以使用一种叫作数字万用表的简单手持设备来测量输出电压。把万用表的两根电线夹在风力涡轮机模型的两根电线上，当涡轮叶片移动时，将万用表打开并设置为读取电压模式，万用表上显示电压数字（通常为 0.1~2.0 伏特）。数字越大，表示输出电压越大和输出电能越多。

跨年级分享结果是调查的最后一步，也是这个单元第三天的开始。每个小组的结果以海报的形式展示出来（五年级小组的结果见图 24.3）；三年级和五年级的团队在体育馆集合，这样，每个小组都可以分享他们的海报、观点和支持这些观点的基于证据的推理。所有学生都将三年级和五年级团队的研究结果记录在成绩表上（见图 24.4），记录有趣的发现和“重要知识”。在小组的演讲中，学生都是谦逊的听众，并且想知道其他人（无论他们是年轻人还是老年人）对风力涡轮机叶片结构如何影响电能输出有什么样的了解。

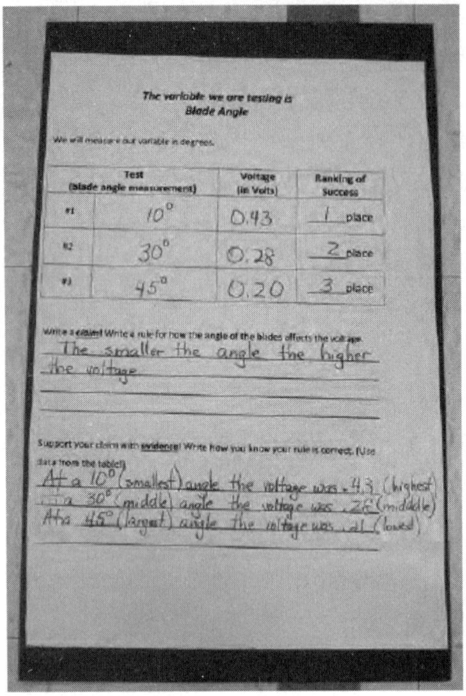

The variable we are testing is
Blade Angle

We will measure our variable in degrees.

Test (Blade angle measurement)		Voltage (in Volts)	Ranking of Success
#1	10°	0.43	1 place
#2	30°	0.28	2 place
#3	45°	0.20	3 place

Write a claim! Write a rule for how the angle of the blades affects the voltage.
The smaller the angle the higher the voltage

Support your claim with evidence! Write how you know your rule is correct. (Use data from the table!)
At a 10° (smallest) angle the voltage was .43 (highest)
At a 30° (middle) angle the voltage was .28 (middle)
At a 45° (largest) angle the voltage was .21 (lowest)

图 24.3　五年级小组的结果

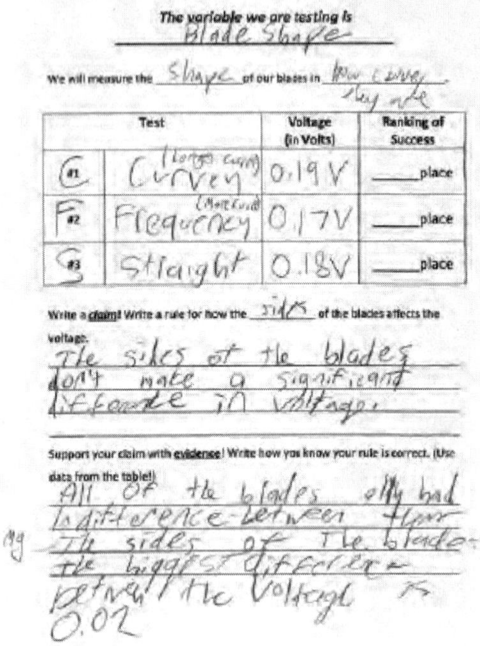

The variable we are testing is
Blade Shape

We will measure the shape of our blades in how curve they are.

Test		Voltage (in Volts)	Ranking of Success
C #1	Curvey (longer curve)	0.19V	____place
F #2	Frequency (more curve)	0.17V	____place
S #3	Straight	0.18V	____place

Write a claim! Write a rule for how the sides of the blades affects the voltage.
The sides of the blades don't make a significant difference in voltage.

Support your claim with evidence! Write how you know your rule is correct. (Use data from the table!)
All of the blades only had a difference between the sides of the blades. The biggest difference between the voltage is 0.02

图 24.4　结果表

工程设计流程

在第三天分享了我们的实验结果后，学生兴奋地使用工程设计流程来开发、比较和测试可能的叶片系统设计。工程设计流程中的这种参与，涉及与工程设计相关的期望表现和学科核心理念。我们向他们展示了设计概要，其中包括设计活动的目标、约束条件和标准（见图 24.5）。该挑战的目标是：（a）设计一个能产生最大电压的风力涡轮机叶片系统，（b）将调查中学到的知识应用到叶片设计中。我们提醒学生，他们将基于他们在许多其他学习单元中使用过的“工程基础”来运用工程设计流程（见表 24.1）。

问题陈述：我们需要尽可能多地发电！

目标

- 设计一个能产生最大电压的风力涡轮机叶片系统
- 将调查中学到的知识应用到叶片设计中

设计约束条件（限制）

- 每队将有 3~4 名队员——既有三年级学生，又有五年级学生
- 叶片材料必须是硬纸板
- 叶片必须安装在预先切割的销钉上
- 叶片必须能够安装在风力涡轮机上，不会刮到涡轮底座或桌子
- 风扇的设置将调为 2 级风速
- 涡轮和风扇的位置在所有测试中都是一样的

设计标准（我们怎么知道我们什么时候成功）

- 叶片绝不能散架
- 涡轮机的输出电压越高越好

图 24.5　风力涡轮机设计活动的设计概要

表 24.1 "工程基础" 工程设计流程步骤及描述

工程设计流程步骤	步骤描述
提问	<ul><li>识别问题</li><li>确定设计约束条件（如对可使用的材料的限制）</li><li>考虑相关的先验知识（如科学概念）</li></ul>
想象	<ul><li>对设计创意进行头脑风暴</li><li>画出那些创意，并做好标记</li></ul>
计划	<ul><li>选定一个创意</li><li>画出选定的创意，并做好标记</li><li>识别必需的材料或条件</li></ul>
创造	<ul><li>执行计划，创造设计</li><li>测试设计</li></ul>
改进	<ul><li>反思测试结果</li><li>计划、创造和测验新的（改进的）设计</li></ul>

　　老师将有的学生安排在混合年级的工程设计团队中，其中大多数有两名三年级学生和两名五年级学生。与单个年级的实验调查组一样，我们组建了混合年级的设计团队，以体现差异性；特别考虑到有特殊需要的学生，以确保他们的团队成员是耐心的、乐于助人的，并且是愿意倾听的。团队在设计风力涡轮机叶片系统时，老师提醒他们运用他们和同学在之前的调查中学到的知识。这个提示及设计概要的呈现，代表了工程设计流程的 "提问" 步骤。在第三天剩下的时间里，学生团队完成了工程设计流程的 "想象"

和"计划"步骤（见图 24.6）。他们用工程设计流程的表格来支撑这个流程（科学与工程实践，形成解释和设计解决方案）。

图 24.6　学生团队完成了工程设计流程的"想象"和"计划"步骤

在工程设计流程的"想象"和"计划"步骤中，我们不断地提出以下问题："你想象中的创意或计划是什么样的？""你为什么选择这么做？""你从我们的实验研究中学到了什么，可以帮助你在设计上做出决定吗？"虽然许多团队有意地将早期调查的信息纳入设计之中，但其他团队（如在最初的设计中使用了 6 个叶片的团队）没有这样做。在后者的活动中，如果简单的提问没能促使团队重新考虑其设计，我们允许他们继续前进，随后的测试结果将为这些团队提供重新考虑设计决策的依据。

研究的第 4 天是进行工程设计流程的"创造"步骤。参与这一步骤的学生使用了与实验研究中相同的材料。老师再次提醒他们记住使用剪刀和热胶的安全问题，即这些只能由成年人来使用。一旦他们最初的叶片设计被建造出来并固定在轮毂上，团队就可以准备进行测试。当学生在测试站测试他们的风力涡轮机叶片系统时，我们问："基于这些结果，你下一步打算做什么来提高输出电压？你从我们早期的调查（关于叶片结构的调查）中学到了什么，它可能有助于改进吗？"许多小组试图在保持原有叶片设计的同时，将叶片数量减少到两片，从而改善结果。一个小组选择根据早期的结果来拓宽叶片，结果发现，叶片越宽越有效。对于大多数团队来说，第 4 天也包含了"改进"步骤，他们不仅考虑如何改进原始设计，而且开始计划和创建他们修改后的设计。

在单元学习的第 5 天，团队通过创建和测试他们修改后的设计，在某些情况下甚至创建和测试第三个设计，以实施他们的改进计划。图 24.7 显示了所有团队的第一次和第二次设计的电压结果，还有一些有时间继续设计过程的团队的第三次和第四次设计。电压结果表的周围是显示初始叶片设计形状的团队表格，每个形状上面的较小的文字，表示选择的角度和叶片数量。在最后的任务报告会议上，每个团队的一名代表向其他团队分享了他们的团队是如何完成设计过程的。

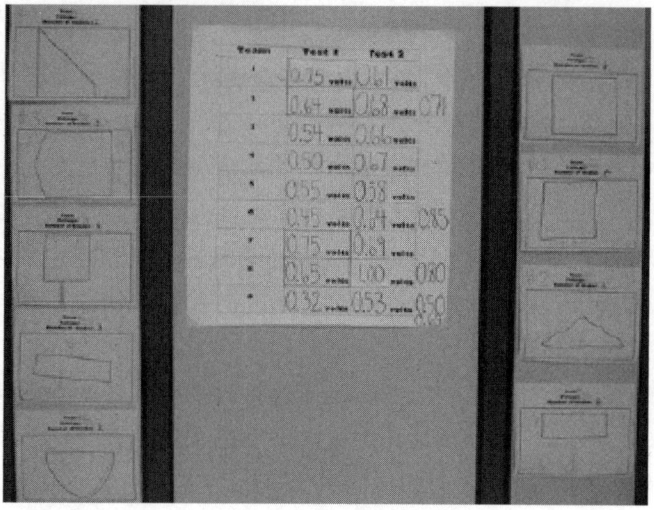

图 24.7　电压结果

所有设计的电压输出值范围为 0.32~1.00 伏特。在 9 个团队中，只有 3 个团队无法将第 2 次设计的电压增加 0.05 伏特或更多。然而，比特定结果更重要的是团队思考、应用、讨论，甚至重新考虑他们对风力涡轮机叶片设计与最终输出电压之间的结构—功能关系的知识。其中一个重新考虑的案例与叶片宽度有关。还记得吧，关于叶片宽度的实验结果是不清楚的。然而，当第 8 个团队开始采用双叶片宽基座的三角形设计时，他们决定试着切断两端，以缩小每片叶片的宽度，结果，在整个挑战中产生了最高的输出电压读数。这澄清了宽度—电压的结构—功能关系。

评估学生的学习情况

4 个关键问题指导了我们对学生学习的形成性和总结性评价：

（1）学生或团队关于结构—功能关系的主张，是否得到了他们所收集的调查数据的支持？

（2）学生或团队在设计他们的第一组风力涡轮机叶片时，是否应用了结构—功能调查结果（来自两个班级）？

（3）学生或团队在设计第二组风力涡轮机叶片时，是否同时应用了调查结果和第一次的设计测试结果？

（4）学生能说清楚风力涡轮机怎样将机械能转化为电能（及热能）吗？

我们通过不断监控和检查学生的文档，并且与学生、小组、团队和班级进行多次讨论，来确定这些问题的答案。我们也评估学生形成的文档的完整性和准确性，作为他们参与和学习的总结性评估。

本章小结

一方面，工程设计的活动使得了解结构变量与风力涡轮机电压输出功能变量之间的关系更加复杂，因为每一种设计都受到多个变量的影响。然而，在最后一次任务报告会议上分享的结果使学生认识到，风力涡轮机叶片必须平衡两种需要：（1）捕捉风来转动轴的能力，（2）快速旋转的能力。庞大的与伸展的叶片，使得它难以围绕轴线来移动自身（转动惯量太大）；较小的叶片和更加接近轴的表面积的设计则能够更快地移动，产生更高的输出电压。这些观点也得到了许多实验结果的支持，是三年级和五年级学生之间展开讨论的一部分。

还必须分享的是，学生在整个风力涡轮机调查期间的热情是显而易见的。学生和他们的小组讨论设计理念，并制作详细的图纸来解释他们的想法——所有这些，都不需要老师提醒他们"专注于任务"。他们急切地测量和切割他们想象中的纸板模型，并为自己的设计进行有说服力的辩论。尽管这个单元在学年的最后几周讲授，但许多学生和团队都请求能够"再做一次"改进。此外，学生合作得非常好。当三年级或五年级的学生分享实验结果时，这两个年级的其他同学都在仔细倾听；每组都收集了其他组需要的信息。尽管工程设计流程团队成员们的年龄不同，但学生在创造力、为设计过程做出贡献的能力和精力等方面，都处在平等的竞争环境中！

联系《新一代科学教育标准》

本章概述的材料、课程和活动，只是实现表 24.2 列出的期望表现的一个范例。学生们还需要更多的支持材料、课程和活动。

表 24.2　与标准的联系

4-PS3-4 能量 3-5-ETS1 工程设计	联系课堂活动
期望表现	
4-PS3-4：将科学的理念应用于设计、测试和改进一种将能量从一种形式转换成另一种形式的装置 **3-5-ETS1-2**：根据每个解决方案到底有多么出色地达到了问题的标准和满足了问题的约束条件，来制订并比较多个可能的解决方案 **3-5 ETS 1-3**：规划并进行公平的测试，在这些测试中，测试人员控制自变量并考虑故障点，目的是识别模型或设计雏形中可以改进的方面	利用工程设计流程来设计、制造、测试、比较和优化风力涡轮机叶片系统，使得风力涡轮机模型的输出电压达到最大，将机械能转化为电能

续表

4-PS3-4　能量 3-5-ETS1　工程设计	联系课堂活动
科学与工程实践	
计划并进行调查	计划并开展了确定风力涡轮机叶片系统变量对电压输出影响的研究
进行基于论据的论证	提出一项有证据支持的关于该变量对电压输出的影响的主张
形成解释并设计解决方案	设计风力涡轮机叶片系统，以最大限度地提高电压输出
获取、评估和交流信息	在团队内部和跨团队交流实验和设计结果
学科核心理念	
PS3.B：能量守恒和能量转移 ● 能量也可以通过电流从一个地方转移到另一个地方，然后电流可以在局部产生运动、声音、热量或光。电流可能是通过把运动的能量转化为电能而产生的	在设计风力涡轮机叶片系统时，应用了他们对能量转换的理解，使涡轮机轴尽可能快地转动（运动），通过涡轮机的发电机产生尽可能多的输出电压
ETS1.B：制订可能的解决方案 ● 产生想法的一个通常有效的方法是让人们一起工作来集思广益、测试和提炼可能的解决方案。测试一个解决方案涉及调查它在一系列可能的条件下的执行情况	为了开发可能的解决方案，使用工程设计流程（考虑问题、约束条件和标准）与同伴进行头脑风暴
ETS1.C：优化设计方案 ● 在特定的标准和约束条件下，需要对不同的解决方案进行测试，以确定哪个能够最好地解决问题	计划、创建、测试和优化风力涡轮机叶片系统设计解决方案
跨学科概念	
结构与功能	在实验研究中确定了风力涡轮机叶片系统变量与电压输出之间的关系

资料来源：《新一代科学教育标准》领先实施的州，2013.

第 25 章　与学生一起成为绿色工程师

利用创造力和日常材料设计和改进太阳能烤箱

作者：苔丝·埃热迪（Tess Hegedus），海蒂·卡尔伦（Heidi Carlone）

教育工作者又面临着另一个新的挑战：向小学生传授工程学。接受挑战！本章将重点介绍一位老师和她的五年级学生一起开始的工程冒险之旅。梅里韦瑟（Meriwether）老师的经历展示了她与《新一代科学教育标准》之间的联系，并强调指出了工程教育为学生提供创造性思维和运用 21 世纪新技能的机会。

梅里韦瑟老师意识到，人们呼吁将工程实践作为《新一代科学教育标准》的一部分纳入科学课程，但是，她该如何开始呢？无论是出于勇气还是进取心，她都全力以赴，用一整个夏天的时间在一个职业发展培训班中参加了波士顿科学博物馆开发的关于"工程基础"的培训课程。"工程基础"课程由 20 个单元组成，每个单元强调不同的工程和科学领域的标准内容。"工程基础"旨在为一至五年级的学生提供基于项目的工程挑战。梅里韦瑟老师选择了基于绿色工程的太阳能烤箱作为自己教学的重点，因为它与所在学区的五年级标准和四年级国家标准非常接近。"能源"本身就是一个重要的学科核心理念，学生对它的知识掌握的要求，随着年龄的增长而逐步提高。"绿色"工程师开发并应用工程解决方案来解决环境问题，重点在于尽量减少自然资源的消耗和对环境的影响。

完成"工程基础"培训只是拼图的一部分。接下来，梅里韦瑟老师面临的现实是，要像一名称职的"专家"那样，把工程领域和工程实践引入她的课堂。令她惊讶的是，这段旅程相当顺利，也颇具启发性。我们描述了梅里韦瑟老师和她的学生在这个主题上的工程冒险旅程，展示了学生在创造性地解决问题方面的经验，以及在日常课程中实施工程实践的实际策略。

我们将梅里韦瑟老师的旅程分为四个阶段，与所有"工程基础"单元的结构安排相对应（见表 25.1）。四个阶段的"工程基础"单元框架与《新一代科学教育标准》中工程设计的三种核心理念相吻合：（1）ETS1.A：提出和界定工程问题；（2）ETS1.B：制订可能的解决方案；（3）ETS1.C：优化设计方案。对于没有机会接触到这门课程的老师来说，可以利用现有资源开发使用日常材料的太阳能烤箱，让学生参与以问题探究为基础的学习，并通过发展中国家人民的故事来了解他们的困境。

表 25.1　"工程基础"单元结构概览

第 1 部分	工程故事（设置背景，通过问一系列问题鼓励反思，增强读写能力）
第 2 部分	工程领域的更广阔视野（介绍重点领域"绿色工程—太阳能单元"，讨论工程师在该领域的实际工作和研发出来的技术）
第 3 部分	科学数据如何为工程设计提供信息（联系科学、数学和工程，收集和分析设计阶段要参考的科学数据）
第 4 部分	工程设计挑战（设计、创建和改进解决方案）

📲 提出并界定工程问题

"工程基础"太阳能单元的第 1 部分和第 2 部分与第一个核心概念（在工程背景下提出和界定问题）非常相似。该单元的这两个部分为与社会研究、科学、识字和数学课程建立有意义的联系提供了机会。那么，在实践中是怎样的情况呢？

第 1 部分：故事

由于教学时间的限制，梅里韦瑟老师用她的英语语言艺术（English Language Arts，ELA）时间（早上一小时）阅读了一个有关"工程基础"的故事。故事的名称是《莱拉托制订了一个计划：一个绿色工程的故事》（*Lerato Cooks Up a Plan：A Green Engineering Story*）。梅里韦瑟首先对故事进行了总结，并在投影仪上提供了文本。她开始在课堂上讨论故事的背景、来龙去脉、体裁和人物。在故事中，来自非洲国家博茨瓦纳的小女孩莱拉托（Lerato）负责全家的晚餐，包括为做饭收集柴火这项耗时耗力的任务。她姐姐的朋友索娅内（Tsoane）在一所大学学习绿色工程，她给莱拉托送了一个不需要木头作为燃料的太阳能烤箱，但一开始并不好用。莱拉托用隔热材料和半导体的知识改进了设计，不过，她的解决方案仍有缺憾。故事的问题是，如何建造一个隔热良好的太阳能烤箱，减少对环境的影响，为学生在本单元的设计挑战设定了背景。

这本书引发了一些关于科学和工程的思考（如用火取暖会对环境产生怎样的负面影响）。这本书及班级的同学对人们的生活可能给环境造成的影响的讨论，也就是绿色工程的相关方面。一名学生评论说，绿色工程师是"走出去，利用自然资源来解决世界上的问题"的人。另一名学生补充说，"环境"这个词包括"大自然和我们身边的事物"。学生们讨论了环境影响，如空气污染、土壤侵蚀和森林砍伐，这些是绿色工程师必须考虑的问题，目的是帮助保护环境。这时，梅里韦瑟老师发起了一项活动来检查纸张（一种学生在课堂上经常使用的自然资源）的使用情况。

第2部分：引入绿色工程

在这节课上，青少年学习了绿色工程师用来提出和界定问题的一种策略（自然资源评估）。这节课从发散思维策略的练习开始。学生 3~4 人一组，在两分钟内尽可能多地思考纸的用途。学生变得很有积极性，他们急于在规定时间里把自己的想法写满自己手中的清单。每个小组围绕 14~30 个想法进行头脑风暴，包括厕纸、名牌、学校笔记本、纸盘子、票、试卷、午餐卡、纸巾、标牌，等等。学生通过计算来估计每周课堂上纸的使用量，从而与数学联系起来。头脑风暴讨论拓展到另一项活动中，学生对代表纸张生命周期中的步骤的卡片进行排序（见图 25.1）。这强调了减少使用、再利用和循环使用的重要性。这堂课讨论了作为绿色工程师工作的一部分的生命周期评估（life cycle assessment）。生命周期评估是工程师理解人造产品生命周期的一种方式，包括对开发所需的资源、环境影响和任何可能改进的地方的检查。学生将在本单元接下来的学习中运用生命周期评估。

图 25.1　代表纸张生命周期的卡方

本单元的第 1 部分在一个引人入胜的多元文化故事的背景下介绍了核心工程问题（如何制造一个隔热良好、对环境影响最小的太阳能烤箱）。第 2 部分允许学生像环境工程师一样思考，通过对纸张进行生命周期评估，来评估自然资源使用的环境影响。在了解了纸张在课堂上的使用及每天重复使用和回收材料的重要性之后，学生能够更好地理解保护自然资源（如木柴）的必要性，因为他们正在努力开发替代性的人造烹饪技术。用这些方法提出和界定问题（ETS1.A），为使用对环境影响较小的材料（第 3 部分和第 4 部分）来设计隔热良好的太阳能烤箱解决方案提供了基础。

🖉 设计工程问题的解决方案

第3部分：测试材料的性能

接下来是测试不同材料的隔热性能。学生对太阳能烤箱的构造保持着好奇心，并且就他们可能使用的材料提出了问题和想法。一个男孩问，三明治上的保鲜膜是不是很好的隔热材料。他把自己的想法说出来，想到了自己的饭盒，问工人们如何通过分析它的隔热部件来制造。一个女孩提问，她们需要对烤箱内部做些什么来防止热量流失。当梅里韦瑟老师向学生展示了设计雏形烤箱（一个改进过的鞋盒），并让他们知道他们将对这个设计进行修改时，学生激动万分。当学生分享如何设计出最佳隔热效果的盒子时，很多人都举手了。

学生测试潜在的隔热体（工艺泡沫、毛毡、报纸、箔、塑料购物袋、建筑用纸），改变这些材料的配置（扁平的或碎的），制定排名标准（1~10 的尺度，“1”代表隔热性能最好，“10”代表隔热性能最差），并且根据它们的环境影响来评价材料（自然的或人造的，数量的需要、可重用性和可回收性）。他们把内衬扁平材料或碎料的杯子放置在一个大的沐浴器中，并且固定到具体位置，以容纳 12 个总测试站（见图 25.2）。老师事先用硅胶把 12 个杯子固定在大塑料浴缸的底部。为了稳定起见，学生把测试杯嵌套在安全的杯子里。在理想情况下，将学生分成 12 个小组，6 个小组测试扁平的隔热材料，6 个小组测试碎的隔热材料。在测试之前，学生先思考一下材料的物理特性，以便预测材料在测试中的表现。学生每隔 30 秒就监测一次分发给他们的杯子的温度变化，持续 3 分钟。梅里韦瑟在测试前与学生一起回顾了实验室的安全程序，并指导学生安全使用玻璃温度计。在实验室使用玻璃器皿时，建议使用护目镜。全班同学分享了实验结果，并且进行了环境影响分析（见图 25.3），以确定第 4 部分（工程设计）中使用的最佳材料（基于其隔热性能）。在第 3 部分中，学生收集并分析了有关材料隔热性能的科学数据，并在此过程中将科学、数学和工程联系起来。

图 25.2　测试潜在的隔热体

Environmental Impact Analysis: Class Data

A

B

Directions: Write each of the materials you will analyze in the boxes under "Material." Then, answer the questions to help you determine the environmental impact of each material.

		Material				
		Plastic	foam	newspaper	Aluminum foil	Felt
TYPE OF MATERIAL Is the material natural or is it processed?		Processed	Processed	Processed	Processed	Processed
Waste Management	REDUCE How much material do you need to use?	A lot	A little	Some	A lot	A little
	REUSE Has the material been used before for another purpose?	varies	varies	varies	varies	varies
	RECYCLE Can you recycle the material when you are finished with it?	Yes	NO	Yes	Yes	NO

EiE: Designing Solar Ovens © Museum of Science, Boston Duplication Permitted　3-10　Lesson 3: What's Hot & What's Not

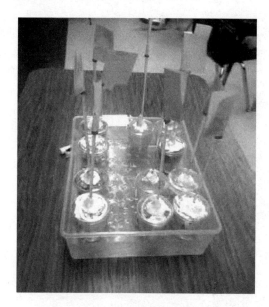

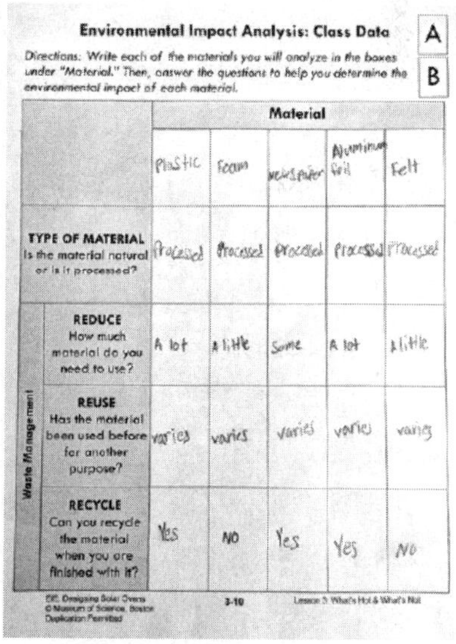

图 25.3　环境影响分析

✐ 优化设计方案

第 4 部分：工程设计

　　学生利用他们掌握的关于材料热性能和环境影响（基于第 3 部分）以及迭代工程设计流程（EDP，例如提问、想象、计划、创造和改进）的知识，每两个人一组，来设计他们的太阳能烤箱（见图 25.4）。

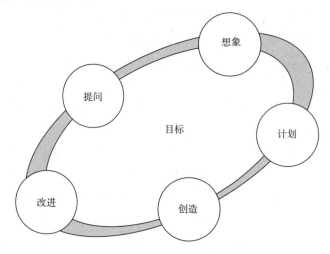

图 25.4　工程设计流程

　　梅里韦瑟老师指导学生为自己的设计进行构思或头脑风暴。他们考虑了使用某些材料的优点和缺点、这些材料的配置及需要多少"单位"。一个单位的扁平的材料，等于一张 8.5 英寸×11 英寸（1 英寸约等于 2.54 厘米）的纸的大小（如毛毡或泡沫）或一杯碎料（如报纸或松散的棉球）。在做这件事的过程中，他们考虑了材料的隔热性能及其对环境的影响。"计划"阶段要求为材料的分发和放置绘制带有标记的示意图。学生使用影响评分表（见图 25.5）来权衡某些材料的利弊。例如，与得分较高的加工材料相比，使用天然材料的总体（预期的）得分较低。一旦两个人一组，学生就要把烤箱拿到室外阳光充足的地方，开始每隔五分钟记录一次温度的变化（打开反射盖，让阳光直射），总共记录 30 分钟（见图 25.6）。学生在户外应当采取适当的防晒措施，以免过度暴晒。在实验结束时，他们把烤箱移到阴凉处，每分钟记录一次温度变化，持续 10 分钟。梅里韦瑟老师管理着一个控制箱（没有隔热）进行比较。

　　在测试中，学生围着烤箱跑来跑去，大声地分享温度变化："我的温度是 100℃！""我们的是 124℃！"另一个女学生已经在思考如何改进她的烤箱了，她大声说："我知道该怎么做！"这个环节并不是一帆风顺的，也出现了一些小插曲——一个男孩在兴奋中不慎踩坏了温度计。如果学校有足够的资金，建议使用数字温度计以避免破损和安全隐患。另一个小组使用了摄氏温度标记而不是规定的华氏温度，结果扰乱了他们的研究成果。不过，总而言之，学生的积极参与，以及午后理想的天气条件，使得这个环节大获成功。

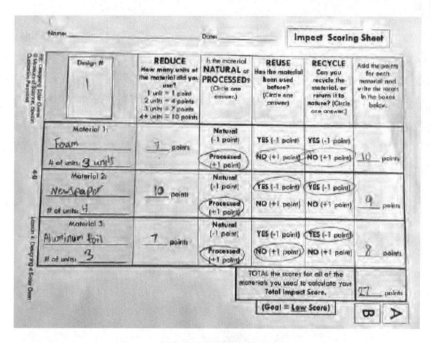

图 25.5　影响评分表

图 25.6　在阳光和阴凉处记录太阳能烤箱温度的变化

第二天，梅里韦瑟老师对活动中的温度变化进行了简要说明，学生计算了自己的总分。在评估了热量损耗最少的烤箱设计后，学生改进了他们的设计，并考虑如何降低这些设计的环境影响分数，并且在随后的课程中到室外重新测试。

我们学了些什么

"现在你正在烹饪：设计太阳能烤箱"（*Now You're Cooking Designing Solar Ovens*）中的"工程基础"单元，恰好与《新一代科学教育标准》中的三个工程核心理念（ETS1.A、ETS1.B 和 ETS1.C）及《新一代科学教育标准》中的期望表现 4-PS3-4 一致。

此外，该单元还要求学生进行创造性思考，体验富有成效的失败。

创造性思考

通过工程设计流程，学生体验到了创造性思考的含义。首先，学生创建了多个设计，这些设计为一个问题提供了多个解决方案。合作是这一进程中的一个重要因素。索耶（Sawyer）指出，小组往往比学生个体更具创造性。首先，认知多样性和小组的构成，是组织创造性群体的关键因素。其次，学生围绕纸张的使用和隔热太阳能烤箱的方法而表现出来的发散性、灵活的思维，通过头脑风暴环节显示了出来。最后，学生在本单元第 3 和第 4 部分开发了使用普通材料的新方法。"设计"和"改进"阶段促进学生寻找创新的解决方案，使他们有机会从不同的有利位置面对问题（见图 25.7）。

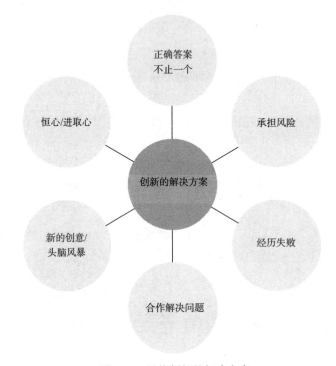

图 25.7　寻找创新的解决方案

📝 富有成效的失败

鼓励为一个问题设计多种解决方案，也就是说，摆脱传统的只有一个正确答案的桎梏，会给不习惯经历失败的学生带来挑战。在整个单元中，学生反复面对这个问题，并坚持寻找可行的解决方案。梅里韦瑟老师在设计过程的"改进"阶段向学生强调了这一点。她让学生知道，在"工程基础"的专业开发会议上，她最初的设计并没有成功，直到她做了一些改进，才取得成功。通过这种方式，她和学生分享了她以前的"失败"。梅里韦瑟老师问学生："如果有人没有获得预期的结果，他们会不会觉得自己是个失败者？"一个男孩回答："不想感觉自己是个失败者。"梅里韦瑟老师向男孩和全班重申，如果一开始设计不成功，"你并不是失败者"。她引导他们把注意力放到绿色工程师的工作上，这些工程师从他们以前的设计缺陷中吸取教训，并利用这些信息来改进未来的设计。工程设计流程的"改进"阶段为学生提供了处理和解决问题的新方法，摆脱了传统的"非对即错"的思维。

本章小结

　　虽然实施工程实践听起来令人生畏，但梅里韦瑟老师表明，这并非不可能。在这种情况下，读写能力、社会研究、数学、科学和工程学被整合在一起，利用一个多元文化的故事来吸引学生，并为一个基于工程的问题打下基础。学生可以像科学家一样进行受控实验来探索材料的特性。他们以一种协作的、以科学为导向的方式来收集、分析和分享他们的发现，以获得关于如何解决真实问题的知识。最后，工程设计流程（提问、想象、计划、创造和改进）允许学生创造性地思考，经历富有成效的失败，并且以现实世界的方式充分利用他们的设计解决方案。你也可以做到的，接受挑战！

联系《新一代科学教育标准》

　　本章概述的材料、课程和活动，只是实现表 25.2 列出的期望表现的一个范例。学生们还需要更多的支持材料、课程和活动。

表 25.2　与标准的联系

4-PS3 能量	联系课堂活动
期望表现	
4-PS3-4：将科学的理念应用于设计、测试和改进将能量从一种形式转换成另一种形式的装置	测试材料的隔热性能，并利用这些知识来制造太阳能烤箱，以减少对环境的影响
科学与工程实践	
提出并界定问题	参与课堂讨论和提问，明确问题
计划并进行调查	对材料进行测试以确定其隔热性能
分析并诠释数据	分析数据，以确定他们的太阳能烤箱使用了最佳的隔热材料
构思解释并设计解决方案	建造、测试和改进太阳能烤箱设计
学科核心理念	
PS3.B：能量守恒和能量转移 • 当物体运动，发生声音、光或热时，能量就存在	用太阳能在隔热太阳能烤箱中加热食物

4-PS3 能量	联系课堂活动
学科核心理念	
ETS1.A：提出并界定工程问题 • 可用的材料和资源限制了问题可能的解决办法（约束条件）。设计的解决方案的成功与否，取决于考虑解决方案的期望特性（标准）。针对解决方案的不同的提议，可以根据每个方案到底多么出色地达到了规定的成功标准，或者多么周到地考虑了约束条件来进行对比	在小组或全班讨论中制定关于所提出问题的标准和约束条件的列表 参与课堂讨论，提出与项目有关的问题，鼓励学生反思 通过探索工程师在该领域所做的实际工作和所产生的技术，了解问题的具体工程领域
跨学科概念	
能量与物质	测试并使用各种材料来增强能量的传递
科学、工程和技术对社会和自然界的影响	改进太阳能烤箱

资料来源：《新一代科学教育标准》领先实施的州，2013.

第 26 章　压扁牛奶纸盒

三年级学生通过工程设计流程、小组合作和 STEM 综合教育来解决实际问题

作者：黛博拉·曼森（Debra Monson），黛博拉·贝瑟（Deborah Besser）

　　能够让学生解决实际问题的跨学科项目会非常吸引人，并且具有很强的激励作用。这些项目为学生提供了应用、整合和扩展 STEM 知识的机会。本章描述了一个项目的三年级部分，突出了以工程为重点的 STEM 综合教育的使用。学生参与工程设计流程，而老师提供指导、信息和辅导。虽然老师心里已经有了想法，但还是选择让学生通过一系列的探究信息课来提出关于这个项目的想法。

　　推动该项目的老师与幼儿园老师及六年级老师合作完成了该项目，三个年级各有不同的问题。幼儿园的孩子花时间学习工程学、堆肥和制造独立的堆肥；三年级学生以工程设计周期为指导，设计了压扁牛奶盒的装置；与此同时，六年级的学生正在建造一个存储压扁的牛奶纸盒的地方。

✍ 工程设计

　　工程设计需要创造性地解决问题，同时考虑时间、金钱、材料和易用性等约束条件。三年级学生使用的设计流程包括提出一个问题，形成替代方案，制订可行的设计方案，分析设计，创造、测试和改进，得到最终设计。与许多实际工程任务一样，设计流程通常不是通往解决方案的线性路径，而是一个循环往复的过程。如图 26.1 所示的工程设计流程的循环模型例证了三年级学生在这个项目中所从事的工作。

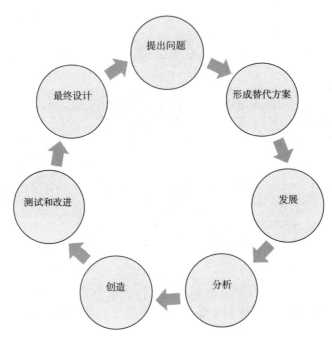

图 26.1　工程设计流程的循环模型

📝 提出问题

　　三年级的老师通过帮助学生收集信息来全面地提出问题和理解约束条件，从而开始了这个活动单元。学生观看了关于堆肥和使用垃圾填埋场的视频，以公开讨论他们也许能够解决的问题。老师解释说，他们将学习回收利用，并且了解垃圾对环境的影响。她告诉学生，他们将观看视频，以理解人类对环境的影响。

　　在观看了有关堆肥和垃圾填埋场的视频后，学生开展头脑风暴，想办法减少他们在家里或学校产生的垃圾对环境的影响。一名学生建议探讨如何回收在午餐时废弃的牛奶纸盒，或者利用这些牛奶纸盒来制作堆肥，老师很兴奋，因为这正是她想让他们解决的问题。

　　在一个以工程教育为重点的暑期课程中，该校幼儿园、三年级和六年级的老师们根据工程设计流程制订了一个单元计划，他们认为该计划可以在下一年实施。暑期课程的老师鼓励参与者从解决现实世界的问题开始。牛奶纸盒问题是老师们认为学生会接受的现实问题。他们之所以选择这门课，是希望所有三个年级的学生都能通过探索解决方案来学习工程设计循环的部分或全部内容。三年级的老师通过向学生介绍回收和堆肥的概念，并且向他们展示牛奶盒产生的多余垃圾，期望学生能意识到，这是一个他们可以解决的问题。或者，她也可以引入问题，通过更直接的方法开展一些本质相同的活动，但她的目标是让学生提问。因此，她找到了让学生得出相同结论的机会。

　　老师把学生带到自助餐厅，观察午餐产生的垃圾。她邀请保管员鲍勃到教室来分享牛奶纸盒是如何增加他的工作量的，尤其是那些里面还有牛奶的盒子。三年级的学生最初把这个问题界定为减少鲍勃必须搬运的垃圾量，但随着解决方案的实施，学生意识到他们可以用牛奶纸盒制作堆肥，或者将其回收利用。为了解决这个问题，学生需要找到一种方法来清洗和储存牛奶纸盒，用于回收或生产堆肥。这带来了一个新问题，因为储存牛奶纸盒所需的空间会很大。然后，学生将真正的问题界定为想出一种压扁牛奶纸盒的办法，以减少空间占用，直到纸盒可以用来制作堆肥或被回收。三年级的学生专注于清洗和压扁牛奶盒；而六年级的学生致力于发明一个储存容器；幼儿园的孩子们关注的是堆肥的影响。

学生收集了每天在零食和午餐时间使用的牛奶纸盒数量的数据，并将这些数据绘制成图表（见图 26.2）。他们研究了分解午餐后产生的各种垃圾需要多长时间，并绘制了这个数据的图表（见图 26.3）。这些信息被添加到管理员的个人故事中，以帮助学生清楚地提出问题并开始制订解决方案。

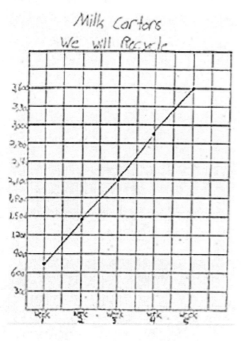

图 26.2 牛奶纸盒的使用量

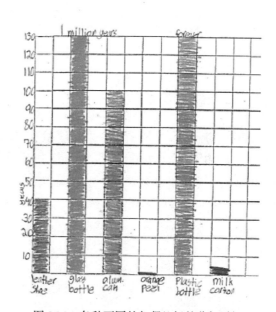

图 26.3 各种不同的午餐垃圾的分解时间

形成替代方案，制订可行的解决方案和分析设计

为了与工程设计流程保持一致，在动手制造之前，学生会单独地思考解决方案，并使用图表纸来绘制可能的解决方案和形成替代方案。老师给学生提供了一些材料，供他们在开始制订解决方案的时候参考使用。这些材料包括汤罐头、马铃薯捣碎机、6 英寸×3 英寸的木块、聚氯乙烯阀门、其他圆柱体，以及长方体棱镜。学生带了一只水桶和一些绳子来增加可用的材料。所带的材料必须对学生友好，并且对学生的伤害风险非常低

（或没有风险）。除了物质上的约束条件，从幼儿园到八年级的所有学生都必经安全地使用机器来压扁他们的牛奶纸盒。此时还并没有构建任何模型，这只是一个头脑风暴的阶段，以形成替代方案和制订解决方案。

　　然后，学生被分成三组或四组，每组都既有男孩也有女孩。他们分享各自的解决方案，然后跳出这些解决方案展开头脑风暴，最后综合得到一个最优的解决方案。老师仍然扮演促进者的角色，让学生决定哪些解决方案是合理的，而不是试图引导他们走上既定的道路。他们分析了自己的解决方案，并且以小组的名义选择一个来创造。

创造、测试和改进

　　学生分组进入了最后的设计雏形制作阶段。三年级学生和幼儿园的孩子们先后制作并测试了模型，要求机器能够轻易地压扁牛奶纸盒，并且幼儿园的孩子们也能够使用机器。在制造和测试过程中，老师小心地监控设计雏形的使用，以消除所有安全隐患。老师让孩子们戴上护目镜，以避免受伤。对学习过程至关重要的是老师协助讨论改进和重新设计可能所需要的步骤。老师向学生提出的问题包括：它使用起来有多简单？它多么有效？它的压扁速度有多快？有什么可以改进的吗？接下来，学生做出了改进，并且准备在课堂上发言。

得到最终设计

　　然后，各小组的最终设计都呈现给全班同学，让他们投票选出最适合问题需要的答案。要使牛奶纸盒压扁装置成为最成功的项目，它就得高效、安全、快速和廉价。最终胜出的设计（通过班级投票）是最简单的：先用一个桶子把牛奶盒中剩余的牛奶倒掉，然后用一块木头压扁平底锅里的牛奶盒，以防溅起水花（见图 26.4）。

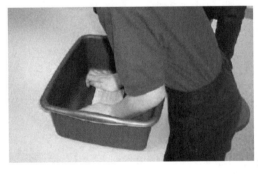

图 26.4　选定的最终设计

　　然而，就像在现实世界中经常发生的那样，这个解决方案产生了一个新的问题。幼儿园的孩子们无法用机器把他们自己的牛奶盒压扁。那么，学生该如何解决这个新问题呢？他们一致认为，只需年龄较大的学生帮助他们压扁纸盒，而教室里的老师负责监督压扁工作。这个"非工程"的解决方案在"4C"的需求中起到了重要的作用，所谓的 4C 就是沟通（Communication）、协作（Collaboration）、批判性思维（Critical Thinking）和创造力（Creativity）。

联系

在这个教室里，老师领导了一个由学生主导的工程设计挑战，综合了科学、工程、数学及其他内容领域和技能。学生积极参与小组活动，制订可能的问题解决方案，对设计方案进行投票，并对设计流程进行反思。在最终设计选定后，学生接受了采访，老师问："你能给我讲讲你的工程项目吗？"学生清晰描述了他们经历的过程，并且清楚地陈述了做这个项目的环境背景和实际原因。

在采访中，一个意想不到的因素浮出水面，那就是学生对保管员的同情及对牛奶纸盒垃圾数量新的认识。一个学生解释说："我们统计了每天扔掉的垃圾，我想大概有 200 磅。鲍勃说它们真的很重。我们每天回收牛奶纸盒，每袋可以减少 15 磅，所以对鲍勃来说，每天捡到的垃圾会更轻一些。"

实现自己的挑战

这是学生第一次接触工程和 STEM 教育综合。每个接受采访的学生（约占全班人数的一半）都对这次挑战做出了积极的回应，并表示愿意再做一次。他们描述了自己多么积极地投入其中，并且一致认为失败是完全可以接受的。这个项目帮助学生加深对工程设计周期的理解，创造了合作的机会，并且鼓励他们解决他们认为重要的问题。

在老师为他们自己的实际工程挑战制订计划时，应当考虑一些重要的事情。首先，学生能帮助界定问题吗？如果可以，他们需要哪些信息才能做到这一点？其次，约束条件是什么？你会允许他们使用无限的材料、选择他们使用的材料，还是为每一种材料制定一个附加成本？你如何在整个挑战中突出工程设计？对于这个挑战，成功是通过完成一个解决方案来衡量的，但老师可以考虑在整个过程中进行其他的形成性评估，以确保学生的积极参与。重要的是在整个活动中设置检查点，以监视个人和团队的进展。老师根据参与的情况，通过非正式的观察来评估学生的参与，使用 KWL 图评估学生是否理解流程中的各个要点（你知道些什么、你想知道什么，以及你学到了什么），并且运用课堂讨论，包括学生对口头提问的回答，来检查学生的挑战进展和理解程度。老师收集他们的图表，观察小组讨论，仔细监控学生的参与情况。除了非正式的评估，根据所运用的工程设计流程，还可以使用更加正式的评分标准向学生提供反馈。

可以改进的集成工作之一是花时间明确指出不同内容范围之间的联系。当接受采访的学生被问及是否用到数学时，大多数人的回答是否定的，尽管他们提到了必须完成的绘图和计算。老师同意下次花时间讨论解决这样一个问题的不同内容。建立联系是我们鼓励所有学生在课堂上学习 STEM 概念的一个关键组成部分。

联系《新一代科学教育标准》

本章概述的材料、课程和活动，只是实现表 26.1 列出的期望表现的一个范例。学生们还需要更多的支持材料、课程和活动。

表 26.1　与标准的联系

2-PS1 物质及其相互作用 K-2-ETS1-3 工程设计	联系课堂活动
期望表现	
2-PS1-2：分析从不同材料的测试过程中获得的数据，以确定哪些材料具有最适合预期目的的特性	建立模型，观察和测试压扁材料的能力，为所有学生提供一个解决方案
K-2-ETS1-1：提问、观察，并且收集关于人们想要改变的状况的信息，以提出一个简单的问题，这个问题可以通过开发新的或改进的物体或工具来解决	观看有关回收的影片，绘制堆肥数据图表，并且与保管员会面以引出垃圾过多的问题，提出堆肥或回收牛奶纸盒的解决方案，并制造一个牛奶纸盒压扁装置，以减少空间占用
K-2-ETS1-2：绘制一张简单的草图、图画或创建一个物理模型，以例证某个物体的形状如何帮助它在必要时解决特定的问题	绘制了牛奶纸盒压扁装置的设计草图，并建立工作模型
K-2-ETS-3：分析来自两个物体的测试结果中设计用于解决同一个问题的数据，以对比每个物体的优势与劣势	展示设计，并且以班级为整体确定最适合需求的设计方案
科学与工程实践	
计划并进行调查	准备对可用来解决问题的材料和机制进行简单的调查，并做好调查的计划 合作进行计划、实施和调查可能的解决方案并收集数据
分析并诠释数据	分析测试中收集的数据，确定材料和设计是否解决了压扁牛奶纸盒的问题
构思解释并设计解决方案	构思针对哪些材料和设计最能解决问题的解释
进行基于证据的论证	找到来自证据中的论据，这些证据涉及概念的成功

2-PS1 物质及其相互作用 K-2-ETS1 工程设计	联系课堂活动
学科核心理念	
PS1.A：物质的结构与性质 • 不同的属性适用于不同的目的 • 许多不同的物体可能由众多较小的组成部分构成	评估可用于解决问题的材料和设计 采用多种材料制作牛奶纸盒压扁装置
ETS1.A：提出并界定工程问题 • 人们想要改变或创造的一种局面，可以作为一个需要通过工程解决的问题来解决 • 提问、观察和收集信息，有助于思考问题 • 在开始设计解决方案之前，很重要的一点是清楚地理解这个问题	将牛奶纸盒问题作为工程设计问题 在与管理员见面并了解垃圾问题之前，先看视频和收集数据 以班级为单位识别问题，并设置解决方案的参数
ETS1.B：制订可能的解决方案 • 设计可以通过草图、图画或物理模型来表现。这些表现手法十分有益于向他人分享问题的解决方案	制订、分享和创造解决方案的模型
ETS1.C：优化设计方案 • 由于某个问题总是有不止一个可能的解决方案，所以，比较和测试设计是极其有益的	在全班分享解决方案，并且根据初始信息和参数投票确定最终设计
跨学科概念	
原因和结果	使用模型来测试压扁的效果，然后收集证据来支持或反驳关于成功制造压扁装置的主张

资料来源：《新一代科学教育标准》领先实施的州，2013.

第 27 章　制作一只假手

3D 打印机不断创新激发创客运动

作者：克里斯汀·蕾·库克（Kristin Leigh Cook），萨拉·B.布什（Sarah B. Bush），理查德·考克斯（Richard Cox）

　　过去几年，3D 打印技术呈指数级增长——世界各地的人们都在使用 3D 打印机来准备食物、定制服装、制造汽车和房屋，以及采用前所未有的方式推进医疗领域的发展。在全美各地的课堂里，3D 打印机因其价格低廉、使用方便而变得日益普遍。鉴于《新一代科学教育标准》和《技术文献标准》（*Standards for Technology Literacy*）对工程与设计的关注，3D 打印机使得学生能够创建有形的设计解决方案，并引导他们应用科学、技术、工程、艺术和数学（Science, Technology, Engineering, Arts and Mathematics，STEAM）的模型。

　　最近，老师们开始利用 3D 打印机的优势，在小学教室里为创客空间（人们可以聚集在一起创造或学习如何创造的空间）提供便利。允许学生创造和革新他们自己的设计方案来解决现实世界的问题，模拟真实的科学与工程活动。在本章中，我们将探讨一位老师如何在 STEAM 实验室与四年级学生一同使用 3D 打印技术来设计和制作一只假手。史密斯先生（化名）对 STEAM 实验室的设想是激发学生对学习的热情，为真实地探索他们的世界创造空间。

✅ 设计解决方案

　　以这个项目为基础的单元是根据社区一项实际存在的需求而设立的。该地区一所学校有一名学生天生缺了一只手，在学校登录电脑时遇到困难，需要帮助。具体来讲，她需要按下 Ctrl+Alt+Delete 键，但这里有两个键分别位于键盘的两侧。尽管史密斯先生在另一所学校，但这个缺了一只手的女孩的老师和父母找到了他，他们知道他的 STEAM 实验室和该实验室拥有的资源。除了可以使用 3D 打印机，STEAM 实验室还是一个因探究性学习如何解决现实问题而闻名的实验室。史密斯先生认为这是一个真正让学生参与《新一代科学教育标准》所要求的设计和工程流程的机会。尽管女孩和她的学校都是匿名的，但史密斯先生的学生欣然接受了设计、制造和打印假手的挑战，以帮助她完成利用学校电脑学习的任务。

在持续六周的时间里，学生每周有五天选定一个特殊时段来上史密斯的课，每节课 50 分钟。虽然史密斯先生在 STEAM 实验室中完成了这个单元，但该项目可以引入传统的小学课堂，因为它包含了科学、数学和技术等核心学科中许多内容领域的标准。同样，如果老师没有 3D 打印机，但仍想在课堂上使用这个单元的研究和设计的内容，他们可以通过在线数字设计网站 Tinkercad，找到离学校最近的 3D 打印机。由于 STEAM 实验室的安排，史密斯先生在六周的课程中实施了这个项目，尽管如此，考虑到他的学生和课堂具体安排，老师也可以在更短的时间内进行类似的项目。

第 1 周：同理心和树立明确目标

因为了解潜在的有意义的影响对启动这个项目很重要，于是史密斯先生向他的学生提出了这个问题，并特意让学生们建立起同理心。在此过程中，他让四年级的学生考虑一下，如果只有一只手而不是两只，会是什么样子。因此，史密斯先生强调了机会平等的重要性，并简要回顾了《美国残疾人法》（*Americans with Disabilities Act*）。为了探索平等的机会，学生对学校的场地进行了盘点——让学生在学校里走动，并且只用一只手来尝试完成一些简单的任务，如上厕所、洗手、开门、登录电脑。通过这种有指导性的探索，学生意识到，用一只手完成简单的任务也会有困难，也明白了他们即将着手的项目的重要性。他们开始思考学校可以提供什么解决方案来帮助身体有残疾的学生（如安装自动门和感应水龙头、降低图书馆书架的高度）。学生完成了一份易访问性分析和评估表，老师要求他们确定全校关注的领域，并将结果和建议提交给校长。通过这个围绕目的而开展的活动，激发了学生对问题范围的认识，同时确立了一种兴奋感和使命感，使学生能够在整个为期六周的项目中保持联系并受到激励。

第 2 周：进行有指导的研究

接下来，老师将学生分配到他们自己选择的团队（5 个不同的设计团队，每个团队有 4~5 名学生）。在每个团队中，学生首先使用在线资源研究假手和手臂的解剖结构，然后进行头脑风暴、绘制草图并独立设计，时间约为 30 分钟。然后，学生合作提出一个团队设计，综合了每一名学生在独立工作时最有价值的创意，还需要阐明为什么选择他们的设计，以及为什么它应该包括在最终的团队设计中。

在选择功能时，老师提示学生考虑与假手有关的功能、有用性和可行性。研究小组开始进行研究，并将他们关于人造身体部位、骨骼系统、假肢和发现记录在一块大型的布告板上。用于研究的资源包括课堂书籍，如"工程基础"课程中的生物医学工程单元名叫"埃里克（Erik）意想不到的转折：设计膝盖支架"。学生使用谷歌安全搜索（Google Safesearch）来仔细研究在线开发设计雏形的想法。在周末，团队根据他们对假手的集体观点，在一张海报大小的纸上绘制了一幅示意图（见图 27.1）。

图 27.1　团队设计的要素示意图

第 3 周：绘制蓝图

工程师和设计师总是有计划的。学生了解到，虽然忙忙碌碌地修补、创造和探索是很有趣的，但是这个项目的重要性及其影响，要求尽可能多地进行计划，包括绘制蓝图或运用视觉辅助来指导假手的制作与评估。老师要求每个团队的学生在 Tinkercad 网站上为自己的设计绘制蓝图。Tinkercad 是一个在线网站，能够创建可打印成实物的数字设计。所有学生都在 Tinkercad 上创建了一个 3D 模型（见图 27.2），教学提示包括：

图 27.2　在 Tinkercad 上创建的 3D 模型

- 怎样才能让假手既实用又美观呢？
- 如何激活我们的模式，并且使用各种创意（源自自然和我们的日常生活）来指导我们的设计？
- 如何把二维的创意转换成三维的实物？

Tinkercad 是免费的网站，因此老师可以创建一个账户，与学生共享用户名和密码（Tinkercad 要求超过 13 岁的人使用电子邮件创建账户）。老师可以让学生在他们的班级账户下注册，或者允许每个学生拥有自己的账户。班级账户允许老师追踪所有学生的设计并提出建议。

第 4 周：建造设计雏形

考虑到整个班级购买制作假手的材料总预算为 30~50 美元，团队制作了一份所需资源的供应清单，这些资源在 STEAM 实验室中没有现成的。在所有的供应清单和预算都被批准后，史密斯先生访问了一家家装店的网站，订购了一定数量的材料。因为学生知道想要的假手的尺寸，所以由他们决定手臂设计的合适尺寸和假手与身体的连接。一旦材料送达，每个团队建造一个假手的雏形（见图 27.3）。在设计雏形阶段，学生进行了修改和探索。由于许多人过去从未使用过门铰链、PVC 管和泡沫保温等小工具，因此有必要留出时间来供他们探索制作材料。安全考虑包括讨论适当处理材料和使用手套及护目镜。在这一阶段，学生每天用评分标准来评估他们的设计雏形，包括开发及应用新老知识，以更大程度地实现设计目标（见表 27.1）。

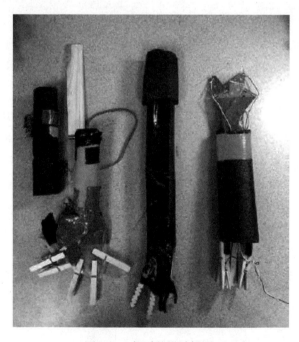

图 27.3　假手的设计雏形

表 27.1　评分标准

标　准	精　通	正在提升	新　手	得　分
发展：我的作品是否展示出随着时间的推移，我对这个主题的理解发生了变化	5 分：我修改了这个设计几次，它清晰地表达了我个人对这个主题的理解	3 分：我修改了这个设计一次，它展示了我对这个主题的基本理解	1 分：我没有修改这个设计，它没有表现出我对这个主题的理解	
应用：这个设计是否与我建立了自然联系，是有原创性的设计	5 分：我的设计表明，我可以用两个或更多的创意来制作一些原创的东西	3 分：我的设计展示了我对主题的理解，但与其他创意的联系并不明显	1 分：在我的设计中，我并没有把它与其他的创意联系起来，也没有表现出独创性	

第 5 周：进行公关

接下来，团队向班级和其他利益相关者展示他们的设计雏形，以便为他们的设计进行论证和证明。校长、学区技术集成专家、其他老师及同学担任演讲嘉宾。演讲的目的是让每个团队为下一阶段的总体设计贡献自己的想法，在该阶段，所有团队将合并为一个公司。观众对每个团队的每一个设计组件进行投票，他们希望看到这些组件包含在最终产品中。这催生了一个最终设计，并将其进行 3D 打印。在史密斯先生担任公司的首席执行官后，公司被重组为不同的部门，学生可以从以下部门中选择他们感兴趣的小组：挑战经理、速记者或公共关系、制作总顾问、测试协调员或质量控制。

第 6 周：确定最终设计

挑战经理这个小组开始使用 Tinkercad 来创建最终设计（见图 27.4），处理移动所需的元素，如可移动的、关节化的手指，以及按键盘所需的耐用性。速记者或公共关系这个小组围绕班级网页的体验发推特和写博客，将项目的照片和描述添加到班级网页中，并且负责了解项目的所有细节，如当前的生产阶段或列入"故障排解"环节的问题。速记者或公共关系小组还管理了一个名为班级 DIY.org 的账户，在该账户中，学生可以通过设计相关的创新而获得班级徽章，并且找到获得速记者徽章的机会。制作总顾问这个小组为团队协调制作（组装假手），在制作过程中做出设计决策，确保团队在任何时候都安全地制作，如有必要，还可以请求其他同学提供额外的帮助，或者请求公司首席执行官的指导。测试协调员或质量控制的小组负责协调检验公司是否成功通过必要的测试，并制定了最终产品的评判标准（从功能上、耐用性上及美观上），如有必要的话，还可以要求额外的时间。

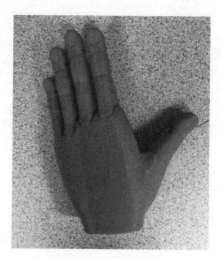

图 27.4　最终设计

假手的实际 3D 打印是在上课期间完成的；然而，打印并不必使用教学时间，因为打印十分费时，老师应当把学生在课堂上的时间集中用于设计和再设计、可视化和模拟上。打印可在夜间完成，但如果是在上课期间完成，就要采取一些安全措施（见图 27.5）。学生的创作、灵活的手指和可附加的设计，对需要帮助的学生来说都是可用的，使她可以同时轻松地触摸键盘的两端。

- 喷口和受热的印版非常烫。从打印机中删除项目的分离工具是锋利的，老师应提醒学生注意看而不是触摸，并且在从打印机中取出物品时应戴上耐热手套。
- 打印机里熔化的塑料会产生烟尘，所以打印机应在通风良好的地方使用。

图 27.5　3D 打印的安全措施

STEAM 市政厅会议

为了与项目的总体目标保持联系，并提供形成性反馈，史密斯先生在每天工作开始都要召开一次 "STEAM 市政厅会议"。在这期间，学生回顾前一节课的内容，确立学习目标和指导方针，回顾基本问题，老师向学生介绍与该项目相关的大学或职业重点（如生物医学工程）。STEAM 市政厅会议每天都为严谨而有目的的工程工作定下基调。每节课的安排基本上是 10 分钟的会议、40 分钟的团队合作、10 分钟的清理，以及对打印出的作品的情况说明（见图 27.6）。

图 27.6　对打印出的作品的情况说明

本章小结

　　这个以项目为基础的单元为史密斯先生的四年级学生带来了一次难忘的学习经历。此外，这种 STEAM 体验模拟了真实的、现实的、针对本地需求的跨学科学习，还解决了《新一代科学教育标准》和《各州共同核心标准》及技术素养标准中的标准。学生以班级为单位参与，觉得自己是完成一项重要使命的不可分割的一部分，期待着他们每天都到 STEAM 实验室去。我们希望这一章将激励其他任课老师为学生寻求及时、真实的学习机会，整合 STEAM 内容区域和创造持久的学习记忆。

联系《新一代科学教育标准》

　　本章概述的材料、课程和活动，只是实现表 27.2 列出的期望表现的一个范例。学生们还需要更多的支持材料、课程和活动。

表 27.2　与标准的联系

3-5-ETS1 工程设计 4-LS1 从分子到有机体：结构和过程	联系课堂活动
期望表现	
3–5 ETS1-1：提出一个简单的设计问题，反映需要或需求，包括规定的成功标准和对原材料、时间或成本的约束条件	提出关于能够完成特定任务的假手的问题；限制可用于开发的材料的预算
3-5-ETS1-2：根据每个解决方案到底在多大程度上达到了问题的标准和满足了问题的约束条件，来制订并比较多个可能的解决方案	在团队工作中，创建解决问题的设计，然后根据产品功能的实现程度选择一个用于创建产品的方案

续表

3-5-ETS1 工程设计 4-LS1 从分子到有机体：结构和过程	联系课堂活动
<td colspan="2" align="center">科学与工程实践</td>	
构思解释并设计解决方案	为问题制订多个解决方案 解释他们的设计如何满足问题的标准条件 选定最终设计
<td colspan="2" align="center">学科核心理念</td>	
ETS1.A：提出并界定工程问题 • 可用的材料和资源限制了问题可能的解决办法（约束条件）。设计的解决方案成功与否，取决于评估考虑解决方案的期望特性（标准）。针对不同的解决方案的提议，可以根据每个方案到底多大程度上达到了规定的成功标准，或者多么周到地考虑了约束条件来进行对比	在团队工作中，创建解决问题的设计，然后根据每个设计满足指定的成功标准的程度为产品的制作选定最终设计
ETS1.B：制订可能的解决方案 • 在开始设计解决方案之前，应该对问题进行研究	探索只有一只手的人们面对的问题、如何解决问题及解决问题时使用的工具
4-LS1.A：结构与功能 • 植物和动物都有内部和外部结构，它们在生长、生存、行动和繁殖方面发挥着各种功能	研究骨骼和肌肉系统及人类使用双手的方式
<td colspan="2" align="center">跨学科概念</td>	
系统与系统模型	研究并设计了一种满足动物与环境互动能力的假体
原因和结果	在熟练完成日常任务的基础上确定最佳的假手设计

资料来源：《新一代科学教育标准》领先实施的州，2013.

第 28 章　理解滑翔

一项强调科学和工程实践的纸飞机调查

作者：帕特里克·布朗（Patrick Brown）

当纸飞机的旅程结束时，人群爆发出一阵欢呼声。"773 厘米！"小组成员在记录数据时，一名学生喊道。当这组学生记下他们感兴趣的想法时，另一组学生手里拿着下一轮飞行的定时器，其他人则忙着用计算器把数据制成表格。在忙碌工作的背后，是这些五年级学生正在探索纸飞机怎样飞行和科学家如何调查自然世界。

丰富的科学学习实践不但能使学生专心致志，还能激发他们调查和解决问题，以及研究科学家是如何开展工作的。我曾成功地通过让学生参与对纸飞机的真实调查，来向他们讲授科学的本质。纸飞机调查涉及学生的个人经历和兴趣，通过培养学生对力、运动和相互作用的概念，达到学习《新一代科学教育标准》3-PS2 运动和稳定：力和相互作用的要求。这种对三年级学科核心理念和期望表现的重点关注，是基于对学生知识的预先评估。他们还并不十分了解作用在运动物体上的力。

作为一种提高兴趣和参与度的策略，老师可以使用 5E 模式（Engage, Explore, Explain, Elaborate, Evaluate）。5E 模式对学生是有益的，因为它强调了解释之前的探索机会的重要性。掌握这一内容的学生可以"计划并进行调查，以提供平衡力和不平衡力对物体运动影响的证据"（3-PS2-1）。当学生在活动中进步时，他们使用 8 种《新一代科学教育标准》中的"科学和工程实践"（特别是提问和界定问题、计划和开展调查、参与证据论证）和跨学科概念模式。

最后，课程还包括许多机会衔接《各州共同核心标准》中带有科学内容的"素养和数学实践"。通过 5E 和《新一代科学教育标准》的结合开展的纸飞机活动，在学年剩下的时间里，学生发展了更深入的概念理解能力和更强的控制科学实验执行能力。

参与

一节 60 分钟的课

　　参与阶段是一个激发学生先验知识和经验并激励他们学习科学的机会。当学生进入教室时，我要求他们三人一组，用半张纸做一架纸飞机。学生根据他们自己在低年级时积累的经验，预测他们的纸飞机能飞多远（以厘米为单位），并描述纸飞机在飞行中所受的力。我强调，虽然学生可能想立即测试他们的想法，但不应该在这个时候扔出纸飞机。学生的先验知识使他们对米制单位的知识有了进一步的了解。一些学生以为纸飞机只能飞 10 厘米，而其他人认为可以飞 100 米。此外，对纸飞机在飞行中所受的力的概念也揭示了他们对力和运动的认识。学生的先验知识促成形成性的评估，为后续活动的设计提供信息。

探索

两节 60 分钟的课

　　一旦学生有机会一起学习，我就引导他们讨论，帮助学生探索纸飞机。首先，我要求学生根据他们目前收到的材料和指示，找到一个值得调查的问题。学生注意到，通过纸飞机机头的设计，纸飞机主要有三种类型："飞镖型""普通型"和"滑翔机型"（见图28.1）。通过仔细研究他们可以测试的材料和他们已经做过的事情（做了一架纸飞机），学生决定全班一起探究这个问题："纸飞机的类型（飞镖型、普通型和滑翔机型）会影响它飞行的距离吗？"

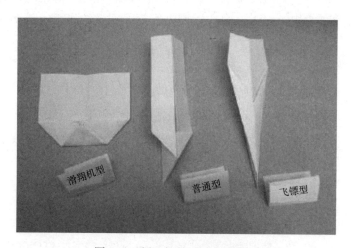

图 28.1　纸飞机的三种主要类型

　　现在，学生急于测试他们的飞机，但与学生讨论飞机飞行背后的一些科学内容也是有益的，可以让学生对理论有一个基本的理解，并且确保测试是合理准确的。对科学内容和实验过程的讨论，是（正式地）评价学生实验设计内容的知识和思想的一种好方法。

　　我们首先画出作用在飞行中的纸飞机上的力（见图 28.2）。我让志愿者们分享想法。大多数学生意识到，纸飞机有一个作用力（来自投掷者）。有一些学生提到，重力把飞机拉向地面。很少有学生认为空气阻力是一种力，也没有学生提到飞机对周围空气施加的力。

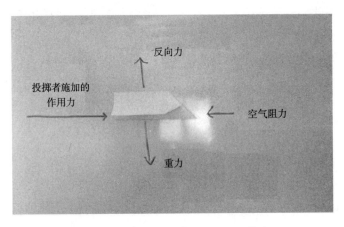

图 28.2　作用在飞行中的纸飞机上的力

　　课程下一部分的重点是我们所谓的"公平测试"问题，以确保学生在进行实验时使用类似的数据收集程序，并遵循安全实践。由于学生必须设计"技术程序的步骤"，因此，生成一份公平测试问题和科学程序的列表，可以联系《各州共同核心标准》中的"素养"内容。全班学生构思了图 28.3 中列出的公平测试问题和安全指南。我让学生轮流发言，把他们的想法写在大型海报纸上，让每个人都能看到。讨论的最终结果是，学生对学习有了更大的自主权，因为他们在探索中发挥了积极的作用（科学和工程实践：规划和开展调查）。

1. 一个学生负责标记纸飞机降落的位置。
2. 飞行的距离从飞机撞到地面的点起量。
3. 当飞机中断飞行时（撞到桌子或墙壁上），要重新试飞。
4. 从大约 2.5 米高的地方抛出纸飞机。
5. 进行三次试飞。
6. 不要干扰别人的纸飞机。
7. 进行实验时戴上护目镜。
8. 在不进行数据采集试验时，应坐在体育馆的墙边，远离测试走廊。

图 28.3　公平测试问题和安全指南

　　一旦学生展开调查，就让他们探索纸飞机的类型和飞行距离之间的关系。我将学生分成三组，每组使用一种纸飞机。每组学生都制作了纸飞机，并且每个学生都被分配了一个角色，要么是"投掷者"，要么是"测量者"，要么是"数据记录者"。在每次实验中，学生们轮流扮演不同的角色。为了帮助管理课堂，确保有足够的空间，我们在体育馆测试纸飞机。安全起见，我们用胶带把测试走廊隔开，这样一来，许多不同的小组可以同时测试他们的纸飞机。参加测试的学生戴着护目镜。不做实验的学生会靠在体育馆的墙边，远离测试场地，给其他同学加油。

 解释

两节 60 分钟的课

概念解释阶段的第一部分致力于整理数据和根据证据提出科学主张。我在黑板上放了一张数据图表，上面有空格，列出纸飞机的类型、试验、总数和方法。学生将表格抄写到自己的笔记本上，并与他们的组员一起用数据填满表格（见表 28.1）。然后，他们一起分析数据，寻找平均飞行距离和纸飞机类型之间的规律。我评估了学生计算总数和平均值（包括单位）的能力，并提供反馈，以便他们能够在随后的活动中准确地执行这些计算。

表 28.1　纸飞机类型与飞行距离的关系

纸飞机类型	飞行距离（厘米）					
	预测	第 1 次试验	第 2 次试验	第 3 次试验	总计	平均
飞镖型	100	750	727	773	2 250	750.00
滑翔机型	50	115	107	105	327	109.00
普通型	90	435	423	400	1 258	419.33

接下来，我会问一些问题，帮助学生理解这些数据。例如，我让学生查看最高和最低的平均值，以确定飞行距离和纸飞机的类型之间是否有关系。这涉及《各州共同核心标准》中的用定量数据抽象推理的"数学实践"。学生很快就注意到了这种关系，飞镖型纸飞机总是比普通型或滑翔机型的纸飞机飞得更远。

一旦学生基于证据提出了一个主张，他们就会围绕为什么某些纸飞机比另一些纸飞机飞得更远展开辩论。我鼓励学生在讨论纸飞机的飞行时提出想法，抛出问题，并根据证据为自己的主张辩护。学生产生了一连串的想法。一名学生说："飞镖型的纸飞机飞得最远，因为它们更符合空气动力学的要求。"你可能发现，学生在使用"空气动力学"这个术语时，并不了解飞机的形状和空气阻力如何影响纸飞机的飞行。我让学生用力的示意图来思考纸飞机之间的区别。学生意识到，滑翔机型和普通型纸飞机的阻力比飞镖型纸飞机的更大，因为它们的正面表面积更大。我还向学生介绍，箭头的大小可以用来说明力的大小。学生不难理解，箭头越长，投掷力就越大。最后，学生讨论了某个不动的物体上是否有力的作用。学生意识到，当物体不运动时，力的总和为零，但并不是物体上没有力的作用。学生用他们的解释证明了这种理解，即重力总是作用在物体上。因此，其他的力也一定是大小相等、方向相反的作用力。这种解释性的讨论让学生为自己的思考寻找理由——学生将在学年剩下的时间里利用这一技能进行更多开放式的调查（科学与工程实践：分析和解释数据）。

一旦学生用基础科学实践（科学与工程实践：提出问题和界定问题，并基于证据进行辩论）为他们的调查和讨论提供了解释，我便根据学生的经验介绍正式的科学术语。例如，我引入了"自变量"（可操纵的）这一术语来表示有目的地改变的因素，而"因变量"（响应的）这一术语表示测量并报告的结果。

在解释阶段，学生还调查了科学结论。我们给学生提供了三种不同的科学结论，并考虑了它们的属性，从而得出一套共同的指导方针，用于他们撰写自己的结论。例如，第一个样本结论的陈述有拼写错误，虽然提供了研究问题，回答了调查的问题，但没有提供数据或证据。第二个结论中有个句子写得不完整，虽然提供了研究问题和数据来支持一个主张，但没有科学的主张。最后，第三个结论提供了研究问题和数据，说明了实验中各变量之间的关系（见表28.2）。通过对不同的结论陈述的检查，学生了解到，好的结论能够体现正在调查的问题，基于数据和证据生成一个科学的论断，并且陈述实验中变量之间的关系。因此，学生了解到，科学结论是一种专门用来总结实验中最重要的发现和变量之间关系的方法。作为概念解释阶段的结果，学生通过直接参与数据、先前的经验、示例和与老师的讨论，获得了正式术语和概念的知识。

表28.2　样本结论表述

第一个结论	第二个结论	第三个结论
不同类型的纸飞机会影响飞行速度吗？答案是肯定的。飞镖型最好，滑翔机型最差。这就是我在实验中发现的	假如我们测试三种不同类型的纸飞机，滑翔机型、飞镖型和普通型。最快的纸飞机是飞镖型，平均飞行距离为12米。最慢的纸飞机是普通型飞机，平均飞行距离为10米。最后，最好的纸飞机类型是飞镖型	在这个实验室里，我们研究了纸飞机类型是否影响速度。我们发现飞镖型飞得最远，而普通型飞得第二远。此外，我们发现飞镖型和普通型都比滑翔机型飞得更远。我们发现滑翔机型飞行了4.26米，普通型飞行了5.67米，飞镖型飞行了9.32米。总之，纸飞机飞行的距离取决于飞机的类型

详细阐述

三节60分钟的课

详细阐述阶段的目的是让学生在类似的情境中应用新思想。我们要求学生三人一组，设计一个"下一步"调查。下一步调查要求学生从不同的、新的科学研究的角度提出一个问题，以便探索纸飞机。我们只允许学生更改一个变量，并要求他们将测量和改变的因素作为调查结果。

学生对这个精心准备阶段的到来非常兴奋，并产生了大量独特的想法。一些学生想测试一下，用于制造纸飞机的纸张的大小是否会影响它们飞行的距离。另一些人想知道，制造纸飞机所用的纸张（建筑用纸、卡纸、电脑纸和衬纸）的种类是否会影响纸飞机飞行的距离。几名学生还测试了用回形针改变质量是否影响纸飞机飞行。有些学生想知道，纸飞机到底是在室内飞得更远，还是在室外飞得更远。

一旦学生以小组为单位确定了研究问题，他们将在体育馆内进行调查，并撰写实验报告，包括遵循的程序、数据表和图表、力的示意图（根据收集的数据来模拟作用在纸飞机上的力的模型）和结论。这项调查是一个很好的方式，使得学生能够巩固和详细阐述他们对力和运动的知识，这是一项基本的技能。我的目的是为学生提供调查的时间，提出探索性的问题，确保学生在调查中只更改一个因素（总结性评估）。

✅ 评估

一节 60 分钟的课

学生像科学家一样做了一个简短的五分钟报告，描述他们下一步的研究问题和主要发现。下一阶段的实验报告和介绍，是本单元的最终活动和学生对科学实践理解的总结性评估。此外，实验报告是学生"通过对相关内容的选择、组织和分析来研究一个主题并传达想法、概念和信息"的一种方式。

我检查了学生项目的每个组成部分，给学生的数据表和图表打分，以确保准确性，同时检查他们的图表，以确保他们的图表包括重力和其他的力。此外，我评估了学生的书面结论，以确保他们介绍了以下内容：（a）调查总结；（b）最高和最低数据；（c）一项陈述，说明调查中自变量与因变量之间的关系。学生喜欢展示他们独特的调查，并为他们作为科学家的工作感到自豪。

本章小结

这种调查吸引了学生的注意力，揭示了科学过程中的知识。以 5E 模型（在解释顺序之前的探索）和《新一代科学教育标准》《各州共同核心标准》为指导，为批判性思维、积极参与讨论及通过数据体验和师生互动学习知识设定了较高标准。当学生比较整个班级的纸飞机活动和他们的下一步调查时，这种纸飞机的调查帮助他们更好地将科学调查的部分内容概念化。此外，纸飞机调查有助于学生理解在受控实验中，只有一个变量可以被操纵，从而根据证据得出结论。学生意识到，他们在第一次调查中只能改变纸飞机的类型，在下一步的实验中也只能改变一个变量，以便根据证据做出有效的科学论断。在许多方面论证了"纸飞机调查"促进了对科学的长期理解，因为学生积极参与了研究问题的确定、数据收集技术，以及基于证据和数据而提出的主张。通过纸飞机的探索而获得的理论与实践的结合，学生学习了在进行调查时必需的科学实践。

联系《新一代科学教育标准》

本章概述的材料、课程和活动，只是实现表 28.3 列出的期望表现的一个范例。学生们还需要更多的支持材料、课程和活动。

表 28.3　与标准的联系

3-PS2 运动和稳定性：力及相互作用 3-5 ETS1-1　工程设计	联系课堂活动
期望表现	
3-PS2-2：对物体的运动进行观察和/或测量，以提供证据，证明模式可以用来预测未来的运动	探索纸飞机类型与飞行距离的关系，了解纸飞机的空气动力学知识和飞行距离，收集基本数据，以调查研究在新的不同的环境下的飞行模式
3-5-ETS1-2：根据每个解决方案多大程度上达到了问题的标准和满足了问题的约束条件，来制订并比较多个可能的解决方案	小组合作制作一架纸飞机，预测纸飞机将飞行多远，并描述作用在纸飞机上的力
科学与工程实践	
提出并界定问题	研究纸飞机的样式是否会影响它飞行的距离
计划并进行调查	列出一个"公平测试"问题列表，以确保测试人员使用类似的数据集和安全程序
进行基于证据的论证	探索了不同的结论陈述示例，从而为基于证据的科学论断提供了一组良好的结论
学科核心概念	
PS2.A：力和运动 • 作用于一个特定物体的每一种力，都有它的强度和方向。即使是静止的物体，通常也有多个力作用于它，但这些力加起来，对物体来说合力为零。如果各种力的总和不等于零，就会引起物体的速度或运动方向的改变 • 可以观察和测量物体在各种情况下的运动模式；当过去的运动呈现出规律时，未来的运动就可以从中预测出来	研究了不同的力对飞行的影响，了解到施加的力可以保持平衡，使物体不会产生运动，以及力可以用箭头表示大小和方向 撰写结论陈述，包括纸飞机的样式和飞行距离之间的关系，并且用收集的距离数据来支持主张

续表

3-PS2 运动和稳定性：力及相互作用 3-5 ETS1-1 工程设计	联系课堂活动
学科核心概念	
ETS1.A：提出并界定工程问题 • 可用的材料和资源限制了问题的可能解决办法（约束条件）。设计的解决方案的成功与否，取决于评估解决方案的期望特性（标准）。针对解决方案的不同的提议，可以根据每个方案多大程度上达到了规定的成功标准，或者多么周到地考虑了约束条件来进行对比	设计了一个"下一步"调查来确定纸飞机飞行的距离，根据现有材料，只改变一个变量；撰写实验报告，包括数据表和图表，力的图示和结论陈述
跨学科概念	
模式	一起分析数据，寻找平均飞行距离和纸飞机类型之间的关系模式

资料来源：《新一代科学教育标准》领先实施的州，2013.

第29章 系统的系统

一个针对中等生的有着现实联系的 STEM 调查项目

作者：巴尼·彼得森（Barney Peterson）

> 系统：构成复杂整体的一组相互作用、相互联系或相互依赖的元素，或者是一组在功能上相关的元素。
>
> "嘿，P 夫人，那东西是干什么用的？""为什么天花板是那样的？""为什么走廊里的那些管子上有把手？""那东西是怎么工作的？"

在我们新学校的头几个月里，包括走廊、教室、食堂在内的每一个我们去过的地方，都有几十个学生在提问。我们的新学校除了是为了环保而建，还是以一种迷人的工业技术风格来设计的，使用非传统的装饰，并且显露了建筑的许多通常隐藏的部分。因为我的学生对他们所注意到的东西非常感兴趣，我和建造经理决定利用他们的好奇心来创造一个真实的学习机会，以支持日益受到重视的 STEM 教育。本单元的学习目标是帮助学生理解真实环境中的系统和系统模型，并区分系统的各个部分及其功能。这涉及《新一代科学教育标准》中的跨科学概念"系统和系统模型"。学生还将使用我们开发的口语、听力、技术和团队合作技能，为课堂之外的观众创造一种通信产品。

📝 学会使用工具

虽然我们的主要项目还处于策划和开发阶段，但我聘请了我们学校的学习资源专家来为学生编写脚本、选择视觉材料来分享特定的经验。学生学习了如何使用学校提供的两种不同平台开发视频演示：个人电脑和平板电脑。学生利用每周的图书馆时间与学习资源专家一起工作，并且利用每天在教室的读写时间来完成这些项目。这种经验将为他们提供必要的技能和实践，以便在课堂之外与更广泛的受众交流他们在项目中所学到的知识。

弄懂系统

我和学生决定采用系统的方法来组织我们的研究。我们在一个学年之内开发了许多单元，包括在教室里饲养鲑鱼和研究流域生态以了解鲑鱼栖息地，在这些经历中，我们已经熟悉了"系统"的概念。学生还从三文鱼的解剖中了解了身体的各个系统及它们如何支持动物的整个生存。他们还从河流和河流系统的角度研究了流域生态学，对如何寻找和识别系统的各个部分有了基本的认识。这些背景提供了一个机会，有助于拓展我们对系统的理解，包括物理科学及生命和地球科学。我们给出了"系统"的定义，认为"系统是一群相互作用、相互关联的，或者相互依赖的元素形成的一个复杂整体，或者是在功能上相关的元素"，以便指导我们对"系统"的研究（见《新一代科学教育标准》跨学科概念"系统和系统模型"：一个系统可以被描述的组件及其交互"）。

当这堂课讨论我们能想到的所有正常运行的结构所需的部件和功能时，我在白板上列出了学生的想法。全班同学在校园里热情讨论着我们看到的东西，拍下吸引眼球或激发好奇心的一切。学生以 4 人一组的形式工作，每个小组都配备一台平板电脑。他们拍摄了开关、管道、电线、孔洞、盖子、颜色图案、材料表面等照片。回到教室，学生团队吵闹地聚集在桌子旁边，检查他们的照片，删除重复的，然后由我打印出来，以便各个团队可以整理照片，并将照片安排到相关的照片集中，如照明、装饰、布线、墙壁、地板，分类整理的依据是我们认为可能发挥作用的每一种功能。由于我们学校被地区官员归类为"绿色"，所以，一个由 3 名学生组成的团队研究了"绿色建筑"，以帮助我们理解这个标签。是时候请专家出场了！

从专家身上学习

我得到了达西·沃克尔（Darcy Walker）的帮助，他是一位地区建筑经理，参与了我们学校的建设。我们一起计划如何组织这个项目。他和全班同学一起，把我们的创意归纳为 7 个主要系统：民用、数据和通信、电气和照明、消防和安全、暖通空调（采暖、通风和空气循环）、景观和设计，以及结构。从那时起，沃克尔先生和我开始寻找演讲者，帮助学生理解每个系统的组成部分及它们如何分别运作和协同运作。他招募了 7 名曾经参与我们大楼设计和施工的人员，安排他们来校访问。这些人包括来自设计和工程领域的人，既有男性，也有女性，他们向学生介绍不同的职业机会，并向他们展示进入这些行业并不受性别或种族的限制。

这个学年初，水、电、气等公共事业部门的客座教授访问了我们班级，帮助学生了解合理使用施工方法和材料对提高效率和经济效益的重要性。他们让学生参与实际操作，如调查空气如何流经房间从而影响供暖和各种灯泡的能耗。我们新的系列讲座以学生早期的经验和理解为基础，帮助我们探索建筑的环保特性（3-5-5 ets1：工程设计和工程、技术和科学的跨学科概念对社会与自然世界的影响），包括通过使用 LED 灯来节约能源，通过宽大教室和透明窗户的设计最大限度地利用自然光，选择内置的过滤地表水径流的现场排水系统，以及设计从热回收系统中回收热量用于建筑其他方面的方法。

演讲者带来了材料样本、施工图和幻灯片，帮助学生了解新型建筑的特色。演讲者在分发和处理这些东西时，学生提出问题，并且根据演讲者的提示来了解材料如何工作。观察头顶上银色大管道上的控制杆，可以发现管道系统中的阻尼器如何控制通风系统的气流，从而不断地将外部的新鲜空气与热空气融合在一起，提供更优质的空气。当有学生指着教室天花板上的银色"按钮"时，我们都知道了灭火喷淋系统是怎样用弹出式的盖子"伪装"起来的。学生在触摸钢筋时发现，钢筋上的"凸起"实际上有助于将钢筋牢牢地固定在建筑物的混凝土地基和墙壁上。学生了解到，我们的老学校是被小心翼翼地拆除的，以便将建筑材料分离出来进行回收利用，这时，他们对"减少使用、再利用、再循环"的理解就延伸到了能源和材料。机械工程师向我们展示了一种特殊的装置如何从校园内循环的空气中回收热量：当新的空气进入系统时，热量被用来加热新鲜空气。当一名学生对我说"嘿，那就像我们车上的散热器，对吧？"时，所有的学生都有了恍然大悟的感觉，这是十分珍贵的。

每位演讲者之前都曾在各种正式和非正式场合与学生合作，有丰富的经验，他们几乎不需要指导就能与我们合作。我们鼓励他们，不管在什么情况下，只要有可能，就尽量用一些视觉效果和实际操作的例子，以利于学生体验各种学习风格。

组织系统的系统

与此同时，学生开始把照片重新分类放到系统中，并且将其贴在我们的"系统的系统"的照片墙上。随着我们对系统及其子系统的理解的加深，这面照片墙不断被修改（见图 29.1）。学生开始思考哪些系统是完全独立的，以及这些系统如何相互作用来运行。我们发现了相互支持的组成部分，并且将它们组织成系统，以完成建筑中特定的关键功能。通过讨论我们已经知道的系统和我们在建造新学校时观察到的东西，学生为我们的演讲者准备好了：为地基和墙壁而建造的地基形状和形式；电线穿过的沟槽和塑料管；用于墙壁的金属、混凝土和砖块，比木头还多；用于屋顶的巨大的木梁。学生一边整理照片一边听录音、讨论问题。在学完最后一个单独的系统组件视频后，由三个学生组成的一个团队承担了在一段概述的视频片段中组织和论述的任务。

图 29.1　"系统的系统"照片墙

　　由于新学校建在旧楼附近，我们每天都有机会观察旧楼拆除和材料回收及新学校地基的浇筑情况。旧楼由六间六角形的教室和三个半矩形的支撑单元组成。建筑物之间没有走廊，取而代之的是有顶棚的走道。我们的建筑师使用照片和图纸帮助学生了解他是如何设计一所新的更大的学校来取代旧学校的。我们看到，新学校的面积与 9 幢旧楼加人行道的占地面积相同。但新学校建成了两层楼，这样，学校更大了，仍然有足够的空间用于操场、运动场和停车场。这幢两层楼的建筑也更有效地利用了单一的暖通空调系统。后来，土木工程师和结构工程师演示了两家工厂如何使用不同的材料和技术来建造一座坚固、安全、节能的建筑。我们用施工图来比较新学校和旧学校。当学生发现数学加推理技能可以怎样运用到模型中去，以解决规划和建造过程中遇到的挑战时，他们就学会了看图纸和三维图形。例如，作为屋顶设计的一部分，需要特殊的地基来支撑一堵单独的大砖墙的重量，这种方式引起了学生的关注。这有助于他们学习如何用大型基座来支撑更大的重量，以确保稳定性。此外，我们发现，建筑师和结构工程师合作设计了一个可行的系统，以补充建筑的整体设计。在整个项目进行的 9 个月时间里，学生继续查阅建筑图纸，这有助于他们理解系统各部分之间的空间关系，以及保持所有系统正常运行的工程连接。有一个例子是查看接线图，这可以了解电气系统与大楼中几乎所有其他设备的连接情况。

呼吁社区资源

　　我们的第一位专家是项目的首席架构师。他用一个绝妙的类比开始，将规划和建设一所学校的工作描述为团队合作。就像我们当地的全国橄榄球联盟（NFL）球队一样，团队由一位经理、教练和球员组成，他们都擅长某些方面，但都为了赢得比赛而密切合作。在阐述设计细节之前，他帮助学生对系统有了新的理解，包括建筑主体和部分，以及工作组创建的部分。

演讲者隔两三天就来学校一次：各专业的专家分别讲解了电气、土木、结构、机械、安全及设计等内容，让学生了解建筑设计及建造的科学。学生一边听演讲，一边做笔记、提问题，以加深他们的理解，明白了这么多个组成部分是如何组织和协调，以形成一个巨大的运作系统的。在演讲中，结构工程师有意让学生参与到对话中来，以发现他们对我们生活的地震易发区了解多少。他准备了一个特别的 PowerPoint 演示文稿，帮助学生理解生活在地震多发地区，为什么需要建筑物更坚固、更灵活。这一点，再加上摇床的演示，帮助学生认识到地球科学家与土木、结构和岩土工程师之间的合作，使我们的公共建筑更加安全。这与《新一代科学教育标准》中的"学科核心理念"ESS3.B：自然灾害和 ETS1.A："提出并界定工程问题"相关联。

演讲者还让学生参与有关职业机会和这些机会所需的教育准备的对话。事实证明，这种讨论是该项目的意外收获之一，因为个别学生开始搜寻他们感兴趣的特定职业的信息。我鼓励学生拓展与演讲者的关系，把他们作为额外信息的来源。

✍ 分享我们的信息

在演讲结束后，是时候让学生重新组织和提炼信息，并且将其与特定的图像联系起来，然后为他们将要制作的视频编写脚本，向其他人解释我们的建筑及其系统。我们将学生分成 3~4 个小组，每个小组由一些能力水平、性别和语言能力各不相同的人组成。这个班的学生经常以这种性质的小组为单位，通过共同研究、同伴反馈和语言习得来互相支持。这个沟通阶段需要付出大量的努力。

沃克尔先生带领所有学生以小组形式到学校进行幕后参观，探索通常不为公众所知的地方。由于已完成施工阶段并遵守了安全程序（如待在批准的观察区），因此不需要额外的安全设备，如安全帽或护目镜等。在参观期间，学生拍照并提问。事实证明，参观是一种有价值的策略，在拓展知识方面尤其有价值，这些知识涉及学生如何利用备份的设备来设计建筑物，以应对可能出现的紧急情况或故障。

沃克尔先生还负责用通俗易懂的语言撰写简短的背景描述，将系统和子系统联系起来，帮助学生组织陈述。然后，我们与每个系统团队坐下来讨论如何编写脚本，以确保其中只包含准确、重要的信息。我们集中精力提出问题，以了解学生的理解程度，以及在哪些方面他们需要更明晰才能准确做出报告。该项目的首要任务是让学生用他们自己的语言和风格来分享学习。在必要时，我们帮助学生查找或纠正信息。有时候，这意味着要多去一些特定的地方，如锅炉房或电梯控制室，以便弄清事情的真相。接下来，每个团队向其他团队提交一份草稿供他们评审，重点放在信息的清晰性上，以便与对建筑的功能知之甚少的观众进行沟通。

在写出脚本后，团队就会找个安静的地方来练习录制和回放，以达到流畅性和计时的目的。在录制视频之前，他们一同评价并完善了他们的音频。一旦现场音乐和静态照片与音频同步，完成的视频就会被制作出来，然后上传到"School Tube"网站，在那里，视频被分配了url，这些url可以链接到QR标签中。我们学习了如何使用Tag Maker程序为每个视频创建特定的代码。下一步是打印 QR 标签，并且把它们张贴在学校里。这些标签允许学校里的任何人使用带有代码读取应用程序的智能手机或平板电脑扫描二维码，播放视频，把我们学校作为一个"系统的系统"来了解。地区设施和规划部门资助制作高质量、耐用的标识，以确保它们与学校的设计相匹配。

📝 评估我们的作品

在张贴任何标志之前，学生还有最后一个重要的步骤要完成。我们从项目开始就计划进行评估，学生帮助确立目标和标准，以便在项目结束时进行评估。作为第一步，我们使用了学生和我从项目计划中开发的两种颜色的响应表单。每个学生都用黄色高光笔在盒子上涂上颜色，然后我用蓝色高光笔记录评分。我和学生单独讨论了我们的评分。当我们一致认为学生的作业是令人满意的（方框显示绿色）时，便认为作业可以接受。在蓝色和黄色分开显示的区域，我们将讨论差异，并且计划如何解决它们。在最终的视频上传之前，要求所有的区域都能获得绿色编码，以获取url并制作QR标签。

为了扩展两种颜色的简单的响应表格，我们开发了正式的评估方式。在发布团队的产品之前，响应表格是为了获得批准而设计的，这一正式的评分标准提供了一个分级工具（期望表现 5-ESS3-1："获得并综合单个社区使用科学思想来保护地球资源与环境的方式信息"）。

对于身为团队成员的学生，老师对他们的参与度和积极性都会进行个别评估，同时评估他们对整个项目流程的个人贡献。每个学生都有机会证明自己达到了目标：分辨遇到的系统，理解各部分之间的相互依存性，利用各种信息资源进行研究，编写脚本，口头和书面沟通，有效利用通信技术。

在录制视频后，分配url并创建QR标签。我们将作品展示给测试对象，包括学生、老师和学区的职员。我们评估了关于项目流程效果的反馈：组织得好吗？单独的组件和系统解释清楚了吗？有没有遗漏的地方或忽略的要点？这些标签能正常扫描观看视频吗？录音清晰吗？是否理解我们学校作为一个"系统中的系统"是如何工作的？我们根据反馈做出了一些调整。

📝 反思整个历程

在整个项目中，老师鼓励学生利用他们对陌生事物的好奇心来拓展学习。他们提出重要的问题，与团队和外部专家高效合作，提高了沟通技巧。通过让学生与沃克尔先生及建筑团队的发言人接触，我们为学生提供了机会，让他们了解职业教育和高中毕业后的教育在学生早期学校经历中的重要性。设施和计划部门投入的时间与资源，证明了跨部门的团队合作能够为学生的学习提供强有力的支持。由于学生了解了我们的学校是如何设计和建造的，以及它应该如何运转，所以他们明白了，这些建筑原来也是社会的一种投资。这是十分宝贵的。制作可以与他人分享的建筑之旅，对学生来说是一个巨大的成就，但从长远来看，这个项目最大的价值和乐趣来自调查阶段，可以让学生接触对他们来说是充满新奇的专家、创意和资源。

☑ 学习结果和未来的考虑

由于启动这个项目的四年级学生无法在他们四年级这个学年结束时完成项目，因此，我从 24 名原班级的学生中招募了 15 人作为五年级学生，在接下来的三个月里，我让这些学生每周有一天放学后都在指定的教室里集合，完成他们的视频。最后，他们获得了与我和沃克尔先生会面的机会，对项目进行思考。我们还邀请了五年级的两位老师，他们是我们学校的新老师。学生自豪地聚集在一个电气和数据系统的壁橱周围，结果，他们对五彩缤纷的电缆和连接器的特性和功能的知识掌握的深度与广度，让两位五年级老师感到惊讶。在一次圆桌谈话中，学生透露了他们了解到的信息是如何通过光缆传输的，然后继续解释了隐形光束烟雾探测系统如何工作。他们刚开始谈到暖通空调系统，就到了回家的时候。他们保留的信息及提出和回答的问题的深度，都证明了这种实际的、积极主动的学习经验的有效性。

根据学生的说法，我们的"系统的系统"项目在完成了 21 个短视频并张贴了他们的标识之后，还是没有完成。2014 年春天，一个由 3 名五年级学生组成的团队每周两次来到指定的教室，在接下来的两个月里，他们又发起了一个项目：一段更长的视频，检查所有的系统，并且形成一个将它们统一起来的系统。最后一段视频表明学生对系统的理解有了非常大的进步。在学年结束时，他们在学区的 STEM 展会上展示了这段视频，从而使他们的项目取得了令所有人满意的结果。

对于考虑类似项目的其他人，我建议从一开始就确立一个非常明确的目标。确保学生认识到他们将与大人和孩子交流，所以，他们需要在分享所学的知识之前，尽可能地了解他们的主题。在如此大规模的项目中，同时在许多这个年龄的孩子都不熟悉的领域之外，至关重要的是使学生在小型团队中工作。这将有助于团队合作，也将有助于老师的时间分配更加均匀和明确。引入外部演讲者给研究和教学带来了一种特殊的感觉，要求学生在机会出现时集中注意力。同样重要的是做到非常灵活，不要在这种性质的项目上设置很短的截止期限。

联系《新一代科学教育标准》

本章概述的材料、课程和活动，只是实现表 29.1 列出的期望表现的一个范例。学生们还需要更多的支持材料、课程和活动。

表 29.1 与标准的联系

3-5-ETS1 工程设计 4-ESS3 地球与人类活动	联系课堂活动
期望表现	
3-5 ETS-1-1：提出一个简单的设计问题，它反映了一种需求，包括成功的特定标准和对材料、时间和成本的约束	学习团队成员如何通过设计、工程和建筑提出和解决问题
科学与工程实践	
提出并界定问题	使用演讲者的照片和信息回答关于特定组件的结构、功能和用途的问题，并且学习各种材料如何工作及它们怎样作为系统一同运转，以解决所界定的问题
学科核心理念	
ETS1.A：提出并界定工程问题 • 设计的解决方案的成功与否，取决于考虑解决方案的期望特性	与建筑师合作，了解如何在与旧学校占地面积相同的基础上建造一所新的更大的学校，并且允许在有限的土地上建设操场和停车场
ETS1.B：制订可能的解决方案 • 不论在什么阶段，与同伴交流建议的解决方案是设计过程的重要组成部分，而共享各自的想法可以改进设计	通过制作与 QR 标签链接的短视频，分享他们对建筑系统的了解，将 QR 标签张贴在建筑物周围，用来定义建筑系统的组件，并且帮助其他人理解系统如何协同工作
4-ESS3.B：自然灾害 • 各种自然灾害都是自然过程造成的。人类不能消除自然灾害，但可以采取措施减少其影响	与一名工程师合作，了解地球科学家和土木、结构和技术工程师如何共同努力，使建筑物更坚固、更灵活、更适合地震多发地区
跨学科概念	
工程、技术和科学对社会和自然世界的影响	作为一个小组研究绿色建筑，帮助班级了解如何从旧学校的解构中回收材料，并且在新建筑中使用最先进的材料和技术，使新的建筑资源和能源利用更高效
系统与系统模型	与演讲者合作，对组件进行分类，并根据组件的协同工作方式开发一个包含 7 个主要系统的系统列表

资料来源：《新一代科学教育标准》领先实施的州，2013.

第30章 制造并发射玩具火箭

让五年级学生创造性地参与工程设计的玩具测试

作者：艾米莉·A.戴尔（Emily A. Dare），格雷戈里·T.蔡尔兹（Gregory T.Childs），
E.阿什利·坎那达（E. Ashley Cannaday），吉莉安·H.勒里希（Gillian H.Roehrig）

"3-2-1，发射！"还有什么比让年幼的学生设计玩具火箭（见图 30.1）更能吸引他们参与物理科学概念的学习呢？《新一代科学教育标准》和研究人员都提倡将工程学融入科学课堂，因为工程学提供了以下内容：

图 30.1　学生设计玩具火箭

- 学习科学和数学的真实环境
- 提升解决问题技能的背景
- 提升沟通技能与团队合作的背景

工程设计是《新一代科学教育标准》中"科学与工程实践"课的一个核心特征，它

允许学生在引人入胜的和有意义的环境中运用科学和数学知识来解决问题。我们的玩具火箭装置让五年级的学生参与工程设计流程,使他们能够把工程、物理科学和数学内容结合起来。这些学生的能力范围涵盖很广,既包括那些有特殊需求、得到了课堂助手帮助的学生,又包括那些天赋异禀的学生。本单元利用学生的创造力,希望他们将科学和工程理解为创造性的努力。在网上,我们分享了《新一代科学教育标准》与实践的一致性。

本单元根据美国航空航天局的泡沫火箭进行改装。我们之所以选择这些泡沫火箭,是因为它们的设计简单,而且其部件(橡皮筋、泡沫管、绳子、电缆带、卡片盒和教室天平上的砝码)容易获得且价格便宜。有关建造火箭和发射器的细节,可以在美国航空航天局网站上找到。在为期 10 天的时间里,学生参与了一个工程设计流程,从一系列科学探究活动中收集和使用数据,以调查影响火箭飞行的几个因素。学生不仅参与了微型调查,还制造了自己的火箭及最终的营销产品,如商业广告或包装,在一个小型会议上展示。学生正朝着满足期望表现 3-5ETS1-3 迈进:"计划并进行公平的测试,在这些测试中,测试人员控制自变量、考虑故障点,目的是识别模型或设计雏形中可以改进的方面。"

挑战

将工程课程设置在一个现实的、有意义的环境中,对吸引学生和激励学习至关重要。第一天,我们向学生展示了来自一家玩具公司的飞行玩具挑战备忘录,要求学生根据最初的设计雏形来设计一个玩具火箭。在讨论了"设计雏形"一词后,学生得到了三个火箭设计的约束条件:

1. 飞行玩具的运动必须是可预测的或容易调整的。
2. 材料必须是常见且便宜的(由我们提供)。
3. 对小学生来说,玩具必须是安全的。

通过约束条件,学生能够朝着满足期望表现 3-5 ETS 1-1:"提出一个简单的设计问题,反映了一种需求,包括规定的成功标准和对原材料、时间或成本的约束条件。"我们也要求学生制造一个产品来推广他们的玩具。虽然每个学生都制作了一个独立的火箭,但是,我们只允许学生与合作伙伴一起来创造一个营销产品。他们的选择包括投放广告(广播或电视)、给公司研发部门写一封信、制作火箭的包装或容器、设计一份调查问卷或调查表以了解学生更喜欢哪种火箭,同时,画一张描述他们的火箭性能的图表。正如预期的那样,许多学生选择了制作火箭的包装,因为这是一个有趣的像艺术一样的项目。我们提供了纸板箱和着色工具,不过,许多学生还从家里带了一些东西,如鞋盒或贴纸。

在我们向学生介绍设计挑战之后,他们需要了解基本设计雏形的性能,以确定哪些修改是有益的。我们测试的特性是火箭设计雏形在发射时能飞多远。这需要一个较大的发射空间，如一间空的自助餐厅或健身房。学生在测试时应戴护目镜（见图 30.2）。

图 30.2　学生测试玩具火箭

在向学生展示如何安全发射火箭后，我们允许他们轮流发射，确保其他学生远离火箭飞行的轨道。这个步骤的目的是从多次试验中收集数据，从而计算平均飞行距离。这些试验还可以向学生表明，火箭的飞行并不十分稳定。

在最初的测试之后，我们问学生："什么因素影响火箭的飞行？"尽管有些学生的想法超出了我们的预期范围，如添加螺旋桨或马达，但大多数想法都与可测试的变量保持一致：发射角度、火箭重量、火箭长度、鳍的数量和橡皮筋拉伸的长度。这个步骤允许学生制订可能的解决方案，如 ETS1.B 概述的那样。我们给学生分配了一个变量，让他们在小组中进行测试，并且按照科学和工程实践中概述的方法参与计划和实施受控的实验。我们为学生提供了预制火箭和表格来记录数据。虽然这个活动产生了噪声和震颤，但学生还是成功地完成了对每个变量的多次试验，以计算他们在改变了变量之后火箭飞行的平均距离。此外，这个步骤还允许学生批判性地分析不同变量的影响。

📝 测试和分享

每个学生都与全班同学分享他们的数据，使得每个人都能从变量测试中受益。学生报告了产生最长飞行距离的"最佳"参数。根据学生的观察提出了更多的建议：（a）虽然没有哪个质量意味着火箭飞得更远，但 10 克的质量可能更适合室内使用，因为它飞得不那么远；（b）增加质量可带来更可靠的结果（在每次试验中，火箭都倾向于在同一地点着陆）；（c）较短的橡皮筋的拉力最适合在室内试验，因为火箭不会飞得太远。学生能够将他们的发现综合成解释（另一种实践），在控制所有其他变量的情况下，归纳得出了以下结论：

- 火箭的质量越大，发射火箭所需的力量就越大。
- 施加给火箭的力越大，火箭飞行的距离就越远。

- 火箭在以 45 度角发射时的飞行距离最远。

学生利用这些信息制造了他们自己的玩具火箭。我们给学生两节课的时间来计划、制造和测试。在制造前，要求学生提交一份书面计划或图纸，包括材料清单。我们要求每个学生下一个"订单"，以便我们在课间制作单独的材料袋，防止分发材料时的混乱。我们要求学生做最后一次火箭发射，让他们报告修改后的火箭的规格。该方法结合《新一代科学教育标准》的"科学和工程实践"，使学生在我们的工程设计流程中亲身体验"设计—测试—再设计"。我们专门用了两个额外的课时来研究最终的火箭设计和相应的营销产品，一些学生选择在家工作。

最后一天，我们邀请家长和管理人员到学校食堂参加学生的"小型会议"。小型会议给了学生多次发言的机会，以回答有关他们最终设计和配套的营销产品的问题。制作广告的团队进行了现场表演，他们精彩的演讲引发了全场笑声。我们鼓励学生去参观其他小组的作品，促进科学和工程的分享。

评估

在小型会议期间，我们使用了一个评分标准来评估学生的项目和报告，这是在单元一开始时提供给学生的。我们要求学生使用相同的评分标准进行自我评估。这个评分标准强调了工程设计流程的重要性，而不是根据"最佳"火箭（如飞行的距离最远或制造得最漂亮）来评分。我们希望这个单元能够激发学生的创造力，吸引学生并让他们理解创造力是工程学不可或缺的一个重要特征。许多学生在创作过程中融入了幽默元素，如制作了一个真人广告，在其中，电视机向观众提供一个穿越屏幕的玩具火箭。我们还评估了学生在小型会议上的发言，让他们对工程师或科学家的真实身份有了一些了解——这两个领域都有一个社会因素，使人们能够与他人接触并向公众传播思想。在这里，学生交流了他们的想法，这是另一种科学和工程实践。

提议的改进

在第一次实施过程中，我们在材料方面做了一些改进，例如：

- 新的橡皮筋——旧的橡皮筋弹性更小，所以，随意地从抽屉里拿出一盒橡皮筋，并不是一个好的选择。
- 半成品的线——我们使用砌体线，这种线很滑，会导致火箭解体。像麻绳或棉线这样的线，可以改善火箭的结构。
- 较重的火箭鳍——制作卡片的纸料不是很结实，薄瓦楞纸板可能更好。增加鳍的重量，也可以在火箭飞行中提供更好的稳定性。

除了评估，我们还要求学生完成一项满意度调查，其中包括李克特量表和自由反应

项。调查显示，学生喜欢这种富有吸引力和创造性的环境，这并不令人意外。这些自由反应表明，许多学生最喜欢的部分是"制作包装盒或广告"，或者简单地认为，"它很有趣"。学生反映，他们的主要问题是制作包装盒或广告。当我们要求学生汇报他们所学到的东西时，许多学生指出火箭的重量较重，可以"带来准确性"，而且，制造玩具比他们最初想象的要困难。

有趣的是，许多学生反映，增加火箭的质量，将提高其稳定性和飞行一致性，但是，只有少数火箭的最终设计满足这一点。在玩具公司的备忘录中，创造出具有可复制性的火箭是限制之一，但许多学生忽视了这一点，而是专注于飞行距离。我们应该让学生明白，当他们在测试变量和测量飞行距离时，他们也应该记录火箭飞行行为的一致性。

受到时间的限制，学生没时间直接讨论力与运动了。当我们将来重温这一单元时，希望在测试阶段后更好地综合这些科学讨论，让学生分享他们看到的规律，从而引出对这些规律存在的原因的讨论，并且介绍基本的物理概念。例如，虽然学生直观地知道橡皮筋的拉力越大会使火箭发射得越远，但我们应该利用牛顿第二定律来发展这一观点。学生的调查反映了这一点，因为他们对学习科学的兴趣并没有对运用创造力的兴趣那么强烈。虽然我们的学生很喜欢这个单元，并且掌握了一些基本的物理概念，但是我们可以改进它。年龄较大的学生可以学习的其他主题，包括升力、推力、阻力和重力。

我想到的另一个方法是使用一本普及版图书来引导这个活动，如《雷奥蟑螂：玩具测试者》（ *Leo Cockroach:Toy Tester* ）。这本关于蟑螂玩具测试者的图书，将是让学生思考工程设计流程的最佳入门读物，并且给工程设计流程增加了识字的内容。尽管在我们的第一次实施过程中没有引入普及版图书，但是这个单元已经打下了坚实的基础，综合了科学、工程和数学的概念。从学生的反应和调查反馈可以明显看出，创造力是让学生参与工程设计流程的一个关键方面。

联系《新一代科学教育标准》

本章概述的材料、课程和活动，只是实现表 30.1 列出的期望表现的一个范例。学生们还需要更多的支持材料、课程和活动。

表 30.1   与标准的联系

3-5-ETS1 工程设计 3-PS2 运动和稳定性：力及相互作用	联系课堂活动
期望表现	
3-5 ETS1-1：提出一个简单的设计问题，反映需要或需求，包括规定的成功标准和对原材料、时间或成本的约束条件	为满足玩具公司客户的需要，只使用有限的材料，符合备忘录的标准

续表

3-5-ETS1 工程设计 3-PS2 运动和稳定性：力及相互作用	联系课堂活动
期望表现	
3-5 ETS 1-3：计划并进行公平的测试，在这些测试中，测试人员控制自变量并考虑故障点，目的是识别模型或设计雏形中可以改进的方面	通过每次改变一个变量（发射角度、火箭宽度、火箭长度、鳍的数量和橡皮筋的长度）来测试玩具火箭模型的迭代，并且比较结果，以确定"最佳"模型的特征
3-PS2-2：对物体的运动进行观察和/或测量，以提供证据，证明模式可以用来预测未来的运动	进行观察，收集数据，并共享观察结果和数据，在全班的完善数据集中共同确定玩具火箭飞行性能（飞行距离）的特征
科学与工程实践	
开发和使用模型	修改了玩具火箭设计雏形，并测试每次迭代，以确定最理想的功能
计划和执行调查	策划并进行改装后的玩具火箭的测试，收集数据，以便与同学分享
分析并诠释数据	从测试不同的变量过程中收集数据，与同伴分享数据，并确定最终产品需要哪些特性
设计解决方案	利用数据分析的结果设计自己的玩具火箭
学科核心理念	
ETS1.B：制订可能的解决方案 • 测试通常专门用于识别故障点或困难，它们表明需要改进的设计元素	参与受控变量的测试，收集玩具火箭的哪些特性会导致成功或失败的数据
ETS1.C：优化设计方案 • 在特定的标准和约束条件下，需要对不同的解决方案进行测试，以确定哪个解决方案能够最好地解决问题	与同伴分享自变量测试的结果，以确定玩具火箭的哪些功能最能满足客户的需求
PS2.A：力和运动 • 可以观察和测量物体在各种情况下的运动模式；当过去的运动呈现出规律时，未来的运动就可以从中预测出来	将数据和观察结果与同学们进行比较，以确定特定的不同测试变量的玩具火箭设计雏形的行为，并且使用这些信息对自己的玩具火箭模型做出决策
跨学科概念	
科学、工程和技术对社会及自然世界的影响	考虑客户的需求及变量测试的结果来设计和制作客户会觉得有吸引力的火箭
模式	注意到玩具火箭的行为模式，以便对自己的模型做出明智的决定

资料来源：《新一代科学教育标准》领先实施的州，2013.

第31章 向着工程领域"奔跑"

"科学小课堂"项目将科学和工程带入图书馆

作者：珍妮·苏·弗兰纳根（Jenny Sue Flannagan），玛格瑞特·索耶（Margaret Sawyer）

> "哇！你看见那个从架子上掉下来的东西了吗？"一个四年级的男孩大声说，他的小组看着他在图书馆桌子上测试他的"空中汽车"。当他们站在一旁，耐心地等着测试自己的汽车时，眼中的兴奋是显而易见的。

学校要求我们校区与工程学建立更明确的联系，我们想知道该如何适应。在小学课堂上，学生把重点放在阅读和数学上，在本已课程满满的一天里再加上科学，似乎是一项艰巨的挑战。但是，通过打破思维定式，寻找自然的方法将工程设计项目与科学单元连接起来，我们不但找到了一种方法来发挥科学单元的作用，而且可以创造性地让学生参与他们热爱的科学！

这里描述的课程是被我们称为"科学小课堂"的项目的一部分。这些科学课每周在学校图书馆给所有学生上一次。是的，你没看错，在学校图书馆里！在过去两年里，我们一直致力于将学生在科学课堂上的知识扩展到图书馆。每个星期，学生都会上一节比课堂上的知识稍微深入一点的课程。这些"小课堂"的长度只有 20 分钟，并且与《各州共同核心标准》相关联。虽然课程的时间较短，但我们发现，这些时间足以让学生兴奋地学习更多的知识。我们通过使用 5E 模型将我们的课程单元细分成更小的部分，学生能够以他们每周所学的知识为基础来专注某个概念或技能，同时在我们的图书馆课程之间，他们有时间去发现和探索我们阐述的材料。这些课程为学生提供了一个机会，让他们进行更多的实践活动，这与他们在课堂上所做的不同。这些"小课堂"还为孩子们提供了探索活动的自由，他们不必每晚把作业带回家进行额外的学习。

名为 "向着工程领域 '奔跑'" 的科学小课堂，是围绕四年级的单元 "力和运动" 设计的。"力与运动" 是一个为期四周的科学单元，它让学生参与运动的学习。了解该单元的知识、理解和操作见图 31.1。学生参与的活动包括设计简单的调查，以测试物体质量怎样影响运动，不同的表面如何影响摩擦力，以及学会识别和解释物体何时显示出势能和动能。

知晓单元内容

- 物体的位置可以通过其相对于另一个物体或背景定位来描述
- 跟踪和测量物体随时间的推移而变换的位置，可以描述它的运动
- 速度用来描述物体移动的快慢
- 能量可能存在两种状态:动能或势能
- 动能是运动的能量
- 力是使物体移动、停止或改变速度或方向的任何推或拉
- 力越大，运动的变化就越大。物体的质量越大，特定的力对物体的影响就越小
- 摩擦力是两个物体相互碰撞产生的对运动的阻力。摩擦产生热量
- 除非受到外力的作用，否则运动中的物体往往保持运动状态，静止的物体则会保持静止

理解单元知识

- 物体在各种情况下的运动规律，是可以观察和测量的
- 物体运动的规律可以用来预测其未来的运动
- 设计系统的失效可以改进设计

为单元学习动手做

- 描述物体的位置
- 为移动的物体收集时间和位置数据，并且在表格和线图中表示这些数据
- 解释速度是运动的量度
- 解释数据，以确定物体的速度是增加、减少，还是保持不变
- 识别引起物体运动的力
- 描述物体运动的方向：向上、向下、向前、向后
- 推断物体具有动能
- 设计一项调查来验证以下假设："如果一个物体的质量增加，那么移动它所需要的力就会增加。"
- 设计一项研究来确定摩擦力对运动物体的影响。编写一个可验证的假设，并且确定因变量、自变量和常量。进行公平的测试，收集和记录数据，分析数据，并且报告数据的结果

图 31.1　让学生参与运动的学习

SCAMPER（奔跑）是一个助记符，也是一个首字母缩写词，代表：

替换（Substitute）

结合（Combine）

调整（Adapt）

修改（Modify）

用于其他用途（Put to another use）

消除（Eliminate）

反向（Reverse）

在科学课程中，有些观点是工程学自然存在的——在科学与数学和工程学有机结合的机会之间，存在着自然的联系。例如，向学生传授简单的机械和运动知识，将很容易为各单元的计划提供机会，在此期间，学生实际上能够设计一些东西来展示基本概念，并将这些材料应用到工程活动中。对我们来说，运动单元是向学生介绍工程学概念的绝佳时机。我们想让学生明白，工程师经常把科学家的研究成果用于解决实际问题。与汽车和运动相关的一个现实问题，与克服空气阻力有关。我们知道，我们不能让学生设计一辆真正的汽车，所以，我们选择让他们在设计汽车时使用一些简单的材料。为了解决这个问题，他们必须运用学到的知识，包括关于空气阻力和摩擦力的知识。这个工程问题也需要我们向学生介绍一条简单的策略，他们可以在设计过程中付诸使用。

参与和探索：将学习转移到新的环境中

这堂课在图书馆里持续了 4 周多的时间。在第一周，老师要求学生完成一项简单且富有挑战性的任务——设计一辆只用以下物品就能移动的汽车：四块环形硬糖、两根吸管、两个回形针、剪刀、胶带和一张纸。我们没有告诉学生如何制造汽车，只让他们设计一辆他们认为可以利用空气力量运动的汽车。此外，我们还跟学生说，这里没有"正确"或"错误"的答案，他们的目标仅仅是设计一种使用风力的汽车。那些挣扎着开始的孩子获得了这样的提示：想想那些随着空气运动的东西。孩子们开始分类一些想法，如风筝、软式飞艇、帆船、悬挂滑翔机和热气球。我们允许学生以个人或小组的形式展开工作。大多数孩子选择独自学习，但当他们面临困境时，坐在他们旁边的孩子往往会提供指导。

我们提醒学生牢记剪刀的安全使用规则并负责任地使用回形针。由于本次活动没有橡皮筋或其他弹片，我们没有要求所有学生都佩戴护目镜，但是学生可以使用。当学生对他们设计的汽车进行测试，看看他们利用自己的呼吸能使这些汽车移动多远时，每次只有一名学生被允许站在桌子前，而其他学生则留在小组桌前观察。老师要时不时地监督。

在学生制造和测试他们的汽车时，我们要求他们记录下他们观察到的汽车的运动状态。学生记录他们的车是否移动，如何移动，以及沿着桌面移动了多远。在本节课结束时，我们使用"3-2-1 结束法"来评估学生。他们分享了自己观察到的关于汽车的三件事，关于汽车或设计的两个问题，以及在下周的课程中想要改变的一件事。这使我们得以了解学生在观察和思考什么。

解释：像工程师那样思考

在第二周，我们向学生介绍了工程师的概念，并向学生解释了工程师的工作。这为引入 SCAMPER 策略提供了绝佳的机会（见图 31.2）。SCAMPER 由 Bob Eberle 开发，是一个缩写词，代表替换、结合、调整、修改、用于其他用途、消除、反向。SCAMPER

在本质上是一种作为支持的认知策略。

何时运用这一策略

当你想让学生创造性地思考并改变设计时，可以使用它。

怎样运用这一策略

考虑一种现有的物品、产品或服务。使用问题来帮助你头脑风暴，思考可以改变或修改的东西。在完成后看看各种各样的答案。哪些会产生影响？

结合

- 如果把这个产品和另一个产品结合起来创造出新的东西，会发生什么？
- 如果把目的或目标结合起来呢？
- 你能结合什么来最大限度地利用这个产品？
- 如何将才能和资源结合起来，为这个产品制定一个新的制造方法？

修改

- 如何改变产品的形状、外观或感觉？
- 可以添加什么来修改这个产品？
- 可以强调或突出什么来创造更多的价值？
- 这个产品的哪些元素可以加强，从而创造一些新的东西？

消除

- 可以怎样流线化或简化这件产品？
- 能够消除些什么特点、零部件或规则？
- 可能低估或降低什么？
- 怎样才能让它更小、更快、更轻或更有趣呢？
- 如果拿走这个产品的一部分，会发生什么？
- 你会用什么来代替它呢？

替代

- 你可以用什么材料或资源来替代或交换来改进产品？
- 可以选用什么样的其他产品或流程？
- 有什么规则可以替代？
- 能不能把这个产品用在别的地方，或者代替别的东西？
- 如果改变你对这个产品的感觉或态度，会发生什么？

调整

- 如何调整或重新设计此产品，以满足其他的目的或用途？
- 这个产品是什么样子的？
- 可以模仿什么人或什么东西来调整这个产品？
- 你的产品还能放在什么环境中？
- 你还能用其他什么产品或想法来获得灵感？

用于其他用途

- 你能在其他地方或行业使用这个产品吗？
- 还有什么别的人可能使用这一产品吗？
- 这件产品在其他的环境中会有什么不同？
- 能不能从这件产品中回收利用组件，以制造新的东西？

反向

- 如果逆转这个过程或以不同的顺序排列，会发生什么？
- 如果你想做的和你现在尝试做的完全相反呢？
- 可以用什么配件来替换这个产品的订单？
- 可以逆转或交换哪些角色？
- 如何重新组织这个产品？

图 31.2　SCAMPER 策略

在教学中，我们经常希望学生解决问题或完成任务。认知策略是一种为学生的学习提供结构的工具，在某项任务无法通过一系列步骤完成时提供给学生。在让学生重新设计汽车的过程中，没有统一的一系列步骤可以让他们完成。因为每辆车的设计都不一样，所以我们必须找到一种适用于所有学生并适用于他们的汽车设计的工具。SCAMPER就是这样一种完美的认知策略，或者可以作为一种支持方法来使用，因为它为学生提出了一组问题，他们可以"思考"并检查自己的设计。

为了教会学生使用这一工具，我们不是从他们的汽车项目开始，而是从他们每天都用到的一个东西——牙刷开始。这样做是有意的，因为我们想让学生专注于学习工具，而不必去了解工具并考虑他们的新设计。例如，在学生重新设计一个更好的牙刷时，我们要求他们思考与"替换"有关的问题。他们能不能用一种不同的材料来代替最初设计中使用的材料，从而使牙刷更有效或更容易使用？他们能在设计中结合某些东西吗？正如我们向学生解释的，这些问题只是帮助他们以不同的方式思考的工具（图 31.2 包含了相关问题）。学生分组合作，并且与他们的老师索耶夫人一同研究每一封信，反思牙刷的设计。在他们完成后，学生与全班同学分享他们的想法。

✎ 详细阐述：设计和测试

一旦我们觉得学生理解了这个策略，就会让他们回到最初的汽车设计中。使用 SCAMPER 策略，学生采取他们在第一周所做的，并且通过回答某些问题、标记他们改变了什么，来重新设计他们的汽车。从汽车本身开始，设计就和制造它们的孩子们一样，各不相同。事实上，即使孩子们和其他学生坐在一起学习，也没有哪两辆"空中汽车"是一模一样的。许多汽车都有四轮设计，类似于汽车，但也有一些更像帆船或飞机。有的学生设计了两个轮子的汽车，有的学生则设计了八个轮子的汽车。大多数学生用吸管为他们的汽车制造一种底盘，但也有少数人用回形针作为他们的结构基础。图案的形状多种多样，有三角形、长方形和正方形。一些学生制作了像矩形棱柱或方形金字塔的三维形状。还有一些人用折纸的形状来构建汽车的各个方面（见图 31.3）。

图 31.3　学生设计的汽车

学生将风力汽车的先验知识作为他们的项目基础。许多车辆的设计类似于有轮子的帆船。其中一些具有类似双翼飞机的特征；还有一些以风筝为灵感的设计，交叉支撑，在框架上放一张纸。为了"捕捉"风来推动他们的车辆，许多汽车都设计了一片帆（三角形或长方形）。其他的设计有一个降落伞，学生认为，它可以让空气充满其中，从而让飞行器移动。最终，他们看到了在车上所做的微小改变是如何在距离和速度上产生一些有趣的，有时是难以置信的不同结果的。

📝 评估：学到的经验

在看到学生怎样参与这次设计活动后，我感到很惊讶。学生与自己的小组一起工作，在某些情况下，那些从来不想和别人密切协作的学生也会加入，为同学提供支持和想法。等待测试他们的设计并不重要；他们在测试自己的汽车的同时，也很兴奋地观察同学们重新设计的汽车。学生观察同学的汽车，并且关注每个设计是如何工作的。他们很少说话，除非是在互相鼓励或在记录某辆汽车对空气的反应时。

"你看见那辆车是怎样侧转的吗？我觉得它应该不能这样侧转，但它真的走得很远！"一个男孩说道。"我想，如果我的三角帆在第一次试验后就不管用了，那我就会试试矩形帆。"孩子们对这些设计非常感兴趣，他们迫不及待地回到他们的桌子旁边，想看看如何改进它们！

利用 SCAMPER 策略，一名学生重新制造了她那 "像气垫船一样"的汽车。轮子并没有固定在辊子上，而是固定在吸管的底部，以使课桌的表面上保持平整。然后，当糖果 "轮子"沿着光滑的桌面滑行而不是在轴上转动时，一个类似于帆的装置被连接起来，使汽车能够移动。这名学生说，她之所以这么做，是因为她原本用来把轮子绑在轴承座上的胶带 "挡住了轮子，使轮子不能很好地转动，因为它们老是被卡住。然后，在一个轮子停止转动后，车就会朝着侧面移动，从桌子上掉下来。"她发现，在对她的汽车进行了重新设计之后，汽车移动的距离增加了一倍多。

另一个四年级的女生并没有立即对参与活动感兴趣，而是用吸管做了折纸花。我们没有重新引导她，让她继续折纸，而她的同学们则在开心地设计他们的汽车，看看会发生什么。她做了四朵花，把它们放在一束花里，这时，有人对她说，这些吸管像汽车车架的一部分一样连在一起。她决定看看是否真的能用她的花做一辆汽车。她用胶带把四根吸管粘在一起，然后用回形针把一个轮子固定在吸管上。在把这些花粘在一起后，她发现自己无意中创造了一辆风力汽车，车架类似一级方程式赛车的设计。她的车不仅开得远，而且可以直线行驶。在第一次测试完汽车后，她立刻就被吸引了，回到自己的座位上，想看看如何才能把车开得更远。她对自己在工程学上的意外成功感到非常兴奋！

学生运用 SCAMPER 策略设计和重新设计，取得了意想不到的成功。一个孩子做了一个折纸 "吹气盒"，他相信当他在有孔的一侧吹气时，他的呼吸会使盒子膨胀并充满空气，从而使盒子沿着桌子移动。然而他发现，从远处吹到盒子上的气体并没有导致盒子膨胀。相反，他发现呼出的气息被盒子未充气的一侧 "卡"住了，导致他的汽车向侧方移动。他运用 SCAMPER 策略，弄弯一些折纸和襟翼，结果，他发现此时汽车可以移动得更远、路径更直。

✍ 评估学生的思维

通常，在学习经验之中，如这种 SCAMPER 策略之中，正式评估是没有必要的。我们对这节课的评估是为了了解学生的想法，并找出他们仍然存在的任何问题。为了快速评估，我们喜欢使用 3-2-1 结束法的策略。学生反思了他们在设计过程中学到的三件事：关于改变他们的设计，有两件事他们仍然有疑问，还有一件事他们在体验过程中得到了很好的解决。这种评估是在第一周之后完成的，也就是在引入 SCAMPER 策略之后。当学生回到图书馆时，我们能够回答学生提出的问题。

尽管我们使评估不那么正式，但是，为学习本单元的学生提供更多的正式评估机会，也是一件非常简单的事情。例如，可以要求学生为他们的汽车移动的距离设定一个目标，然后记录下逐步实现这个目标的过程。还可以让学生做一定数量的试验，并在每次试验中画出他们的汽车移动的距离。让学生写一篇关于汽车设计和运动的详细分析，还可以为他们提供撰写分析报告的机会，作为跨学科课程的一部分。最后，利用过程中每一步的照片证据，学生可以用自己的照片在电脑上展示他们的项目，从而将技术融入这个单元的学习中。

在和学生一起完成这一系列课程的过程中，我们发现了很多东西。首先，或许也是最重要的一点，我们发现，让孩子们设计和制造他们认为合适的汽车，不但吸引了他们的注意，还激发了他们的兴趣。即使是最不情愿的学生，最终也加入了这一活动并沉迷其中。他们可以自由地探索，唯一的限制是他们自己设定的。看着孩子们尝试着采用 SCAMPER 策略，满怀热情地重新设计他们的汽车，然后回到课桌进行另一次试验，是件很有意思的事情。

我们也注意到孩子们在做笔记、回答问题、细心观察，并且热切地分享他们的定性数据。分享他们的汽车设计的变化，以及这些变化的结果是一个不断讨论的过程。例如，学生注意到，糖果车轮不会留在他们的汽车上，所以，同学们分享如何使用回形针制作车轴。另一名学生随后分享了他怎样制作车轴，并在车轴上添加了一些小的胶带作为螺母，以防车轮在车轴上移动。他们不觉得自己在工作，因为在他们的工作中也有玩乐的一面。让他们根据自己的观察来操控手头的材料，使得他们处于控制之中。他们真的是科学家和工程师。他们在指导自己。他们激活已掌握的知识，向同学们寻求建议，然后带着显而易见的活力回到工作中。

到课程结束时，学生想要了解更多。许多孩子回到家完成他们的设计，并利用他们自己的时间，带着重新设计的"空中汽车"回到图书馆进行试运行。他们在网上做了研究，把工程网站和气动机械的资料打印出来给我们看。他们中的许多人还分享了怎么让父母参与进来，探索如何最好地操控他们的车辆，以获得最佳性能。

本活动一开始只是简单地向学生介绍工程学的方法，现在却对我们和学生产生了巨大的影响。他们对在科学课上学到的术语的理解和应用，正被转移到他们的设计活动中来。绘图从一件苦差事变成了一场竞赛，因为他们能够看到哪位同学设计的汽车将沿着课桌移动的距离最远。学生甚至开始在教室里谈论 SCAMPER 策略。只是在图书馆上一节简单的课，但学习到的远比我们想象的更有意义！

联系《新一代科学教育标准》

本章概述的材料、课程和活动，只是实现表 31.1 列出的期望表现的一个范例。学生们还需要更多的支持材料、课程和活动。

表 31.1　与标准的联系

3-5-ETS1 工程设计 3-PS2-1 运动和稳定性：力及相互作用	联系课堂活动
期望表现	
3-5 ETS1-1：提出一个简单的设计问题，反映需要或需求，包括规定的成功标准和对原材料、时间或成本的约束条件	用一组材料（四块环形硬糖、两根吸管、两个回形针、剪刀、胶带和一张纸）制造一辆汽车，然后根据收集到的数据重新设计汽车
3-5-ETS1-2：根据每个解决方案到底有多么出色地达到了问题的标准和满足了问题的约束条件，来制订并比较多个可能的解决方案	制造一辆他们自己设计的汽车，汽车随着气流移动；没有告诉他们如何制造汽车，而是让他们设计和重新设计汽车，直到它可以像他们想要的那样移动
3-5 ETS 1-3：计划并进行公平的测试，在这些测试中，测试人员控制自变量并考虑故障点，目的是识别模型或设计雏形中可以改进的方面	使用 SCAMPER 策略重新设计他们的汽车
科学与工程实践	
开发和使用模型	建造可以通过空气作用移动的汽车模型
运用数学和计算思维	通过观察和讨论来重新设计汽车，使它能随着空气移动得更远
学科核心理念	
ETS1.C：优化设计方案 • 在特定的标准和约束条件下，需要对不同的解决方案进行测试，以确定哪个解决方案能够最好地解决问题	参与受控变量测试，收集玩具火箭的哪些特性会导致成功或失败的数据

续表

3-5-ETS1 工程设计 3-PS2-1 运动和稳定性：力及相互作用	联系课堂活动
学科核心理念	
PS2.A：力和运动 ● 每一个力作用在一个特定的物体上，有强度也有方向 ● 可以观察和测量物体在各种情况下的运动模式，当过去的运动呈现出一定规律时，未来的运动就可以从中预测出来	与同伴共享自变量测试的结果，以确定玩具火箭的哪些功能最能满足客户的需求
跨学科概念	
模式	通过物体的运动模式来预测其未来的运动

资料来源：《新一代科学教育标准》领先实施的州，2013.

第 32 章　恶劣的天气

一个将有关恶劣天气的科学内容与工程设计流程相结合的综合科学单元

作者：艾米·萨巴尔（Amy Sabarre），杰奎琳·古利诺（Jacqueline Gulino）

鼓风机、水管、风扇和冰块有什么共同之处？如果你问参加我们的综合科学、技术、工程和数学（I-STEM）教育单元"恶劣的天气"的学生，他们向你讲述"有趣而恶劣的天气"，这些词你可能想不到！本单元的目的是将有关恶劣天气的科学内容与工程设计流程相结合，包括一些概念，如材料的特性、与建筑的联系及工程与我们生活的关联。

工程设计流程是综合性 STEM 教育的关键。所谓综合性 STEM 教育，也称 I-STEM 教育，是指"应用基于技术/工程设计的教学方法，有意地将科学和数学教育的内容和实践与技术/工程教育的内容和实践同时进行教学"。本单元将提供一个用于集成《新一代科学教育标准》核心思想和实践的例子。

设计综合的科学单元

在我们的学区，STEM 协调员、小学老师和专家们合作，创建了一个 I-STEM 教育项目的模型，让所有学生都能基于科学概念使用工程设计流程。本单元的目标包括：

- 进行和应用研究
- 分析天气数据的图形和图表，以确定恶劣天气的类型
- 计划、建造、测试和评估团队的设计
- 辨别预测天气的仪器并解释测量结果

正如 I-STEM 教育定义的那样，每个单元都集成了多个学科，因此，学生可以看到内容之间的联系。单元按照计划、建造、检查和分享四个部分的设计流程进行规划。这种简化的工程和技术设计流程更适合基本领域，因为它便于儿童理解和使用。由于我们学校的所有学生都参加 I-STEM 单元的学习，因此，这些单元必须考虑到我们地区大量的英语学习者。我们有意地加入了基于研究的最佳实践，如语言目标、句子框架、图形组织和构建教学框架的策略。

设计概要

"恶劣的天气"的 I-STEM 单元是为老师在课堂上使用而开发的，以补充已经讲授的天气课程。基于科学的标准，这个为期一周的学习单元遵循设计的简单步骤，包括计划、建造、检查和分享。

背景

在三年级，学生学习天气相关知识，重点是从技术上了解用于预测未来大气状况的工具和方法。本单元旨在遵循课堂教学中有关天气现象、天气预报和气象工具的内容（期望表现 3-ESS2-1 和 3-ESS3-1：地球系统和 3-5-ETS1-1 和 3-5-ETS1-2：工程设计）。学生分成若干个团队，在团队中分析天气数据，预测即将到来的天气，加固之前建造的建筑，以抵御即将到来的"风暴"。

本单元还将《各州共同核心标准》中有关"数学"的几条标准融合进来，包括测量、收集、组织、显示和解释来自各种图表的数据。此外，还整合了《各州共同核心标准》中有关"语言艺术"的许多内容，如使用有效的口头交流策略，阅读时拓展词汇量，增强对非小说文本的理解，以及各种目的的写作。

计划

在计划阶段，学生获得了完成设计挑战所需的背景知识。观察、探索、研究、头脑风暴和绘图设计，都发生在这个阶段的流程中。第一天，学生被一场开放性的活动所吸引，在设计笔记本上写下自己亲身经历的一次恶劣的天气（跨学科概念 3-ESS3-1：因果关系）。这个时机再好不过了，因为夏季的一场狂风暴雨摧毁了许多树木和电线。相当多的学生写了这次灾害和他们观察到的现象。这场活动自然与众不同，因为有的学生写了几句话，有的学生写了一整段话，还有些学生画了几幅画，并且向老师进行口头说明。然后，学生有时间与邻座的伙伴分享他们的故事，其中一些人与全班同学分享了他们的故事。

接下来，学生观看了三段视频，以回顾科学标准中包含的恶劣天气类型。这些短视频聚焦于雷暴、龙卷风和飓风，从视觉上展示了它们各自的特点。在学生转身与同伴交谈后，老师将每种天气的特征记录在整个班级的图表上。老师提出了一些问题和任务，例如，"比较和对比每种恶劣天气"。一个学生回答："每一场风暴都会刮风，但风给房子带来的影响各不相同。"

之后，学生分成两组，在平板电脑或笔记本电脑上进行研究，使用预先选定的网站，根据阅读水平进行区分，并且做好笔记。网站的选择是基于学生的可访问性和阅读水平、吸引人的内容及学生研究所需的具体内容的。几位老师也浏览了网站。需要额外支持的学生可以大声朗读研究材料。其他所有人都与合作伙伴密切协作，并在数据表中记录关于某种恶劣天气特性的信息（见表 32.1）。下课后，学生分组分享他们的笔记。学生很是兴奋地互相分享关于每一场风暴的知识。其中一个学生兴奋地叫道："龙卷风的风速是每小时 300 英里（约 480 千米）! 那比赛车还快!"

使用你在网站上找到的关于每种风暴的信息，填写表 32.1。

表 32.1　恶劣天气特性

特　　性	龙卷风	飓　风	雷　暴
风			
降水			
气压			
其他			

在学习单元的第二天，学生通过完成一个匹配活动来复习四个气象仪器。在演示了对每一种仪器的用途的理解之后，老师用气象仪器的数据对各种图表进行了分析。学生运用所研究的知识，将天气现象与气象仪器测量的相应数据联系起来。一名学生指出："雨量计上的零厘米，意味着没有降水。此外，因为风速表显示的是每小时 5 米，所以几乎没有风。"

接下来，老师向学生介绍设计挑战、约束条件和评分标准（见表 32.2）。

设计挑战：你的团队将设计并建造一栋能够抵御特定形式恶劣天气（雷暴、飓风或龙卷风）的建筑。

约束条件如下：

- 必须使用回收利用的材料
- 宽度必须小于 40 厘米
- 高度必须小于 30 厘米
- 必须有一个基础、四面墙和一个屋顶
- 必须包含团队中每一位成员的一个创意

老师允许学生花时间围绕设计挑战或约束条件提问。许多学生询问了有关测量部分的问题，以澄清什么是宽或高。学生还提出了诸如"建筑必须有窗户还是门"的问题。老师让学生参与设计挑战，并询问这算不算约束条件。当学生发现它不是时，老师接着问："大多数建筑物都有门或窗户吗?"

表 32.2　评分标准

任　　务	学　生	老　师
小组工作		
我们只谈论了我们的 I-STEM 项目		
我们互相倾听		
我们使用友善的词语		
总分	/3	/3
作品		
我们使用了回收利用的原料		
我们的建筑宽度不到 40 厘米		
我们的建筑高度不到 30 厘米		
我们的建筑包含一个基础、四面墙和一个屋顶		
我们在设计中听取了每个人的创意		
我们重新设计了我们的建筑，以免它在恶劣天气中损坏		
总分	/6	/6
演示		
我与观众有过眼神交流		
我清晰地讲述，观众可以听得见我的声音		
我站得笔直		
总分	/3	/3
合计分数		

　　接下来，老师向学生呈现这些材料，以便学生看到什么是可用的，并开始头脑风暴他们的建筑设计。材料包括纸板、聚苯乙烯泡沫塑料、工艺棒、胶带、胶枪，以及各种回收材料，如水瓶、纸巾卷和压扁的麦片盒。在学生切割材料和使用胶枪时，老师应当提醒他们小心谨慎。在调查、清洁和洗手时，应佩戴护目镜。强烈建议老师密切监督。

　　学生三人一组进行头脑风暴，并为他们的建筑制订了一个团队计划。他们在图纸上做了标记，标明他们打算使用哪种材料。老师提醒每个小组，至少要包含来自每个小组成员的一个创意，并与老师当面交谈，让老师批准他们的设计计划（学科核心理念 ETS1.A：定义和界定工程问题和 ETS1.B：制订可能的解决方案）。

建造

　　第三天，学生收集材料，开始建造他们的建筑。在学生建造的过程中，老师在教室里来回走动，提了一些开放式的问题，比如，"说说你的设计吧"。从学生对这个问题的回答，老师可以知道要在哪些方面给予进一步的指导或提问。例如，"你的建筑如何支撑屋顶"？

　　在课程结束前，一条滚动的天气警报出现在交互式的白板上，老师让每一组学生负责了解恶劣天气警报图中的部分内容（见图 32.1）、恶劣天气警报温度统计（见图 32.2）。根据这些信息，这些小组必须确定他们负责的信息代表的恶劣天气的类型。老师用一个例子模拟了怎样解释天气数据和确定恶劣天气的类型。每个小组开会讨论他们从恶劣天气警报中获得的数据，并参考他们设计笔记本的前几页。笔记本上记录了他们前一天的研究，用以确定风暴的类型。笔记本里还包括他们的气象仪器匹配和小组头脑风暴。接下来，他们头脑风暴了建筑可能遇到的问题和可以增加的安全措施，以确保建筑能够承受恶劣天气的侵袭。在讨论之后，他们作为一个团队来制订一个修改建筑的计划（学科核心理念 ETS1.B：制订可能的解决方案）。

仪　　器	昨日预报	恶劣天气警报 1	恶劣天气警报 2	恶劣天气警报 3
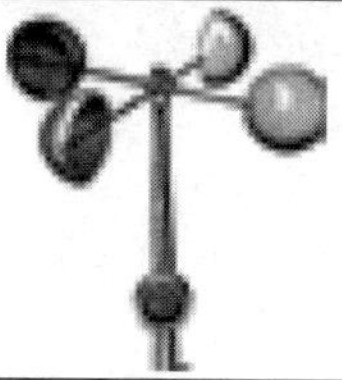	每小时 5 英里	每小时 111 英里	每小时 164 英里	每小时 30 英里
	980 毫巴	964 毫巴	900 毫巴	920 毫巴
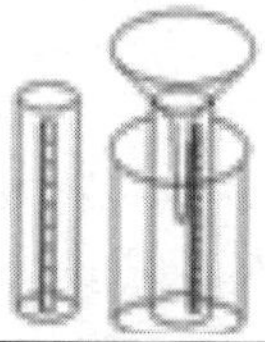	0 英寸	9 英寸	0.5 英寸	2 英寸
	见图 32.2	见图 32.2	见图 32.2	见图 32.2
云层覆盖	卷云	层云	漏斗云	积雨云
降水	无	大雨	无	可能冰雹

（注：1 英里约等于 1.6 千米，1 英寸约等于 2.54 厘米）

图 32.1　恶劣天气警报图

当老师批准每个小组的重新设计时，学生收集了更多的材料并修改了原设计。老师要求学生再次回顾标准，并根据他们正在面对的恶劣天气类型重新评估天气条件。学生在建造时，老师在教室里来回走动，问一些问题，以促使他们思考可能发生的特定情况。例如，老师注意到一个团队的建筑非常轻，于是让他们思考他们看过的龙卷风的视频。团队中的一名学生说："我们不想让房子被吹走，必须把房子压住。"然后，所有的团队成员都提出了可能的方法来固定他们的建筑。学生需要用整节课的时间来修改。在这段时间，学生使用了几种方法，包括往瓶子里装水以增加房子的重量，用几只塑料垃圾袋之类的防水材料覆盖建筑，在房子外面打一些木桩穿透地面，这样房子就不会被风吹走。学生在打桩时应小心谨慎，因为木桩有可能伤到他们。老师应当模拟打桩的过程，如在打桩时尽量远离它，并且在此过程中仔细监督学生（期望表现 ETS1.B：工程与设计）。

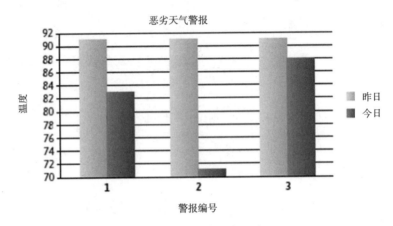

图 32.2　恶劣天气警报温度统计

检查

为了模拟恶劣天气，第四天的课程使用了各种工具来测试建筑结构的稳定性。用鼓风机来近距离模拟龙卷风中的风力，并且在 30 厘米的距离外模拟飓风。确定他们的恶劣天气是龙卷风的学生团队还通过向他们建造的房子投掷冰块的方法来模拟冰雹。确定他们的恶劣天气是飓风的学生团队用水管和装满水的喷雾瓶进一步模拟飓风时和雷暴时的降水。老师应密切监督测试，并且应当操作所有水管、风扇和鼓风机。电和水应该分开。学生全身心地投入测试阶段，在此期间，欢呼声和笑声不绝于耳。想象一下，三个女孩手放在一起欢呼："3-2-1，开始，团队飓风！"然后，他们都像在参加体育比赛一样把手举起来。另一团队的建筑经受住了"龙卷风"的袭击，于是大喊："我们成功了！房子没被吹垮！"

为了便于分享，每个小组的测试都被录制成视频。在测试过程中，老师们继续向学生提问，询问他们预测会发生什么及观察到了什么。鼓励小组记录他们的建筑存在的问题，并且在每种恶劣天气下，分别将鼓风机或风扇与风力之间建立联系。

分享

让学生有时间交流和观察，是设计过程的一个重要组成部分。在第五天，团队开会讨论他们的结果和他们本可以做出的不同的修改，以保护建筑免受恶劣天气的破坏。课程中包含了句子框架，以便学生组织语言来表达他们的想法。每个小组都观看了他们的视频，以观察任何可能影响其建筑稳定性的额外因素。

在向全班展示他们的研究结果和想法之前，学生首先参考了评分标准。然后，每个小组都与全班同学分享了他们的设计，指出设计的独特之处，保护他们的建筑免受恶劣天气影响的方面，以及他们会如何进一步改进建筑的想法。另一些同学喜欢看短片，并且通过提出问题和建议来积极回应（学科核心理念 ETSI.C：优化设计方案）。

🖉 将教学内容模型化

我们已经概述了一个 I-STEM 教育单元，它可以适应不同年级的知识水平。I-STEM 教育需要创造性思维，解决问题，运用知识并密切协作。在设计和实践学习单元时，我们还和老师们模拟了与学生一起使用的流程。在单元结束时，老师们聚在一起思考他们对学生的表现和参与情况的观察，并分析学生设计笔记。学生有机会用"恶劣的天气"的评分标准来自评他们的作业。然后，老师对每份设计笔记进行评估并给予反馈。通过对年级学生作业的评估，90%的学生了解了恶劣天气的特点，能够识别、命名和解释每种预测天气的仪器。

除了思考学生的表现，老师也反思他们的课程和教学内容。当我们的老师见面交谈以相互沟通情况时，绝大多数的反应都集中在学生的高度参与上。老师们还评论了通过分析天气数据及学生展示的可能的解决方案和创造力所带来的显著的知识迁移。提出的大多数建议都涉及调整课程，以满足个别课堂的需要。许多老师与学生分享了他们怎样在学习单元的课程中做好他们自己分内的事情。虽然我们是按顺序上课的，但老师通常建议在其他教学时间也引入部分内容，以便有更多的时间来完成单元的教学。综合的课程允许学生在校期间有很大的灵活性。

所有学生都应当获得高质量的、严谨的和相关的科学教学。正是这样的愿景，使我们的学区能够继续扩展 STEM 计划。《培养下一代 STEM 创新者：辨别和发展我们国家的人力资本》（*Preparing the Next Generation of STEM Innovators: Identifying and Developing Our Nation's Human Capital*）一书中有这样一段话："实现个人潜能的可能性，不应受到矛盾心理的影响，不应听凭命运摆布，也不应仅限于那些有经济能力的人。相反，追求卓越的机会是我们的基本价值观，应当为所有人所拥有。"我们相信，I-STEM 教育提供了这样的机会。

联系《新一代科学教育标准》

本章概述的材料、课程和活动，只是实现表 32.3 列出的期望表现的一个范例。学生们还需要更多的支持材料、课程和活动。

表 32.3　与标准的联系

3-ESS2-1　地球系统 3-ESS3-1　地球系统 3-5 ETS1-1　工程设计 3-5 ETS1-2　工程设计	联系课堂活动
期望表现	
3-ESS2-1：地球系统 以表格和图形的形式表示数据，以描述特定季节的典型天气状况	在数据表中记录对恶劣天气的研究，包括每个风暴的具体特征
3ESS3-1：地球系统 指明一个设计方案的优点，以减少与天气有关的危害的影响	合理的设计方案，并解释保护建筑免遭与天气有关的危害的具体修改
3-5-ETS1-2：工程设计 根据每个解决方案到底有多么出色地达到了问题的标准和满足了问题的约束条件，来制定并比较多个可能的解决方案	在课程的分享阶段，比较每个设计方案，并且反思总结各自的优缺点
科学与工程实践	
分析并诠释数据	分析图表和天气数据，以确定即将到来的恶劣天气属于哪种类型
构思解释并设计解决方案	解释了包含对建筑的各种修改的原因
学科核心理念	
ETS1.B：制定可能的解决方案 • 在开始设计解决方案之前，应该先对问题进行研究。测试一个解决方案并调查它在一系列可能的条件下执行得如何 • 不论在什么阶段，与同伴交流个人的解决方案是设计过程的重要组成部分，而分享各自的想法，可以改进设计	研究了恶劣天气类型，并将数据记录在表中制订一个单独的计划，以显示针对建筑潜在问题的修改，然后分享解决方案，并协作决定最终的设计，以抵御恶劣天气
ETS1.C：优化设计方案 • 在特定的标准和约束条件下，需要对不同的解决方案进行测试，以确定哪个解决方案能够最好地解决问题	用各种工具对每座建筑进行测试，模拟恶劣天气，记录每座建筑的问题，然后思考哪种建筑最能解决问题
ESS2.D：天气与气候 科学家记录不同时间和地区的天气模式，以便预测接下来可能出现什么天气	研究该地区的天气并记录数据，以便选择合适的材料和建筑来承受天气的影响

3-ESS2-1 地球系统 3-ESS3-1 地球系统 3-5 ETS1-1 工程设计 3-5 ETS1-2 工程设计	联系课堂活动
学科核心理念	
ESS3.B：自然灾害 各种自然灾害都是自然过程造成的。人类不能消除自然灾害，但可以采取措施减少其影响	通过视频剪辑、讨论和设计单元活动，将自然灾害影响和人类干预联系起来
跨学科概念	
原因和结果	在个人陈述中加入恶劣天气的形成原因和影响

资料来源：《新一代科学教育标准》领先实施的州，2013.

第33章　秸秆火箭真是太棒了

为高年级学生准备的 STEM 活动

作者：约翰·吉尔曼（Joan Gillman）

　　试问有哪些孩子在仰望夜空时，不被眼前绝美的景色所吸引？学生有多少次梦想着乘坐火箭、飞船去参观太阳系的行星？为了抓住这种兴奋感并激发学生的兴趣，我设计了一些课程，让学生有机会体验制作秸秆火箭的乐趣和挑战，然后观察哪种设计可以飞得最远。这些课程适合四年级和五年级的学生。我和五年级的学生很成功地学习了火箭制造单元。我很高兴看到学生在认真调查的同时享受着这个单元所带来的挑战。

　　我们的秸秆火箭调查涉及学科核心理念 PS2.A，正如在美国基础教育《K-12 科学教育框架》中找到的五年级端点所解释的那样："作用于一个特定物体的每一种力，都有它的强度和方向。即使是静止的物体，通常也有多个力作用于它，但这些力累加起来，对物体来说合力为零。各种力的总和不等于零，将引起物体的速度或运动方向的改变。"虽然我们的经验是在四年级和五年级，《新一代科学教育标准》还是确定了一个三年级的标准，3-PS2 运动和稳定性：力和相互作用，这一标准涉及期望表现 3-PS2-1："计划并进行调查，以提供平衡力和不平衡力对物体运动影响的证据"及 3-PS2-2 "对物体的运动进行观察和/或测量，以提供证据，证明模式可以用来预测未来的运动"。此外，与之相关的期望表现是工程设计 3-5-ETS1-3："计划并进行公平的测试，在这些测试中，测试人员自变量、考虑故障点，目的是识别模型或设计雏形中可以改进的方面。"这些经验还支持对模式和原因及结果的跨学科概念的理解。

　　秸秆火箭装置非常符合这些标准。在本单元中，学生将同时处理控制的和操纵的变量。他们将测试和评估每一个变量，以确定秸秆火箭的理想飞行设计。在本单元中，学生将积极参与学习过程。他们将研究自己收集的飞行数据。他们将分析他们制造的秸秆火箭飞行的结果，并且重新设计火箭，以改进初始的设计。

火箭发展简史

　　在本单元开始前，学生要学习火箭的历史。从中国的烟花爆竹到现代火箭的发展，火箭发展史是一个引人入胜的故事。19 世纪 60 年代，科幻小说作家儒勒·凡尔纳（Jules Verne）在作品中描写了一艘可以从大炮中发射到月球的航天器。如果再往前追溯，第一枚火箭实际上是中国人发明的。中国有一个著名的传说，大约可以追溯到公元 1 500 年。传说有个官员叫万户，他试图把一些火箭绑在椅子上点燃，飞向月球。火箭爆炸时发出巨大的轰鸣声。随着烟雾散去，万户不见了，他坐着的椅子也没了踪影。如果我们跳到 20 世纪，就能了解现代火箭的最初发展。这一发展在很大程度上归功于俄罗斯物理学家康斯坦丁·齐奥尔科夫斯基（Konstantin Tsiolkovsky）、美国物理学家罗伯特·戈达德（Robert Goddard）和德国火箭设计师沃纳·冯·布劳恩（Wernher von Braun）等科学家。一些优秀的普及版图书可以帮助学生加深对太空飞行历史的了解。其中的两本是罗恩·米勒（Ron Miller）于 1999 年撰写的《火箭史》（*The History of Rockets*）和于 2008 年撰写的《火箭》（*Rockets*）。

火箭如何工作

　　在学生开始设计和建造秸秆火箭之前，首先需要了解火箭是什么及它如何工作。我通过头脑风暴活动来介绍这堂课。第一个问题是："什么是火箭？"学生的回答包括"这是一种把人带到外太空的装置"，或者"这是一种巨大的、噪声很大的机器，会冒出大量气体和烟雾从地面升起"。下一个问题通常更具挑战性："你认为是什么让火箭飞起来的？"回答包括"它使用了大量燃料"或"一次大爆炸将火箭从地面升起"。结束了这个环节之后，我们就准备开始讨论火箭背后的科学。

　　这个单元使儿童了解了牛顿第三运动定律（Newton's third law of motion）。牛顿第三定律描述了两个物体相互作用的力之间的关系。相互作用的两个物体之间的作用力和反作用力总是大小相等，方向相反，作用在同一条直线上。证明这一点的简单方法是使用一个气球。如果你把气球装满空气，然后释放它，空气就会逸出，气球会被推向相反的方向。气球对离开气球的空气所施加的力是一个作用力。反作用力由从气球中放出的空气来施加，推动气球向前。这一活动让孩子们变得很兴奋。哪个孩子没有在家里做过同样的事情？你也可以用气球、风筝线、塑料吸管、透明塑料袋和胶带做一个气球火箭来进行扩展。如果有的学生对乳胶过敏，可以考虑购买乙烯基、箔纸或塑料制成的气球。

　　火箭的主要特点是它能朝一个方向喷出气体。当气体从火箭后部喷射出来时，火箭就被推向相反的方向。火箭对燃烧的燃料气体所施加的每一个力（作用力），与燃烧的燃料气体对火箭施加的力（反作用力）大小相等、方向相反。推动火箭前进的反作用力叫作推力。推力的大小取决于几个因素，包括火箭排出气体的质量和速度。推力越大，火箭的运动速度就越快。如果火箭要离开地面，就必须承受比重力更大的向上的推力。我在课堂上使用一本很好的普及版图书来说明这些概念，它是西蒙·布鲁姆（Simon Bloom）所著的《重力守护者》（*The Gravity Keeper*）。该书讨论重力、惯性、摩擦力和牛顿运动定律。在我们的课堂中，火箭的能量来源是秸秆火箭的发射器。秸秆火箭发射器的价格会比较贵。另一种选择是制作你自己的秸秆发射器。查看"十美元的火箭发射器"（The Ten Dollar Rocket Launcher）在线指导来自行制作这一设备。

　　为了发射火箭，秸秆火箭发射器使用由在汽缸中释放一个加重的下滑杆所产生的气压。发射力可以通过改变杆的释放高度来控制。有一些推荐的普及版图书可以拓展学生对火箭如何工作的理解。这些图书包括《火箭是如何工作的》（*How Does a Rocket Work?*），作者萨拉·伊森（Sarah Eason）；《火箭及其他航空器》（*Rockets and Other Spacecraft*），作者约翰·法登（John Fardon）；以及《总工程师：火箭》（*Master Engineer: Rockets*），作者保罗·贝克（Paul Beck）。

📝 让我们开始探索秸秆火箭

　　你可以在"联系美国科学教师协会"（NSTA Connection）找到秸秆火箭活动的方向及记录和数据表。为什么要选择在教室里使用秸秆火箭？因为这是一个将 STEM 技能纳入课程的好方法。在这个项目中，你将结合科学、模型构建、数据收集、设计测试和一些数学技能。

　　在开始构建这个课程的各个方面时，我播放了 Pitsco Education 公司制作的"佐恩博士（Dr.Zoon）展示秸秆火箭"的视频。该视频很好地介绍了如何制作和测试秸秆火箭。最初的"佐恩博士"的视频，现在已经被一个叫作"秸秆火箭视频"（Straw Rocket Video）的视频所取代。

　　在播放完视频后，我开始提问，以便进入下一个内容环节。我的问题是："你们怎么设计能够在你们期望的轨道上飞得最远的秸秆火箭？"在讨论火箭的规格之前，我先用几分钟时间看看学生可能对火箭有些什么想法。一些孩子设想了三角形或方形的火箭。其他人描述了与美国航空航天局研发的类似的火箭。讨论刚一结束，我们就准备启动正式的火箭计划。因为我们将处理特定的变量，所以，检查火箭的规格十分重要。秸秆长度可达 10~20 厘米，可以有 2~5 个鳍，而黏土鼻锥的直径必须小于或等于 2 厘米。最后，学生进行测试，通过调整发射装置上的角度，选择并记录三个发射角度。同一枚火箭将测试三个不同的发射角度。在看完说明书后，学生就会记录他们的假设，并着手设计他们的火箭。第一部分是画出火箭的草图。接下来学生开始制作火箭。在这个阶段，测量技能变得十分重要。学生用尺子检查秸秆的长度和鼻锥的直径，并用三梁天平来确定火箭的质量。如果学生更熟悉双盘天平，可以用它来代替三梁天平。把鳍固定在秸秆上是很有挑战性的。我建议将学生与具备这种技能的伙伴配对。因为我试图向学生宣扬这样一种理念：我们是一个学习者的社区，所以大家应该互相帮助。

测试秸秆火箭

在设计、制造和测量了火箭后，我们就可以开始测试火箭了。这可以在室外的开放空间完成，也可以在室内进行，但需要足够的空间。我的学生的最长飞行记录是 39.9 米！因为学生选择了三个不同的发射角度，所以有机会记录秸秆火箭在选择的每个发射角度下飞行的距离。

在测试火箭时，选择一个晴朗无风的日子。火箭的质量非常小，所以，风或潮湿的空气都会影响它的飞行。

在测试火箭之前，我建议将 30 米长的卷尺固定在地面上，以便学生确定他们的火箭已经飞行了多远。

别忘了让学生戴上护目镜并远离发射区。火箭的飞行路径会因其结构的不同而大相径庭，所以，它有可能飞到一边，伤到学生。在学生发射火箭之前，我强烈建议一定要保证其飞行路线是清晰明确的。

接下来，让学生带上记录数据表、一个剪贴板、一支铅笔，以便记录火箭的飞行距离。发射火箭时，孩子们很容易被活动的活跃气氛所吸引，忘记记录飞行距离。一些提醒可以帮助他们集中精力完成任务。期待听到火箭在空中翱翔时的欢呼吧。也可能有一些失望，因为并不是所有的火箭都能飞得很远。你可以向学生保证，他们还有机会改进他们的火箭设计。

下一步是分析火箭飞行的结果。

此时，测试的唯一变量是发射角度。学生还没有尝试改变火箭的设计，看看这会如何影响飞行距离。使用因变量和自变量，可以建立更系统的测试方法。在初步研究中，自变量为秸秆体的长度、鳍的数量和形状、鼻锥的大小，而因变量为发射角。

继续制作秸秆火箭

在接下来的调查中，学生可以在保持其他因变量的同时，变化其中一个先前的因变量。例如，第一个自变量可以是秸秆体的长度。学生将设计、建造、测试和记录秸秆长度为 10 厘米、15 厘米和 20 厘米的火箭的飞行数据。同时，鳍的数量和设计必须保持不变，鼻锥的大小必须一致，发射角度必须保持在 45 度。通过控制其他变量，学生将能解释每个因变量如何影响火箭的飞行。

下一个因变量可以是鳍的数量，最后一个因变量可以是鼻锥的大小。

在本单元结束时，学生应该能够就最远的秸秆火箭的类型达成一致。

秸秆火箭制造说明书

下面是一些制造秸秆火箭的简单指南：

1．取一根秸秆，将其剪短，长度在10~20厘米。

2．在一张索引卡上画一个你将连接到火箭上的鳍。切下鳍，把它作为模板，制作额外的1~4个鳍。

3．用透明胶带把鳍固定在秸秆火箭上。

4．制作一个直径不超过2厘米的黏土鼻锥。

5．将黏土鼻锥插入秸秆末端0.5厘米。

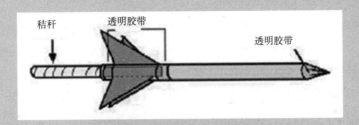

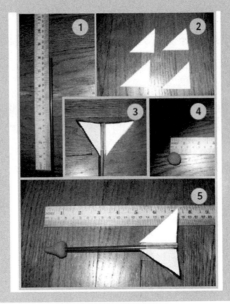

✍ 一些错误想法

在向学生介绍火箭制造和发射主题时，他们可能产生一些误解或错误想法。一开始，孩子们关注的是火箭的外观而不是火箭飞得最远时的质量。一旦学生在火箭第一次飞行后开始分析他们的数据，这种错误通常就不那么严重了。第二个难点是精确测量和称量他们设计的火箭。有些学生使用尺子的反面，用自己习惯的单位而不是米制单位报告测量结果。最后，使用三梁天平或双盘天平来称量火箭的重量，这是很有挑战性的。

年幼的孩子也会发现，分析数据并根据他们的发现写出结论是有一定的难度的。这是一项至关重要的技能，他们将终生受用。我经常练习写实验报告。一旦火箭制作单元开始，学生已经开始开发一些具备这种技能的设施，写实验报告就会变得尤为重要，因为他们需要检查火箭飞行的结果，然后改变因变量，以便提高火箭的飞行能力。

课程评估

在秸秆火箭单元的学习中，我使用多种方法来评估学生的学习。有一堂课，我要求学生画出前一天火箭飞行的结果。首先查看学生是否用米制准确地记录了距离。接下来观察学生，看他们是否难以按照打印出来的指示去做。我还检查了他们是不是使用米制单位正确地测量和制作了火箭，同时检查了他们是否研发了更多应当用三梁天平或双盘天平来称量重要的设施。再接下来，我评估了学生能不能清楚地表达自己在做什么。最后，我想看看学生能否根据他们第一个模型的结果制造出第二个更成功的火箭。我制定了一个评分标准来评估学生在这次调查中的表现。

秸秆火箭单元可能是一种令人兴奋的教育体验。到年底当学生被问及他们最喜欢的活动时，他们通常说是秸秆火箭。我个人很喜欢教这门课，因为这是将 STEM 技能融入课程的好方法，同时能让学生对学习过程感到兴奋。

联系《新一代科学教育标准》

本章概述的材料、课程和活动，只是实现表 33.1 列出的期望表现的一个范例。学生们还需要更多的支持材料、课程和活动。

表 33.1　与标准的联系

3-PS2 运动和稳定性：力及相互作用 3-5-ETS1 工程设计	联系课堂活动
期望表现	
3-PS2-1：计划并进行调查，以提供平衡力和不平衡力对物体运动影响的证据	设计和制造秸秆火箭，以确定火箭的结构如何影响其飞行
3-PS2-2：对物体的运动进行观察和/或测量，以提供证据，证明模式可以用来预测未来的运动	观察并记录秸秆火箭的飞行距离，为预测未来火箭飞行提供数据
3-5 ETS1-1：提出一个简单的设计问题，反映需要或需求，包括规定的成功标准和对原材料、时间或成本的约束条件	利用特定的材料（秸秆、模型黏土、纸张、索引卡、剪刀和透明胶带）来设计和制造秸秆火箭，使其在发射时能飞得最远

续表

3-PS2 运动和稳定性：力及相互作用 3-5-ETS1 工程设计	联系课堂活动
期望表现	
3-5 ETS 1-3： 计划并进行公平的测试，在这些测试中，测试人员控制自变量并考虑故障点，目的是识别模型或设计雏形中可以改进的方面	测试了秸秆火箭，看看哪些模型表现最好，确定哪些方面需要改进，并且改进模型以满足这些规范
科学与工程实践	
计划并进行调查	根据提供的参数为火箭设计了几种方案，并选择了一个模型来建造和测试 使用定量结果收集和分析
构思解释并设计解决方案	确定哪种模型为秸秆火箭提供了最佳的机会使其能够飞行较长的距离；重新设计，重新制造和测试秸秆火箭，以证明哪些标准可以有最佳的飞行效果
学科核心理念	
PS2.A： 力和运动 • 作用于一个特定物体的每一种力，都有它的强度和方向。即使是静止的物体，通常也有多个力作用于它，但这些力累加起来，对物体来说合力为零。各种力的总和不等于零，将引起物体的速度或运动方向的改变 • 可以观察和测量物体在各种情况下的运动模式；当过去的运动呈现出规律时，其接下来的运动就可以从中预测出来	参与多个力的相关调查，分析结果，并将关于力的信息应用于秸秆火箭 从所有调查中收集数据，分析可能影响秸秆火箭运动的因素
ETS 1.B： 制订可能的解决方案 • 在开始设计解决方案之前，应该先对问题进行研究。测试一个解决方案，包括调查它在一系列可能的条件下执行得如何 • 测试通常专门用于识别故障点或困难，它们会指明需要改进的设计元素	在设计、制造和发射秸秆火箭，使之到达最远距离之前，学习了火箭的历史、火箭如何推进，以及牛顿第三定律 对各种变量进行反复多次测试，并记录分析结果
ETS1.C： 优化设计方案 • 在特定的标准和约束条件下，需要对不同的解决方案进行测试，以确定哪个解决方案能够最好地解决问题	分析了飞行结果，并且整个班级一起确定需要改变什么来提高火箭的飞行距离

续表

3-PS2 运动和稳定性：力及相互作用 3-5-ETS1　工程设计	联系课堂活动
跨学科概念	
模式	利用火箭飞行过程中观察到的运动模式来预测未来的运动
原因和结果	解释了改变火箭鳍的大小和形状、鼻锥的大小和重量及秸秆的长度将会如何影响火箭的飞行

资料来源：《新一代科学教育标准》领先实施的州，2013.

第 34 章 将大自然作为灵感

了解植物结构，帮助学生设计集水装置

作者：克里斯蒂娜·汤克（Kristina Tank），塔玛拉·摩尔（Tamara Moore），梅格·斯特纳特（Meg Strnat）

几周前，如果你让梅格·斯特纳特学校的四年级学生回答水资源短缺相关的问题，学生可能一脸茫然。然而，如果今天参观他们的教室，你会看到和听到一个不同的故事。学生围在他们的集水设计周围，为期末报告做准备。前面的一个正在练习的小组说："我们最终的设计灵感来自一片垂下的叶子，水从叶子上滑落并滴落到地上。"另一个小组可能说，他们改进了设计，增加了一个漏斗，灵感来自花朵的形状。这些学生善于于解释他们的设计如何解决工程问题并受到大自然的启发，但情况并非总是如此。

梅格老师所在的班级正在参与一个工程设计单元，在该单元中，无国界工程师组织（Engineers Without Borders）的一个分会（他们的客户）要求学生帮助他们为巴拿马波帕岛（Popa Island）的居民家庭设计储水和集水设备。在开始这个单元时，梅格注意到学生在集水的时候非常投入，把植物作为集水的灵感。然而，他们很难理解这个工程问题的背景——有的地方没有自来水。意识到他们在应对这项工程挑战时遇到的困难后，梅格决定，首先帮助学生更好地理解水资源短缺的问题及为什么水对全世界十分重要，然后让学生继续这一工程挑战。梅格意识到，学生需要清楚地理解工程问题，这是在《新一代科学教育标准》的工程标准中获取的一个重要思想。

本章描述了为期七天的 STEM 和识字单元的最后一节课，该单元是"描绘 STEM"课程的一部分，使用工程学，以一种有意义的方式将科学和数学学习结合起来。在这个工程挑战中，梅格的学生将大自然作为设计的灵感源泉，通过强调植物的物理结构，帮助他们更好为波帕岛的居民收集和储存水。

背景

在深入研究学生在应对工程设计挑战中需要的科学知识之前，梅格介绍了仿生的概念，以及工程师如何把大自然作为解决问题的灵感。她向学生展示了尼龙搭扣，并问他们："你认为尼龙搭扣的创意来自哪里？"想一想这个发明的灵感。学生惊讶地发现，原来，维可牢尼龙搭扣的发明灵感竟然来自他们后院那些令人烦恼的刺。学生继续学习仿生学，探索鸟类翅膀如何激发飞机机翼的灵感，以及壁虎脚上的黏性毛发怎样帮助研发更强的黏合剂。

提出了利用自然作为工程设计灵感的想法之后，学生探索了植物适应性如何帮助生物体生存的科学内容，并且了解到这些适应性可以激发工程解决方案。适应性的课程聚焦于那些提供优势的物理结构。梅格让她的学生研究来自世界各地的不同生物群落，重点研究存活于这些特定生物群落中的植物，以及是什么样的适应性帮助这些植物在那个生物群落中生存下来的。为了帮助学生在科学内容和工程设计挑战之间建立联系，梅格要求学生制作生物群落海报（见图 34.1），展示生物群落的位置、特征和在那里存活的植物的样例，以及什么样的适应性能帮助植物在那个生物群落中生存。在展示海报的过程中，学生分享了如何将这些适应性应用到他们的储水和集水设备的设计中。

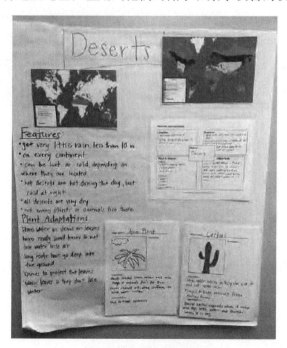

图 34.1　生物群落海报

埃文的团队研究了沙漠生物群落，他说："沙漠里的植物的根很长，有助于吸收水分，所以我们可以在设计中使用海绵来吸收雨水。"玛丽塞拉说："许多植物的叶子被称为滴管，看起来像漏斗，所以我们可以在储水罐上放一个漏斗来收集更多的水。"

理解、计划和建造

梅格利用《一口井——地球上的水的故事》(*One Well, the Story of Water on Earth*)这本绘本中的几页内容开始了下一节课的讲授。她之所以选择这本书，是因为它能帮助学生理解，地球上的水是有限的，并非每个人都能获得洁净的水。她还想帮助学生了解洗手等简单的事情需要多少水，所以，她让学生用放在水槽的水桶收集水。这些水桶在每一组学生洗手的时候将水收集起来，不让水从下水道流走。然后，每一组称量他们水桶中收集了多少水，并且将这些信息及总用水量添加到一个班级图表中，接着计算每次洗手的平均用水量。这个单元余下的内容同样采用这种方法展示出来，并且将图表贴在墙上，供学生在讨论缺水问题和各种任务需要多少水时参考。

具备了必要的背景知识，梅格知道，学生差不多准备好了开始解决工程设计的问题。为帮助学生做好解决挑战的准备，梅格把学生分成预先确定的科学小组，由四名特长和能力各异的学生组成。她提醒他们，老师希望他们像工程师那样密切协作，比如，如果他们注意到有些小组成员的想法没人理会，就要鼓励大家去关注那些同伴的想法。然而，她首先想确保学生很好地理解了他们正在解决的问题。作为对学生工程挑战理解的形成性评估，梅格要求学生分别描述他们试图解决的问题。接下来，她让他们在小组中分享，最后进行全班的讨论。单个的头脑风暴让学生有机会思考自己的想法，有助于确保每个人都能分享自己的想法并参与小组讨论。当学生和小组能够定义工程问题并解释他们如何试图帮助解决问题时，梅格知道，他们已经做好了继续下去的准备。图34.2是其中一个小组的问题陈述。

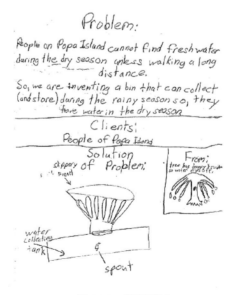

图 34.2 问题陈述

理解工程问题的另一个重要部分是，在对可能的解决方案进行头脑风暴并制订个人和团队的设计计划时，能够辨别和考虑约束条件并进行权衡。为了帮助开发这种思维，梅格在课堂上让学生讨论，工程问题很少有单一的解决方案。为此，储水罐要做得足够大，以便储存旱季所需的水。然而，如果储水罐太大，它的建造成本将更高，并且会在家庭后院占据更大的空间。为了让学生更具体地理解这种"权衡"的概念，梅格提出了他们将使用的测试标准，并且强调，若设计在许多不同的方面取得成功，同样可以获得分数。到最后，每种设计都获得了一些分数，包括体积与需水量的匹配程度、材料成本、在两次集水测试中的表现，以及设计是否受到了大自然的启发。为了进一步发展这种权衡的想法，梅格让学生找出使用不同大小的储水罐的好理由和坏理由，如成本。然后，小组必须决定使用哪个储水罐，向全班同学解释为什么小组要确定罐子的大小。梅格提醒学生，一旦小组决定了罐的大小，他们需要解决的另一个约束条件来自他们的客户，并且设计需要受到植物适应性的启发。运用植物的适应性，将使得设计能够复制植物身上那些用来提高收集和储存水的设计效率的物理结构。

学生迅速从识别问题转向对可能的设计方案进行头脑风暴，这时，你可以透过嘈杂的声音看到并感受教室里的兴奋感。梅格要求学生确定他们小组选择的储水罐的尺寸，以及他们在最初的设计中会考虑哪些适应性。这样做有助于学生更有目的性地应用他们在之前的课程中学到的科学和数学内容，而不是直接选择脑海中的第一个想法。梅格在教室里来回走动，她听到学生在讨论怎样利用过去几堂课中学到的科学和数学知识来对自己的作品设计开展头脑风暴。一组学生在计算体积分数和材料成本（与表面积有关）时，讨论了他们选择的储水罐的大小和体积。在学习科学的过程中，一名学生说："我之所以使用凤梨，是因为它的形状有助于集水且使水进入收集池。"这种基于证据的推理，在整个教室里都能听到，因为小组成员分享了他们最初的设计，并且尝试着达成一个最终的小组设计。虽然综合大家的想法对学生来说是困难的，但重要的是让他们说出自己的想法，并且听到不同的设计可能性，以强化这样的理念：解决工程问题的方法有很多。

✒️ 建造和测试

在各小组就最终设计达成一致后，他们就准备进入设计挑战的建造和测试阶段。在这一步，学生将使用剪刀来切割各种材料。梅格注意到，"建造"阶段的一个困难是，即使学生已经接近完成他们的设计，他们仍想改变最初的设计。老师无意中听到，从凤梨中获得设计灵感的那组学生在讨论，如果把设计中的"叶子"换成一片连续的叶子，就可以收集更多的雨水。然而，为了帮助学生完成他们对最终的小组设计的测试，梅格鼓励小组遵循他们最初的计划，并且提醒他们，在重新设计的过程中，还有机会对设计做出改变。这有助于在学生根据测试结果和数据来进行重新设计的时候指导他们对可能做出的改进进行推理。他们在完成最初的设计后，梅格让小组进行了两次集水测试，以帮助小组根据他们从满足标准和约束条件的程度中获得的分数来确定他们的设计是否成功。

📝 分享和重新设计

　　为了区分那些仍在进行设计的小组和那些已经完成测试的小组，梅格允许已经完成测试的小组开始重新设计。在认识到重新设计对学生学习的重要性时，梅格通过让他们在工程笔记本上填写评估表，以帮助小组确定他们提出的修改怎样及为什么能够改进他们的设计。图 34.3 是一个工程学笔记生条目的示例。工程笔记作为一种形成性评估，被融入整个单元中，并且使得梅格能够评估学生在单元学习过程中的理解情况。在每个小组都有机会重新设计之后，小组成员通过制作视频来分享最终的设计，视频解释了设计、测试结果及设计灵感来自大自然的工程设计方式。图 34.4 是一个小组的初始设计和正在进行的重新设计。

Nature Inspired Design – Evaluate

3. What worked well with your design?
The hole in the middle helped because it brought in more water.

4. What didn't work well with your design?
The aluminium foil because it leaked and seeped through.

5. What did you see in another group's design that you liked?
We saw a funnel that brought the water down into a straw.

6. What are some ideas for how you could improve your design for next time?
(Use popsicle sticks) instead of aluminum foil for more sturdness to hold water.

7. For our redesign we decided to change:
the holder to change it the tape because the foil was weak so we changed it to foam.

8. We think this will help because:
foam is sturdier than tinfoil. (Not light)

图 34.3　工程学笔记本条目

图 34.4　初始设计（左）和正在进行的重新设计（右）

本章小结

STEM 单元的工程设计内容使得学生能够将数学和科学学习结合在一起，在解决突出问题并形成和测试多个解决方案的现实环境中学习。梅格在整个单元中都表示，她对学生在完成最终设计时的兴奋和投入程度印象深刻。令她感到备受鼓舞的是，学生利用在本单元中学到的数学和科学知识进行了有意义的设计思考。当他们在一边展示最终的产品，一边解释他们的设计时，梅格深刻地理解了这一点。思考如何将工程学纳入小学课堂，绘本书籍可以帮助学生更好地理解工程设计问题的背景。

联系《新一代科学教育标准》

本章概述的材料、课程和活动，只是实现表 34.1 列出的期望表现的一个范例。学生们还需要更多的支持材料、课程和活动。

表 34.1　与标准的联系

3-5 ETS1 工程设计	联系课堂活动
期望表现	
3-5 ETS1-1：提出一个简单的设计问题，反映需要或需求，包括规定的成功标准和对原材料、时间或成本的约束条件	解释工程问题，包括标准和约束条件
3-5-ETS1-2：根据每个解决方案到底有多么出色地达到了问题的标准和满足了问题的约束条件，来制订并比较多个可能的解决方案	在合作评估他们的创意怎样满足创建单一小组设计的特定约束条件和标准之前，每个人都为设计挑战制订了多个解决方案
科学与工程实践	
提出并界定问题	解释工程问题
计划并进行调查	创建和测试小组设计（和重新设计），以确定设计是否符合初始的约束条件和标准
构思解释并设计解决方案	对最终设计的成功和达到这些设计所采取的步骤进行解释
学科核心理念	
TS1.A：提出并界定工程问题 ● 可用的材料和资源限制了问题可能的解决办法（约束条件）。设计的解决方案的成功与否，取决于考虑解决方案的期望特性（标准）。针对解决方案的不同的提议，可以根据每个方案到底	了解工程设计问题，对解决方案进行头脑风暴，并且努力找到最适合指定标准的单一解决方案

续表

3-5 ETS1 工程设计	联系课堂活动
学科核心理念	
多么出色地达到了规定的成功标准，或者多么周到地考虑了约束条件来进行对比	
K-ESS.C：人类对地球系统的影响 • 人们为了过上舒适生活所做的事情，会影响到他们周围的世界	收集日常生活用水的证据，以及个人用水对他人用水的影响
跨学科概念	
系统与系统模型	创建了一个可以在教室中测试的用于收集和存储水的系统模型

资料来源：《新一代科学教育标准》领先实施的州，2013.

第35章　走钢丝的挑战

当面临机器人工程任务时，四年级的学生形成了成长型思维模式

作者：比尔·伯顿（Bill Burton）

在真正解决问题的挑战中，老师可能不知道会发生什么或最终项目会是什么样子。当老师放弃一些工程项目的控制权，把它交给学生时，一些神奇的事情就会发生。

为了让我们的学生成为下一代创新者，老师需要提供现实世界的挑战，让孩子锻炼他们的"创新肌肉"。现实世界的创新流程不会只在工作表上发生，也不会附带一系列详尽的指示。创新是从问题开始的，创新者通过计划、创造和测试来解决问题。在这个过程中，可能有成功和挫折、喜悦和失败、团队合作和摩擦。

通常，项目中的挫折与失败会带来最大的成功和最有意义的学习。托马斯·爱迪生（Thomas Edison）在测试了 1600 多种灯丝材料后，终于找到了一种适用的灯丝。作为创新者，我们的学生得有爱迪生的那种韧性。

卡罗尔·德韦克（Carol Dweck）在她的著作《终身成长》（*Mindset*）中提出了"成长心态"（Growth Mindset）和"固定心态"（Fixed Mindset）这两个词。德韦克指出，固定心态的人认为某些个人品质是静态的，他们无法超越自己，当遇到无法成功的挑战时，他们可能更快地找借口、推卸责任，或者干脆放弃。而成长心态的人具有弹性特征，他们喜欢挑战，在遇到挫折时，他们会想办法优化自己的表现。他们有创新者需要的韧性。

当我的学生面临工程挑战时，关键词是**挑战**。没有挑战性的挑战无助于学生学习新技能或尝试新事物。在特别困难的挑战中，学生的心态会很快地变得清晰起来。但德韦克的心态之所以很好，是因为它们可以改变。作为创新者的老师，我们的职责是培养成长心态。

背景

乐高头脑风暴机器人（Lego Mindstorms robotics）为学生提供了机会来完成工程和编程的挑战。在进入四年级之前，我们学校的学生在 Mindstorms 和 WeDo Lego 系统与编程方面都有着丰富的经验。此外，课程还花时间讨论了工程或创新过程的步骤。虽然本章透过乐高产品的透镜展示了工程流程，但肯定还有其他一些活动并不像这次的活动那样，在材料上投入这么多钱。

工程流程

讨论工程流程的资源很多。工程流程的步骤可以采取多种形式。在一些情况下，工程流程本身取决于要解决的问题。虽然流程不受任何规则的约束，但通常包括以下六个步骤（顺序或细节各不相同）：

- 问题陈述
- 研究
- 设计
- 创建
- 测试
- 改进

这些步骤通常是周期性的。设计可以创建和测试，接下来进行改进，而改进需要更多次的创建和测试。一些网站提供了很好的儿童友好图片来描述工程流程。

设立挑战

四年级的时候，学生会面临一些开放式机器人的挑战。在本章中，我们将讨论走钢丝的挑战。在走钢丝挑战中，学生把一段绳子悬挂在自己身高上下的高度，固定在房间的两端。一个由老师设计的乐高玩具装置固定在绳子的一端，上面有个塑料球（见图 35.1）。球的底座也可以由硬纸板和胶带等材料制成，它的作用是在不完全包裹球的情况下握住球。

在将学生分成更多小组之前，全班首先讨论了这个挑战的难易程度。最容易的是，老师要求每个小组至少设计和制造一种可以悬挂在绳子上并以某种方式移动的工具。最困难的是，要求学生设计、编程和制造一个机器人，使之走过绳子，在某个指定的点停下来，捡起塑料球，然后在另一个指定的点停下来，把球扔下去。学生还可以选择一个新的项目，项目的目标设定在上述容易和困难的目标之间，难度适中。例如，一些团队可能选择花更多时间设计一个项目，以便更加有效地取到塑料球。或者，其他人决定尝试独特的设计，饶有趣味地走过绳子。最初的任务是让学生发掘他们自己的潜能。

为挑战制订计划

　　虽然学生经常想直接把精力投入机器人的建造中，但在这之前对项目进行计划是有帮助的。为此，四年级的学生制订了基本的项目计划。第一步，每个学生都界定了提出的问题。学生在工程计划表上撰写了问题陈述（见图 35.2）。这是一种很好的方式，评估他们是否理解老师对他们的预期及最终的项目应该实现什么。这符合《新一代科学教育标准》中的工程设计期望表现："提出一个简单的设计问题，反映一个需要或需求，包括成功的特定标准和对材料、时间或成本的约束，"以及学科核心理念 ETS1.A：提出和界定工程问题。然后，要求学生画出他们的项目可能的草图（见图 35.2）。他们的草图是规划实体项目的另一个步骤。学生最终意识到，他们不会拘泥于自己的草图，草图只是一种在建造之前探索自己创意的方法（学科核心理念 ETS1.B：制定可能的解决方案）。

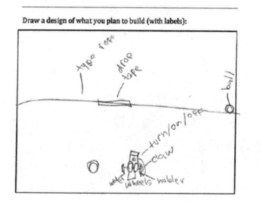

图 35.1　乐高玩具走钢丝的照片　　　　　图 35.2　工程计划表及学生草图示例

　　在挖掘乐高积木并开始建造之前，老师将学生分成两三个小组。为了分组，老师对全班同学进行了调查，确定哪些学生渴望尝试难度较大的设计，哪些学生更愿意从事不那么复杂的设计。一些学生想尝试高难度的设计，另一些则只想尝试最基本的。老师根据共同的目标将学生组织成团队，有助于避免在项目期间产生大的冲突。之后，老师会更容易提供差别化的指导，鼓励每个小组尝试更高难度的设计。

　　在各小组中，学生还需要完成一项任务，再着手建造。小组中的每个人都画出了不同的草图，讨论了他们的草图，并就他们的最终设计和目标达成共识。很多时候，个别学生的设计中具有类似的特征，而小组决定保留。例如，大多数学生画了一辆悬挂式汽车的草图，而这个项目的所有最终设计，都用绳子悬挂在下面。抓取球的爪子也有一些不同的设计。一些学生提出设计一把钳子。其他人则提出可以设计一把铲子。

　　在达成共识时，学生会做出这样的评论："目标必须是完美的，这样才能在钳子设计中奏效"，或者，如果设计成勺子，"出错的可能性更大"。

请记住，计划过程应当包括确定在建造阶段应采取的安全防范措施。在开始建造之前，要提醒学生戴上护目镜。在测试前，确保绳子的两端是安全的，而且绳子上没有易碎的材料或设备。建议学生小心使用绳子和其他有潜在危险的建筑材料。

建造

学生在三节课上有近三小时的时间来构思他们的设计。在建造期间，学生可以在绳子上测试他们的作品。由于较大的钢索挑战有几个较小的问题需要解决，因此，在建造和测试过程中，设计发生了变化。

几乎每个小组都全身心地投入工程流程。学生创建并测试了一个解决方案，然后继续另一个。然而，其中一个选择按照更简单的设计来建造的小组说："我们做完了"，大约只用了一半的建造时间。他们建造出来的是个简单的工具，可以在绳子上移动。老师看了他们的项目演示，同意他们已经完成了部分挑战，"但是，"他说，"要把挑战看作一个整体。你能给这个项目添加些什么，能使它变得更好？"小组成员盯着他们的项目看，沉默了片刻。接下来，其中一名组员说："哦，我们可以制作一些把球装着的东西。"于是，该小组重新进入工程设计流程。

学生在三小时里非常自主地继续建造、测试和改进。小组成员之间有一些试探性的意见，比如"如果我们试一下，会怎样呢"和"如果我们那样做，也许会更好"。不过，这也是他们遇到挫折和失败的时候。许多情况下，当面对设计问题时，学生表现出很好的弹性。有的学生遇到挫折，很快又开始重新设计；有的学生小组需要老师的提示，如上面的例子。然而，在一些小组中，个别学生对挫折有着不同的反应。

在一个特别有趣的小组中，一名学生的成长心态特别强，另一名学生的固定心态非常强。在经历了一些挫折之后，一名小组成员显然变得很沮丧，几乎要放弃了。另一名小组成员开始指导他克服挫折，她说："有的时候的确会出现问题，那么，问题既然已经出现了，我们能做些什么来补救呢？"在探索了一些可能的选择之后，她终于运用自己的成长心态和领导才能，让那位同学重新回到设计过程中来。

✅ 完成挑战

在挑战的最后一天，学生展示了他们的成果。尽管它们在测试过程中并没有完全按照计划那样工作，但所有的作品都成功地完成了挑战的某些方面。虽然有些小组最初选择最容易的设计，但到最后，没有哪个作品真的是按照最容易的设计来建造的。在这些小组中，每个小组都给他们的作品增加了一定的难度。尽管既有难度又有时间的限制，有一组学生还是设法按照最难的设计方案完成了一件作品。

📝 评估挑战

在整个工程挑战过程中，我们实施了各种形成性评估。从早期规划阶段开始，工程计划表帮助展示了对设计挑战的基本理解。除了这个基本的表格，我们还可能要求学生提供每个组件的详细标签和描述。

在各小组中，我们还让小组成员进行同伴评价和自我评价。学生考虑了多种解决方案，并根据个人创意的优点进行沟通和协商，最终完成了小组设计。

在建造过程中，学生的工作是相对自主的。这样一来，老师就可以提一些问题，如"你还能尝试什么"或者"其他部分会有影响吗"，更多地扮演促进者的角色。老师在教室里四处走动，确定谁完全投入了工程流程，谁可能还需要一些鼓励。

在完成了挑战之后，学生填写了一份书面的自我评估。虽然他们只对作品的某些组成部分进行了评估，但大部分评估的评分标准都提到了学生人际交往的质量。

在评估的评分标准中，学生将自己的水平分为三个等级。"入门级"水平指学生没有完全发挥自己的能力；"成长级"水平是四年级的工作目标；"优秀"级水平是很高的水平。由于学生可以在开始挑战之前选择他们设计的复杂性，所以，相同的评估工具也可以适用于所有的学生小组。

乐高积木的替代材料

并不是每个学校都有乐高积木这样的资源来完成这个特别的挑战。培养工程技能，重要的不是材料，而是参与工程流程。学习工程设计流程可以采取多种形式。很有可能你已经讲授了适合这个流程的课程，或者只是在考虑某个工程挑战，想从小事做起。

或许学生可以用有限的材料来设计和建造一座高大的"建筑"，如木棒、胶带和绳子，等等。学生可能已经参与了某种形式的鸡蛋掉落挑战，工程设计流程可以无缝地连接在一起。一些在线的和印刷资源可以为工程挑战提供创意。但通常最好的和最原始的创意是由老师根据自己的想象设计的。

除了书面评估，学生还讨论了这次作品的一些难点和成功之处，同时讨论了限制因素。我们能做的往往是有限的，因为不具备让事情按照我们想象的方式运行所需要的一切。我们问了学生这样一个问题："是什么限制了你们小组制造一个完美的机器人？"

有几个学生举起了手。一个学生说："我们只有这些乐高积木，有时候，它们无法按照我想要的方式组合在一起。"

老师做了一个快速的调查："乐高积木可以搭建成大量的建筑。如果我们拥有想要的每一个部件，有多少人能搭建出更好的作品？"大多数人都举了手。

另一个学生说："时间。"老师又进行了另一项快速调查。"如果还有一个小时甚至五个小时，有多少人能把作品设计得更好？"同样，大多数人都举起了手。

然后，一个学生给出了非常机敏的回答。他说："经历。经历限制了我们建造更好的作品。"我让他说得更详细些。他说"我们才四年级。如果我们不断地练习和学习，就能够建造更好的东西"（《各州共同核心标准》中的"英语语言艺术"，从幼儿园到五年级的说与听）。很明显，最后这名学生有成长心态。

本章小结

就像其他学科的学习一样，学会成长为创新者，既需要时间，又需要实践。向学生灌输信息并不能教会他们解决问题的技巧。当学生面临开放式的挑战并努力去解决时，真正的学习就开始了。他们运用真实世界的技能，如协作、谈判和团队合作。在安全的教室环境里，他们克服冲突、失败和挫折等各种实际困难。在促进诸如此类的工程活动时，我们很容易发现德韦克的固定心态和成长心态的例子。虽然成长和改变往往需要时间，但我们可以营造一种工程的学习氛围，让每个学生都能体验到一定程度的成功，同时知道，他们的学习总有改进的空间。

联系《新一代科学教育标准》

本章概述的材料、课程和活动，只是实现表 35.1 列出的期望表现的一个范例。学生们还需要更多的支持材料、课程和活动。

表 35.1　与标准的联系

3-5-ETS1 工程设计	联系课堂活动
期望表现	
3-5 ETS1-1：定义并提出一个简单的设计问题，反映需要或需求，包括规定的成功标准和对原材料、时间或成本的约束条件	根据他们对问题的理解和预期的难易程度，以书面形式描述了设计的挑战
3-5-ETS1-2：根据每个解决方案到底有多么出色地达到了问题的标准和满足了问题的约束条件，来制定并比较多个可能的解决方案	将个人设想的解决方案设计出来，并且画出草图，与同伴的解决方案进行比较和对比
3-5 ETS 1-3：计划并进行公平的测试，在这些测试中，测试人员控制自变量并考虑故障点，目的是识别模型或设计雏形中可以改进的方面	测试了机器人的设计、功能及程序，以确定完成设计挑战必需的更改
科学与工程实践	
计划并进行调查	对设计策略进行计划，根据设计来建造并且进行测试，以确定设计的有效性

续表

3-5-ETS1　工程设计	联系课堂活动
科学与工程实践	
构思解释并设计解决方案	在设计的基础上，用文字和草图来说明一个特定的设计创意可以完成任务
学科核心理念	
ETS1.A：提出并界定工程问题 • 可用的材料和资源限制了问题可能的解决办法（约束条件）。设计的解决方案的成功与否，取决于考虑解决方案的期望特性（标准）。针对解决方案的不同的提议，可以根据每个方案到底多么出色地达到了规定的成功标准，或者多么周到地考虑了约束条件来进行对比	合作设计解决方案，使用有限的乐高积木材料，实现多个目标
ETS1.B：制订可能的解决方案 • 不论在什么阶段，与同伴交流个人的解决方案是设计过程的重要组成部分，而分享各自的想法，可以改进设计 • 测试通常专门用于识别故障点或困难，它们会指明需要改进的设计元素	绘制草图和设计计划，与他人分享和讨论 比较和对比设计方案，作为一个团队建立和测试各种设计的有效性
ETS1.C：优化设计方案 • 在特定的标准和约束条件下，需要对不同的解决方案进行测试，以确定哪个解决方案能够最好地解决问题	使用测试实验的结果来确定和实现设计更改
PS2.A：力和运动 • 每一个力作用在一个特定的物体上，有大小也有方向。一个静止的物体通常有多个力作用在上面，但是它们加起来使物体的合力为零。不等于零的力会改变物体的速度或运动方向	研究各种设计对物体的力、稳定性和运动的影响
跨学科概念	
原因和结果	确定了构造、设计和编程如何共同影响机器人在现实中的功能

资料来源：《新一代科学教育标准》领先实施的州，2013.

第 36 章　模拟水的过滤

模型诱导活动为纳入新标准和评估教师绩效创造了机会

作者：梅丽莎·帕克斯（Melissa Parks）

教育领域发生了非常大的变化：引入了《各州共同核心标准》《新一代科学教育标准》，以及 STEM 的学习机会，而且，我所在的州采用"马扎诺艺术与科学教学框架"实施教师评估。该框架包括四个领域——课堂策略与行为、计划与准备、反思教学、合作与专业——用于定义和系统地发展教学专业知识。

这些变化迫使我重新评估自己的教学。我需要找到一种方法，让自己能够把《各州共同核心标准》和《新一代科学教育标准》整合到五年级的课程中，同时要注意新的教师评估过程。我找到了一个工具，它使我能够满足所有标准。这个工具就是模型诱导活动（Model-Eliciting Activities，MEA）。

模型诱导活动对工程或数学领域的人来说并不新鲜，但对我来说是全新的。模型诱导活动模拟真实世界的问题，在学生为特定场景的问题寻找解决方案时，融合工程、数学和科学思维。在此过程中，学生通过假设、测试、优化和拓展思维的方式制定解决方案，同时创建模型。通过亲身实践的、基于绩效的任务，学生在小组中实现、讨论和捍卫他们的创意。随着将模型诱导活动融入课程之中，学习体验可以增加学生理解的深度，并引导他们将知识应用到新的问题之中。模型诱导活动在不同程度上阐述了《新一代科学教育标准》中概述的从幼儿园到十二年级的科学与工程实践：

（1）提出问题（对于科学）和界定问题（对于工程学）

（2）开发和使用模型

（3）计划并进行调查

（4）分析和解读数据

（5）运用数学和计算思维

（6）构思解释（对于科学）和制定解决方案（对于工程学）

（7）进行基于论据的论证

（8）获取、评估和交流信息

模型诱导活动将科学、工程和《各州共同核心标准》结合起来，让学生以一种清晰表述工作成果的方式来讨论和撰写他们的研究成果。

模型诱导活动可用于介绍或评审内容。我之所以选择评审内容，是因为学生刚刚完成了一个关于生态系统和气候的单元（5-LS2 生态系统：交互、能量、动力及 LS2.A：生态系统中相互依存的关系）。为了将科学、工程和数学实践相结合，我设计了一项模型诱导活动，它将要求学生建造一个具有成本效益的水过滤器，以清洁（由老师炮制的）含有污染物的水样。这激发了学生的好奇心，他们积极地解决那些实际问题。问题的解决需要多个步骤，包括对项目进行头脑风暴讨论、创造、测试和修改，所有这些，全都要与同伴讨论，而且是《新一代科学教育标准》中概述了的做法（提出问题和界定问题，以及构建解释和定义解决方案）。这种协作过程可能对英语学习者有益，因为他们在整个多边环境中融合了社会语言和学术语言。

📝 课堂一瞥：排名和辩护

我通过展示一个装有"已被污染的水"的量筒，引入了一项模型诱导活动。我用食用色素、食用油、沙砾和泥土制作了这个污水样本，还在水中多放了一只漂浮的塑料小海龟。我把这个容器放在教室的讲台上，然后宣布："我们有一个问题。"结果，学生立即发出一连串的评论："呃，恶心！""那是什么？"我解释了学生将要解决的问题："我的一个朋友上周末在河边野餐，她看到的情景让她很不安。她非常烦恼，于是取了一些水样，并给我们写了一封信寻求帮助"（见图 36.1）。这个模型诱导活动的最终学习目标是让学生制造一个水过滤器，它可以去除水样中的污染物：碎屑、油，甚至食用色素。

我将学生随机分成四组，分发了一封介绍这项具有挑战性的模型诱导活动的信件。我要求学生阅读这封信，查看页面底部的过滤测试结果的数据图表，并分组讨论信件背面的水过滤问题：你需要做什么来解决这个问题？谁将使用你的解决方案？你的解决方案需要包含哪些内容？为用户解决这个问题，有什么困难吗？我给学生 10 分钟的讨论时间，在此期间，他们必须记录他们小组提出的创意。在开始阶段，讨论的焦点是水的清澈度。一些学生认为，水应该是清澈的；而另一些学生认为，颗粒的数量至关重要。令我感到惊讶的是，学生对颗粒及其性质的讨论十分深入，其中包括关注颗粒是天然的（如对人体有益的植物颗粒），还是人造的（如对人体有害的塑料袋）。

亲爱的工程团队：

　　我叫爱默生，是一名来自佛罗里达州劳德代尔堡的中学生。昨天，我看见一只乌龟在新河边。新河是一条大河，流经我做志愿者的自然中心；它是海内航道的一部分。我看着那只乌龟，突然注意到水里有一道闪亮的彩虹！仔细观察之后发现，原来那并不是彩虹，而是油污！我很担心乌龟在这样的水中游泳，于是决定把它装在一个容器里保护起来。现在，我们把乌龟放在自然中心的鱼缸里。

　　但我有个问题。我知道鱼缸里的水不能长时间保持干净。我不能改变鱼缸里的水，因为新河的水很脏。我需要用过滤器把水处理干净。我制造过几个水过滤器，但不知道如何对过滤器进行排序。我想让工程团队看看我的过滤器设计的测试结果。下面描述了过滤后的水的颜色及过滤后水中残留的颗粒。我介绍了每个过滤器的造价及清洗一碗污水需要的时间。请使用这些数据帮助我对过滤器进行排序，以便不用花太长时间来清洁那些污水。最后，你们的团队必须检验水的干净程度，以保证乌龟的安全。

　　以下是我用来制作过滤器的材料清单：

- 纱窗
- 碎石
- 沙子
- 咖啡过滤纸
- 海绵
- 棉球

　　下面是到目前为止我所做的过滤测试的结果。

特　　点	1（爱默生）	2（爱默生）	3（爱默生）	4（爱默生）	5（爱默生）
水的颜色	浅绿色/绿色	清澈	浅绿色	浅棕色/绿色	绿色/棕色
出现的颗粒	几乎没有小颗粒	没有颗粒	几乎没有小颗粒	许多小颗粒	出现了小颗粒
成本（美元）	5.50	13.00	6.75	9.50	6.75
过滤一碗污水的时间（分钟）	8	30	15	25	5

　　期待你们的回信告诉我如何对所有的过滤器设计进行排序。请在信中展示你们的工作成果，以明确你们的团队怎样对过滤器设计进行排序。别忘了告诉我，为什么认为用你们的方法排列水过滤器设计将是最好的。

　　我的几个朋友也帮我制作了过滤器。他们承诺继续制造新的过滤器。你们的回信将帮助我比较所有这些过滤设备。

　　谢谢你们的帮助！如果我的乌龟会说话的话，她也会谢谢你们的！

爱默生

图 36.1　寻求帮助的信

　　我把学生召集到一起，要求几个小组分享他们的回答。清澈度和颗粒的数量是两个最受欢迎的讨论主题。只有一个小组提到了成本，并支持供应成本很重要的观点。这是因为，如果供应成本太高，就没有人会制造或使用过滤器。然后，我将学生的注意力转移到信件中的数据表，并重复了任务的第一部分。我要求学生使用信中提供的数据图表和排名来决定图表中哪个过滤器最适合净化污水。学生有 20 分钟的时间来讨论、辩论并对提交的过滤器进行排名。到这个时候，我已经向学生介绍了水污染的类型和解决方法，但只是初步根据教科书的信息来介绍的。关于有效的水过滤标准，学生并没有从课堂上获得相关的知识。此外，他们也并未获得关于成本（我随机加入的）如何产生的信息。对于什么是可接受的水过滤器的结论，则留给学生根据课本和个人的先验知识来决定。在学生对过滤器进行排序后，我要求各小组使用信件表格中的数据来确定排名的理由。

在他们讨论时，我四处走动，但故意没有插话。

除了一个小组，所有人都迅速地就他们认为哪种水过滤器最好达成了共识。留给他们的时间到了，但还是有一个小组没有完成对过滤器的排序。在这个四人小组中（两个女孩和两个男孩），女孩们正在激烈地讨论哪个因素最重要——水的清澈度还是过滤器的成本——而男孩们坐在一旁观看。

萨拉："我们需要制造能够将水过滤得最清澈的过滤器。"

托尼亚："是的，但那种过滤器成本太高了。"

萨拉："不过，为了乌龟的健康，我们需要清洁的水。"

托尼亚："可是，谁有那么多钱？想想吧。将一碗水彻底过滤干净，要花 13 美元。而这仅仅是 30 分钟。"

萨拉："也只要 13 美元吧。并没有说我们必须进行不止一次的过滤。"

托尼亚："当然，你必须进行不止一次的过滤。乌龟吃完东西就要去厕所。你必须一直使水保持清洁。"

马休："如果你每天只过滤一碗水，会怎么样？那么这就是一个不错的选择。虽然很贵，但很有效。"

这时，小组请求我提建议，我建议每天只要有一次过滤循环就可以了。我没有预料到学生分析得如此深入！

为了总结模型诱导活动的第一部分，我将每个组的排序记录在一个数据图表上。在各组展示学生的排名时，我要求他们使用图表中的数据来证明自己的排序是正确的。这对一些学生来说有点困难，因为他们很难找到支持自己排名的论据："我们认为，最清澈的水对海龟来说才是最好的，所以，过滤器 2 是我们的首选。"另一些学生擅长用这些数据来证明自己的理由："因为海龟不需要生活在非常清澈的水中，所以，我们考虑的是水的净化速度，选择过滤器 5。乌龟生活在有很多东西的水里，它们会吃一些东西，我们希望能够快速地把水过滤干净，但不必把它弄得像游泳池一样。"在看完每个小组的排序后，我告诉全班同学，我们将在第二天继续这项活动。

✍ 建造、测试和改进

在回顾了前一天的排序后，我要求学生写一封信给爱默生，解释他们应他来信的要求对过滤器进行的排序。接下来要求学生使用下列材料制造过滤器：棉花、海绵、咖啡滤纸、沙子、砾石和窗纱。在整个制造过程中，学生都戴着护目镜。我还观察了学生在使用完这些材料后是否有滑倒的危险，并且要求他们在结束时洗手。

学生有 45 分钟的时间来头脑风暴、制作、测试和修改水过滤器，使用的标准是每个小组之前确定的最重要的标准（提出问题和界定问题；ETS1.A：提出和界定工程问题；以及 ETS1.B：制订可能的解决方案）。

例如，确定水应该是无颗粒的小组将努力制造一个过滤器来减少或消除水中的颗粒。确定水的颜色是最重要的标准的小组将制作另一个过滤器来减少"污水"中的食用色素。我没有让学生用图表表示他们的过滤器，但是经过反思，我发现这对于增强设计周期来说是一笔宝贵的资产。此外，学生制作过滤器的标签和图表可以提供另一个机会，将对学习内容的口头表达和书面表达结合起来。

在课程结束时，每个小组都向全班同学展示了他们制作的水过滤器。过滤器是根据数据图中的标准进行评估的：水的颜色、颗粒的数量和滤水的时间长度。我让他们用口头和书面的方式表达自己的学习内容，这是针对口语、听力和写作的《各州共同核心标准》的一部分。在小组报告中，我创建了第二个班级数据图表，将学生的数据输入其中。根据反馈，由于学生的热情和参与，模型诱导活动的这个部分很容易延长到 90 分钟。一位学生分享说："这很有趣。我希望我们有更多的时间来研究过滤器。把水倒进过滤器花的时间，比我们想象的长得多。我想，如果有更多时间，我们可以将水过滤得更加清澈。"

📝 评审和总结

学生惊讶地发现，在 24 小时后，他们的"干净的"水看起来不一样了。有些容器底部有沙粒。另一些人的样本上有一层油。尽管事先没有计划，但学生还是对混合物和解决方案进行了完美的评审，这也是这次模型诱导活动的副产品。在第三天，学生在活动中遇到了一个难题（见图 36.2）。我在模型诱导活动的信中插入了另外两种过滤器类型。现在，要求学生用这些新信息来综合前一天的个人过滤器制作情况，并对过滤器重新排序（构建解释和设计解决方案）。

在这几天的活动中，我用 0~3 分的评分规则对学生进行了正式评估。这种评分规则有双重用途。首先，我在模型诱导活动的整个过程中对学生进行了非正式评估，并将我的评估记录下来。然后，在模型诱导活动结束时，学生收到了我用来评价他们的评分标准，而且，我要求他们采用同样的评分标准进行他们对自身体验的自我评估。我发现这种自我评估非常有用。这些数据让我能够监控学生在课堂上的学习意识。我的评估和学生的自我反思一致吗？如果讨论的是一个特定的问题，我是否观察到了同样的问题？如果没有，为什么？

亲爱的工程团队：

你们一定工作得十分努力！我收到了你们的来信，告诉我如何排列过滤器设计，帮助处理放着乌龟的水。你们的建议很有帮助。但现在我需要你们更多的帮助！

我的朋友又想出了两个过滤器的设计来帮助我清洗污水。我在数据表中加入了我的过滤器设计和新的结果。新的结果在表中的数字"6（朋友）"和"7（朋友）"栏。

特　点	1 （爱默生）	2 （爱默生）	3 （爱默生）	4 （爱默生）	5 （爱默生）	6 （朋友）	7 （朋友）
水的颜色	浅绿色/绿色	清澈	浅绿色	浅棕色/绿色	绿色/棕色	浅绿色	绿色
出现的颗粒	几乎没有小颗粒	没有颗粒	几乎没有小颗粒	许多小颗粒	出现了小颗粒	没有颗粒	小颗粒
成本（美元）	5.50	13.00	6.75	9.50	6.75	9.50	5.00
过滤一碗污水的时间（分钟）	8	30	15	25	5	10	10

学生有 45 分钟的时间重新排列新的过滤器列表，并准备一份口头和书面报告来阐述理由。我再次在教室里来回走动，但没有提供指导。我的工作是促进讨论。如果学生被困在某个特定的问题上，我会试着提一些探索性的问题来推动讨论："你们讨论过速度和成本的比较吗？""你们有没有想过什么更重要，是水的清澈度，还是水中颗粒的数量？"

请再回信给我，解释如何对所有的过滤器进行排名。在信中，请告诉我为什么你们的团队会选择对过滤器进行这样的排序。如果旧的排序不适用于新的过滤器设计，你们可能需要更改它。我的朋友还在制造更多的过滤器。我将使用你们团队的排序来比较所有的过滤器，谢谢你的帮助。

爱默生

图 36.2　第二封寻求帮助的信

我发现，开展模型诱导活动的最大挑战是正确遵守时间承诺。为求高效，学生需要时间来处理信息，基于结果和小组讨论来应用并调整他们的想法。这需要几天的时间和耐心。为了引导学生，我发现很难不插入自己的观点。这是模型诱导活动过程的一部分，它要求学生开阔思维。此外，学生还没有接受过如何辩论或说服他人的正式培训，这导致有的小组陷入了一种循环，不愿在某一点上让步，也无法用足够的细节或说服力清晰地表达自己的想法，从而说服其他人。当学生陷入这些模式时，时间很快就过去了。因此，学生很仓促地就同意了一个解决方案，以满足我给出的时间限制，但接下来，他们无法解释为什么选择了特定的选项，无论是制造水过滤器，还是对其进行排序。一组学生表示："我讨厌我们赶时间。因为赶时间，所以我们写的信只能说'还行'。下次，我们希望有更多的时间来讨论我们的工作。"

本课程在完成模型诱导活动时经历了喜悦和挫折。这个班级喜欢团队合作，有时也喜欢竞争。他们还会因为每天只有有限的时间来完成任务而感到沮丧。我只是开始将模型诱导活动作为我教授科学课程的一部分，就看到了运用这种活动的巨大潜力。我发现，模型诱导活动是一种特别有效的方法，能让我以有意义的方式集成多种标准，既包括《各州共同核心标准》，又包括《新一代科学教育标准》（英语语言艺术、数学和科学）。

学生之间的（信息性、说服性、辩论性）对话符合《各州共同核心标准》的听说读写能力标准，而书信写作符合《各州共同核心标准》的写作标准。一名学生反思道："我喜欢作为工程师的戏剧性。我们的小组没有找出哪种水过滤器是最好的，但最终，我们共同努力想出了最好的设计来帮助乌龟。"我喜欢这样的想法，我的课堂利用模型诱导活动为学生提供了探索解决问题的新方法的机会，这需要他们计划、构建、测试和重新设计。将模型诱导活动整合到已经很繁忙的学校生活中并不是容易的事，但是，基于我在课堂上看到的学生的参与度和学习热情，这样的努力是非常值得的。

联系《新一代科学教育标准》

本章概述的材料、课程和活动，只是实现表 36.1 列出的期望表现的一个范例。学生们还需要更多的支持材料、课程和活动。

表 36.1　与标准的联系

3-5-ETS1 工程设计 3-PS2 运动和稳定性：力及相互作用	联系课堂活动
期望表现	
3-5 ETS1-1：提出一个简单的设计问题，反映需要或需求，包括规定的成功标准和对原材料、时间或成本的约束条件	合作进行头脑风暴，并且解释哪种类型的水过滤器将满足基于材料，成本和时间的需要
3-5-ETS1-2：根据每个解决方案到底有多么出色地达到了问题的标准和满足了问题的约束条件，来制订并比较多个可能的解决方案	建造和测试水过滤器，并且使用提供的约束条件（包括材料、成本和过滤时间）比较结果
科学与工程实践	
提出并界定问题	提出、回应和审议有关制作水过滤器的最佳选择的问题
计划并进行调查	制作水过滤器，在每次测试时根据水的纯净度对设计进行测试和修改
构思解释并设计解决方案	使用测试期间收集的数据向团队成员和同学（整个团队）解释并证明过滤器设计的合理性

续表

3-5-ETS1 工程设计 3-PS2 运动和稳定性：力及相互作用	联系课堂活动
学科核心理念	
ETS1.A：提出并界定工程问题 • 可用的材料和资源限制了问题可能的解决办法（约束条件）	根据所提供的约束条件（材料、成本、时间）对最终设计进行调整和论证
ETS1.B：制订可能的解决方案 • 不论在什么阶段，与同伴交流个人的解决方案是设计过程的重要组成部分，而分享各自的想法，可以改进设计	参与整个活动的策划、测试、修改、陈述阶段，包括讨论、解释、论证、基于证据的辩论等
PS2.A：力和运动 • 作用于一个特定物体的每一种力，都有它的强度和方向	设计允许一些液体通过的过滤器
跨学科概念	
科学、工程和技术对社会与自然世界的影响	制造一个水过滤器，以改善老师提供的污水样本的水质

资料来源：《新一代科学教育标准》领先实施的州，2013.

反侵权盗版声明

电子工业出版社依法对本作品享有专有出版权。任何未经权利人书面许可，复制、销售或通过信息网络传播本作品的行为；歪曲、篡改、剽窃本作品的行为，均违反《中华人民共和国著作权法》，其行为人应承担相应的民事责任和行政责任，构成犯罪的，将被依法追究刑事责任。

为了维护市场秩序，保护权利人的合法权益，我社将依法查处和打击侵权盗版的单位和个人。欢迎社会各界人士积极举报侵权盗版行为，本社将奖励举报有功人员，并保证举报人的信息不被泄露。

举报电话：（010）88254396；（010）88258888

传　　真：（010）88254397

E-mail：　dbqq@phei.com.cn

通信地址：北京市万寿路 173 信箱

　　　　　电子工业出版社总编办公室

邮　　编：100036